이야기와
인포그래픽으로 보는

프랑스 혁명

이야기와 인포그래픽으로 보는 프랑스 혁명

초판 1쇄 발행 2022년 6월 27일

지은이 장 클레망 마르탱, 쥘리엥 펠티에
옮긴이 주명철
펴낸곳 여문책
펴낸이 소은주

등록 제406-251002014000042호
주소 (10911) 경기도 파주시 운정역길 116-3, 101동 401호
전화 (070) 8808-0750
팩스 (031) 946-0750
전자우편 yeomoonchaek@gmail.com
페이스북 www.facebook.com/yeomoonchaek

ISBN 979-11-87700-46-3 (03920)

◎ 여문책은 잘 익은 가을벼처럼 속이 알찬 책을 만듭니다.

이야기와 인포그래픽으로 보는 프랑스 혁명

장 클레망 마르탱 지음
쥘리엥 펠티에 데이터 디자인
주명철 옮김

여문책

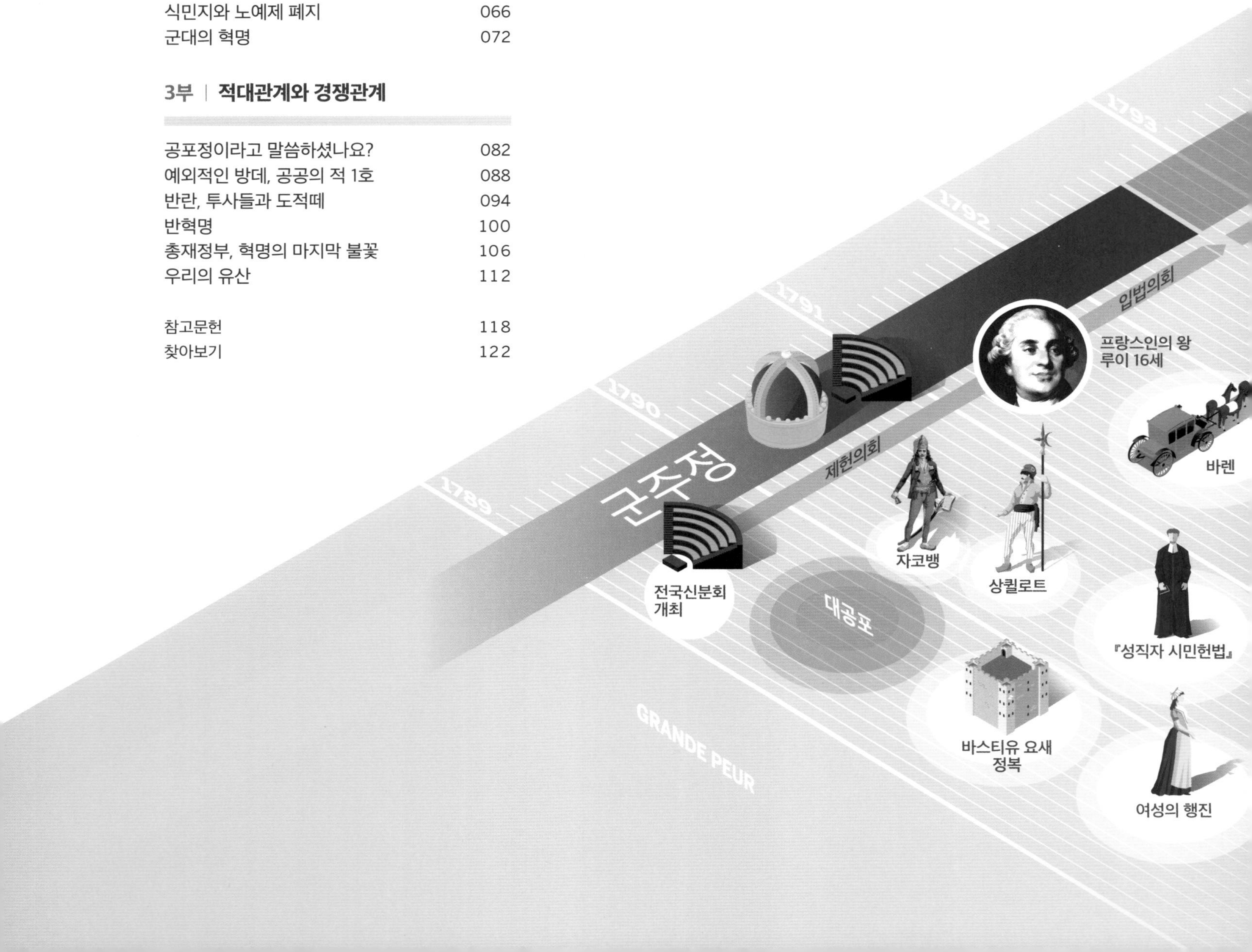
1789
1790
1791
1792
1793
군주정
제헌의회
입법의회
프랑스인의 왕
루이 16세
바렌
자코뱅
상퀼로트
전국신분회
개최
대공포
『성직자 시민헌법』
바스티유 요새
정복
여성의 행진
GRANDE PEUR

집정관정부
1799
대공세
1798
1797
1796
1795
공화국
총재정부
국민공회
공포정
보나파르트
이집트
도적떼
투생 루베르튀르
이탈리아
오스트리아령
페이바[벨기에 지방]
아시냐 지폐
가치폭락
메르뵈이예즈
[멋쟁이 여성]
로베스피에르의 죽음
당통의 죽음
왕의 처형
방데의 난
슈아느리
[북서부 유격대]
전쟁
기요틴
발미
서인도제도의
노예반란
국유재산

호화로운 시각자료를 풍성하게 곁들여 프랑스 혁명을 직관적으로 이해할 수 있게 도와주는 훌륭한 개설서

파리 1대학, 일명 팡테옹 소르본의 명예교수이며 한때 프랑스혁명사연구소 소장을 지낸 장 클레망 마르탱은 수많은 혁명사·반혁명사 저작으로 권위를 인정받은 학자다. 지금 만나는 『이야기와 인포그래픽으로 보는 프랑스 혁명』의 배경을 이해하려면 저자가 2012년에 내놓은 『새로 쓴 프랑스 혁명사*Nouvelle histoire de la Révolution française*』(Perrin)를 먼저 알아야 한다. 2013년에 리옹대학 교수 폴 쇼플랭은 『프랑스 혁명사 연보*Annales historiques de la Révolution française*』(n. 374)에 마르탱의 '개설서'를 읽으면서 마치 경찰의 사건조사서를 기초로 쓴 소설 같은 느낌이 들었다는 감상을 적었다. 역사서를 소설 같다니, 그러나 칭찬이었다. 여느 역사책의 독자는 저자가 묘사하는 대로 눈앞에 역사적 인물이나 사건을 그리지만, 마르탱의 독자는 그가 제시한 수많은 잠재성을 찾아내고 능동적으로 해석하게 된다는 뜻이겠다.

마르탱은 프랑스 혁명을 대서양 혁명의 맥락에서 고찰하고 여느 혁명과 다른 이유를 찾은 뒤, 프랑스 혁명을 크게 네 시기로 나눠서 보았다. 첫째는 1770~1789년에 루이 15세가 개혁을 시작했음에도 루이 16세가 절대군주정을 지키지 못할 때까지, 둘째는 1789~1792년에 절대군주정이 입헌군주정으로 바뀌었으나 결국 왕정이 몰락할 때까지, 셋째는 1792~1795년에 공화국이 공포정을 거치면서 새로운 체제인 총재정부를 발명할 때까지, 끝으로 1795~1802년에 총재정부가 혁명을 유지하다가 결국 나폴레옹의 정변으로 혁명을 빼앗길 때까지다. 이렇게 그는 혁명을 다각도로 분석한 방대한 연구 성과를 총동원해서 훌륭한 '개설서'를 완성했다.

이 책은 2019년에 875쪽짜리 신서판으로 다시 나온 '개설서'를 요약하고 호화로운 시각자료를 풍성하게 곁들여 프랑스 혁명을 쉽고 재미있게 제시한다. 마르탱은 '개설서'의 목적이 인간 정신이나 행위를 부추기지 말도록 권고해서 역사를 비통한 읽을거리로 제공하려는 것이 아니라 오히려 역사의 관점을 바꾸는 데 이바지하려는 것이라고 말했는데, 이 책은 그 목적을 더욱 참신하게 실현했다. 데이터 디자이너 쥘리엥 펠티에가 다양한 기초자료를 호화로운 볼거리로 가공해서 마르탱의 글을 읽고 보는 즐거움을 배가시킨 덕분이다. 저자들은 프랑스 혁명 전후의 정치·경제·사회·문화의 구조는 물론 인물·사건들의 관계를 직관적으로 이해할 수 있게 도와준다. 그리고 이 책을 옮기는 과정에서 독자의 이해를 돕기 위해 원문에 없는 설명을 [ ] 안에 추가해서 가독성을 높였으며, 간혹 긴 설명은 본문 위쪽에 각주(●)로 처리했다.

"이 책을 반드시 처음부터 차근차근 읽지 않고 흥미 위주로 골라 읽어도 좋다. 이 책은 진정한 사례 연구와 대표적 인물의 약력을 제공하기 때문에… 모든 조각 속에서 프랑스 혁명을 고려할 수 있게 도와줄 것이다." 저자가 자신하듯이, 독자는 함축적인 글과 풍부한 볼거리를 보면서 프랑스 혁명의 모습을 스스로 구축할 수 있다. 독자는 메타버스 시대에 종이책이 더는 존재할 이유가 없어졌다는 생각이 들기보다 오히려 새로운 방법과 형식으로 소통의 장을 넓힐 수 있음을 확인할 수 있으리라. 저자가 바라듯이, 독자가 능동적으로 또 적극적으로 내용을 재체험하고 프랑스 혁명사를 재구성한다면 역자로서 더없이 기쁘겠다.

2022년 5월 옮긴이

모든 조각 속에서 보는 **혁명**

1789년부터 1799년까지 프랑스는 혁명을 겪는다. 프랑스도 여느 나라처럼 대서양 세계를 휩쓴 개혁·폭동·반란의 큰 흐름에 휘청거렸다. 그러나 1789년부터 오늘날까지 새로운 제도의 기초를 다지고, 여러 가지 면에서 놀라운 사건을 겪은 10년의 성격을 규정하는 표현으로 '프랑스 혁명'이라는 말을 쓸 만큼 프랑스는 혁명의 가장 활발한 중심지가 되었다. 이 기간에 일어난 다양하고 복잡한 성격의 중대 사건과 변화를 보고하기 위해 이 책에서는 이야기와 시각자료[모델화]를 결합했다. 시각자료는 역사 이야기를 그림으로 설명하는 데 그치지 않고 만화경을 들여다보듯이 다른 방식으로 읽을 수 있게 도와준다. '앵포그라피infographie'[인포그래픽]의 관심은 개념·감정·일반성·특수성을 연결할 수 있게 해주는 데 있다. 혁명의 중대 사건과 변화는 다양한 차원에서 차별화한 후 이해해야 한다는 사실을 누구나 잘 안다. 바스티유 요새의 정복을 예로 들어보자. 그것은 파리뿐 아니라 전국에서 일어난 사건이었고, 수천 명을 동원했으며, 그중 몇몇은 직접 경험했다. 그 사건은 단 며칠 만에 끝났지만 수십 년 동안 공명을 일으켰고, 마침내 프랑스인의 국민성을 결정하는 데 이바지했다. 이 책에서는 인포그래픽을 이용해서 이처럼 풍부하게 증식한 내용뿐 아니라 새로운 의미도 파악하고자 했다. 과거와 표상의 관계를 정당화하기 위해 매혹적이고도 혐오스러운 물건인 기요틴[단두대]을 소환해서 혁명을 상기시키지 않을 수 없다는 사실을 언급하는 것으로 충분하다. 인포그래픽은 혁명의 모든 면모를 함께 표현할 수 있을 만큼 유연하다. 여기서 풀어놓는 엉킨 실타래는 내용을 이해하는 데 방해가 되지 않는다. 이 책의 차례를 보면 한 가지 사실이나 주제를 여러 장에서 다른 식으로 인용하고 있음을 알 수 있기 때문이다.

이 책은 3부로 구성했다. 모든 부분을 단순하게 시간순의 틀에 맞춰서 설명하지는 않았다. 각각의 사건이 무수한 추억을 만들었을 때, 또 새로운 생활방식을 만들고 기념하도록 부추길 때, 어떻게 한 길만 추구할 수 있겠는가? 각각의 일화는 논리적으로 메아리를 불러일으켰고, 분야마다 깊은 탐구를 거쳤으며, 기억과 즉각적 이야기는 밀접히 연결되었다. 혁명기 10년은 언제나 현실로 남아 있고, 생생한 역사이며, [표준화한] 기억 또는 여러 사람의 서로 다른 기억은 우리가 종종 무의식적으로 하는 해석의 조건을 규정한다는 사실을 굳이 말할 필요는 없다.

'혁명'이라는 말이 생기기 시작했을 때부터 이야기를 시작해보자. 사람들은 그것을 무엇보다도 별들의 회전으로 이해했고 여론에 부쳐야 했다. 그다음 '혁명'은 지상의 격변, 통치자의 타파 또는 반란을 뜻하는 말이 되었다. 그러고 나서 대서양 세계와 유럽 전역에서 혁명을 실험하게 되었다. 어떤 경우, 통치자들이 위로부터 혁명을 실험하다가 재빨리 반혁명가로 바뀌었다. 끝으로, 프랑스에서 귀족과 종교인의 '특권층'이 왕의 개혁에 반대했기 때문에 전국신분회를 소집했을 때 혁명이 일어났다. 온갖 불평불만으로 가득 찬 판도라의 상자가 열렸다. 궁중과 왕이 개혁정책을 실시할 준비를 하지 못했기 때문에 군중이 바스티유 요새를 정복하면서 혁명을 시작했다. 그 뒤 역경과 재난이 잇따랐다. 왕은 도주하다가 바렌에서 붙잡히고, 샹드마르스 학살사건이 일어났으며, 1792년 8월에 대신들이 여론을 통제하지 못해서 군주정이 몰락했다. 곧이어 9월 학살이 일어나 나라가 조직적이고 경쟁하는 집단들에게 흔들리면서 진정한 혁명을 겪었다. 왕과 왕비의 처형은 혁명이 강요한 길로 들어선 사례였지만, 필연적으로 가야 할 길은 아니었다.

애국파·자코뱅파·지롱드파·상퀼로트의 적극적 집단들은 서로 대립하고 갈등하면서 혁명을 예상치 못한 길로 몰아갔다. 이 책의 2부에서는 이처럼 프랑스 사회를 지속적으로 다시 빚어낸 대격변을 중심으로 다루려 한다. 여성의 운명은 1789년 10월부터 확정되었다. 혁명의 사건에서 그들이 왕을 파리에 정착시킨 중요한 역할을 했을 때, 남성은 그들을 모든 성향이 뒤섞인 위협적 존재로 생각했다. 남성은 공공생활에서 여성의 자리를 줄이려고 끊임없이 노력했으며, 그렇게 해서 그 후 2세기 동안 여성의 자리가 고정되었다. 권력을 재분배하는 데 복종해야 했던 종교인의 지위도 충격적일 만큼 나락으로 떨어졌다. 인구의 일부가 『성직자 시민헌법』을 거부하면서 앞으로 2세기 동안 평신도와 가톨릭교의 투쟁이 계속될 것을 예고했다. 모든 질서가 뒤집힌 데 더해 교회 재산을 국유화하고 매각한 뒤 모든 프랑스인이 지주가 된 것은 아니었으며 그들의 일상생활은 엉망진창이 되었다. 이민자와 노예, 백인·흑인·혼혈인의 불평등한 관계로 취약한 식민지도 속속들이 모국의 영향을 받았다. 식민지가 모국에 맞서고 아이티가 독립하는 시대가 열렸다. 그보다 더 기대했으며, 그에 못지않게 혁명적인 일이 있었다. 무장시민이 공화력 2년의 병사가 되어 유럽을 점령하고 지도를 바꾸었던 것이다. 이처럼 근대 프랑스의 주요 특징은 혁명의 경험에서 나왔다.

이러한 격변은 국내외의 투쟁·전쟁과 함께 일어났다. 이것이 3부에서 다룰 내용이다. 1792~1794년의 예외적 상황이 가장 좋은 예를 보여준다. 일반적으로 로베스피에르와 측근들이 멋대로 혁명의 흐름을 바꿔놓았다고 비난하기 위해 '공포정'이라는 딱지를 붙인 시기였다. 1793년부터 방데에서 폭력행위가 봇물처럼 터졌고, 탄압의 극적 결과와 그에 대한 추억으로 그곳을 예외적인 지역으로 만든 복잡한 과정에서 명확해진 시기다. 이 예외적 상태는 정치가들과 경쟁하는 무장집단들의 위협에도 대응해야 했다. 이 집단들의 성격은 모호했지만 실용적인 이름으로 '도적떼brigands'라 불렀다. 상퀼로트도 경쟁집단이었다. 기성의 권위를 위협하는 앙라제[과격파]와 바뵈프파는 굶주리거나 반혁명 성향으로 불만을 가진 사람들이었으며 1799년까지 끊임없이 추적당했다. 그때 반혁명이 나타나기 시작했다. 그러나 혁명 세력에는 훨씬 미치지 못했고, 혁명의 원리에 적대적인 세력을 동원하는 일도 제대로 해내지 못했다. 잘 알려지지 않은 사건이었던 1799년의 대공세가 실패한 데서 반혁명의 가장 훌륭한 보기를 찾을 수 있다. 1795년에 새 체제인 총재정부가 탄생하고 1799년 보나파르트의 손에 폐지될 때까지의 기간은 프랑스인의 국민성을 빚고 그 기억을 키워준 변화무쌍한 여정의 마지막 단계다. 결론의 마지막 부분은 번잡한 10년의 다양한 교훈을 한데 엮어서 우리의 기억을 되살려줄 것이다.

이 책을 반드시 처음부터 차근차근 읽지 않고 흥미 위주로 골라 읽어도 좋다. 이 책은 진정한 사례 연구와 대표적 인물의 약력을 제공하기 때문에 넓은 시야를 열어줄 것이다. 모든 상황을 연출해서 보여준다. 이야기와 시각자료를 결합해서 꾸민 이 책은 단면과 파편이건, 계시와 혁신이건, 또는 잊을 수 없는 기억의 흔적이건 모든 조각 속에서 프랑스 혁명을 고려할 수 있게 도와줄 것이다.

1

혁명의 행진

LA MARCHE DE LA RÉVOLUTION

세계의 혁명

한 세상의 **붕괴**

코페르니쿠스와 함께 별들의 '회전révolution'은 뜻이 바뀌었다. 그것은 순환운동으로서 원래 자리로 돌아가는 것을 지칭할 수 없게 되었다. 지구는 우주 안에서 움직이고 있었고, 우주는 새로운 질문의 대상이 되었다.

1543
니콜라스 코페르니쿠스
『천구의 회전에 관하여』 발간

1616
교회는 코페르니쿠스의 학설을 금지

1633
갈릴레오는 선언한다. "그래도 지구는 돈다!"
교회는 그의 연구를 금지한다.

1687
아이작 뉴턴, 『프린키피아—자연철학의 수학적 원리』 발간

1649
찰스 1세
참수형을 당했지만, 크롬웰이 영연방을 창설했을 때 사람들은 오직 내전에 대해서만 말했다.

1660
찰스 2세
군주정을 다시 세웠지만, 사람들은 오직 '혁명'에 대해서만 말했다.

1688
오렌지 공 또는 오라녜 공
윌리엄과 메리가 '명예혁명'에 성공

1690
존 로크
『정부에 관한 두 가지 논고』 발간

1780
민중 폭동, 고든 폭동,
며칠 동안 런던을 초토화했다.

1680 1690 1700 1710 1720 1730 1740 1750

르 블랑 신부
1689
『시암 왕국의 혁명사』

오를레앙 신부
1695
『영국 혁명사』

베르토 신부
1701
『스웨덴 혁명사』

1711
『포르투갈 혁명사』

1719
『로마공화국 혁명사』
1735년 베르토 신부는 『폴란드 혁명사』를 끝내지 못한 채 사망

라 라발리에르 주교
1742
『샤를마뉴부터 생루이까지 프랑스어의 혁명사』

샤를 드 몽테스키외
1748
『법의 정신』

코페르니쿠스
1757
교회는 코페르니쿠스 혁명을 인정하
교육

새로운 문학 범주, **혁명의 역사**

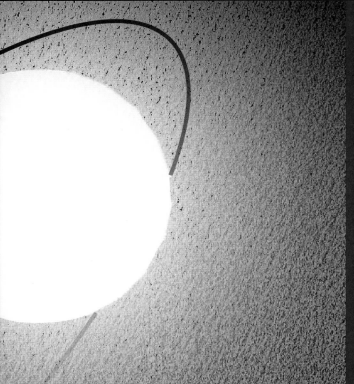

'혁명'의 **새로운 의미와 확산**

프랑스 혁명은 여느 혁명 중 하나였고 역사상 처음 일어난 것도 아닌데 어째서 혁명의 본보기가 되었을까? 두 번째 질문—혁명과 근대성은 어떤 관계인가? 앞으로 설명할 종합적 내용의 효과로 프랑스가 혁명의 본보기가 되었다 할지라도, 혁명의 새로운 의미가 널리 퍼진 것은 코페르니쿠스와 갈릴레오 이후 천체 회전에 대한 지식의 변화와 관련이 있다. 지구는 우주의 중심에 있지 않고 태양 주위를 돌며, 특히 별들은 뉴턴이 증명했듯이 법칙의 지배를 받는다. 좀 더 확대해서 말하면, 『법의 정신』에서 몽테스키외는 "자연과 사회는 모두 법의 지배를 받는다"고 썼다. '혁명'은 마키아벨리가 '폭동tumulti'이라고 불렀던 정치적 갈등을 지칭하는 평범한 말이 되었다. 17세기부터 혁명에 대한 역사 연구가 많이 나왔다. 크롬웰이 설립한 '연방Commonwealth'이 1660년에 끝나고 왕이 귀환하는 과정을 혁명이라고 규정했으므로, 이 말을 유행시킨 것은 영국이었다. 놀랍게도 당대인들은 그전에 일어난 일을 혁명으로 생각하지 않았다. 그 말은 1688년에 명예혁명을 말할 때 다시 쓰였다.

1770 | 1780

드 랄랑드
…
학자가
…의 혁명'에 대해
…다

푸타베리 각하●
1782
『타히티 혁명사』

임마누엘 칸트
1787
이 사상가가
코페르니쿠스와 갈릴레오의
'지적 혁명'에 대해 말하다

● 혁명 전부터 종교인으로 신문을 발행하던 장 샤를 퐁슬랭 드 라 로슈 틸락Jean-Charles Poncelin de La Roche-Tilhac (1746-1828)의 가명이다.

두 세계 사이의 프랑스

- 자식이 없는 오라녜 공이 죽으면서 나소 백작의 열한 살짜리 아들 빌렘을 상속자로 지목했다. 빌렘 판 오라녜Willem van Oranje는 에스파냐 통치에서 네덜란드를 독립시키려고 투쟁하는 사람들 편에 서서 1567년에 부임한 알바 공에 맞서 싸웠다. 1566년부터 무장해적단을 조직해 에스파냐 함대와 싸우던 네덜란드 귀족 개신교도('바다의 거지들')는 1572년 덴 브리얼Den Briel을 점령하면서 독립을 향한 첫걸음을 내디뎠다.

혁명의 시대

1789년 프랑스의 혁명은 그때까지 일어난 혁명의 마지막인가?
1640~1688년 사이 영국에서 '혁명'이 일어난 이후, 18세기와 19세기의 접점에서 프랑스 '혁명'은 유럽과 남북 아메리카에 흔적을 남겼다.
우주의 법칙에 의문을 제기할 때부터, 인간의 권리선언, 사회와 정치의 혼란, 이상향의 요구, 행정개혁, 수많은 '혁명' 이야기가 나오는 동안 1770년 이후 유럽과 남북 아메리카에서 군주들이 개혁을 강요하는 '위로부터의' 혁명이거나 군주들에게 폭동으로 대답하는 '아래로부터의' 혁명까지, 여러 가지 '혁명'을 부추기는 분위기가 생겼다.

독립전쟁
1770년 서부 개척을 제한하고 인디언을 보호하기 위해 식민지인을 탄압하고 공공요금을 부과하는 영국 왕과 충돌 시작. 1776년 아메리카 미합중국은 독립을 선언하고 1783년에 전쟁에서 승리. 1787년 미합중국 헌법 채택.

미합중국
1776

보스톤에서 폭동 시작
1776

토머스 페인
1737-1809
아메리카 식민지로 갔다가 영국으로 되돌아가 프랑스 혁명을 지지했다. 1776년에 영국의 지배를 반대하는 『상식론』을 발간해 이후 프랑스 명예시민이 되었고, 나중에 미합중국으로 돌아갔다.

멕시코
1767

테페약의 성모
1767

정부는 교회를 국가의 통제 아래 두고 예수회를 추방했다.
그 결과, 특히 누에바 에스파냐의 '수호자'인 '테페약의 성모'[발현지]를 중심으로 민중 폭동이 퍼져 나갔다.

프란시스코 데 미란다
1750-1816
에스파냐 군대에 복무한 뒤, 아메리카 반란자들 편에서 싸우다 유럽으로 돌아가 1786년까지 유럽을 두루 돌아다녔다. 그 후 발미 전투에서 장군으로 싸웠다. 1798년까지 옥살이를 하다가 런던을 거쳐 아메리카로 돌아갔다. 나중에 베네수엘라를 해방한 뒤 감옥에서 숨졌다.

타데우슈 코시치우슈코
1746-1817
폴란드 장교로 프랑스에서 공부하고 폴란드에 머물다가 아메리카 반란자를 도우러 갔다. 폴란드 군대를 이끌면서 러시아인들을 무찌르고 프랑스로 되돌아갔다가 독일로 망명한 후 미합중국으로 갔다. 유럽으로 돌아간 뒤 스위스에서 숨을 거뒀

이러한 변화가 일어나고 있는 가운데 프랑스에서 완전히 예상치 못한 사건이 발생했다. 당대인들은 가장 안정적이고 가장 부유한 왕국에서 갑자기 일어난 일을 쉽게 믿을 수 없어 그저 놀랄 뿐이었다.
더욱이 아메리카 미합중국과 폴란드만 빼고 다른 곳에서는 모두 실패로 끝난 뒤에 성공한 사례였기 때문에 더욱 놀랐다.
그러나 프랑스의 사례와 함께 '혁명'이라는 말은 단박에 의미를 완전히 바꾸었다. 3년 뒤인 1792년에 '혁명'은 조직적인 '혁명가' 집단들이 군주정을 조직적으로 전복하고 곧이어 왕을 처형한 사건과 관련해서 또 다른 의미를 추가했다.

투팍 아마루
1778

에스파냐 (안데스)
1778
1783

안데스의 주민들이 의회를 설립한다.
에스파냐 중앙정부는 의회를 승인했다가 반대한다. 잉카인들의 오 페루Haut-Pérou[알토 페루Alto Peru]에서 투팍 아마루는 새로운 세금, 인디언 권리 제한, 종교개혁에 반대하는 반란을 이끌었다.

포르투갈의 대신 폼바우Pombal 후작이 독단으로
포르투갈과 중요한 식민지 브라질을 개혁했다. 귀족을 복종시키고, 교회를 통제해 예수회를 추방하고, 경제를 자유화했다. 국가의 중앙권력을 강화하고, 교육을 발전시켰다.

1788	1789	1790	1791	1792	1793

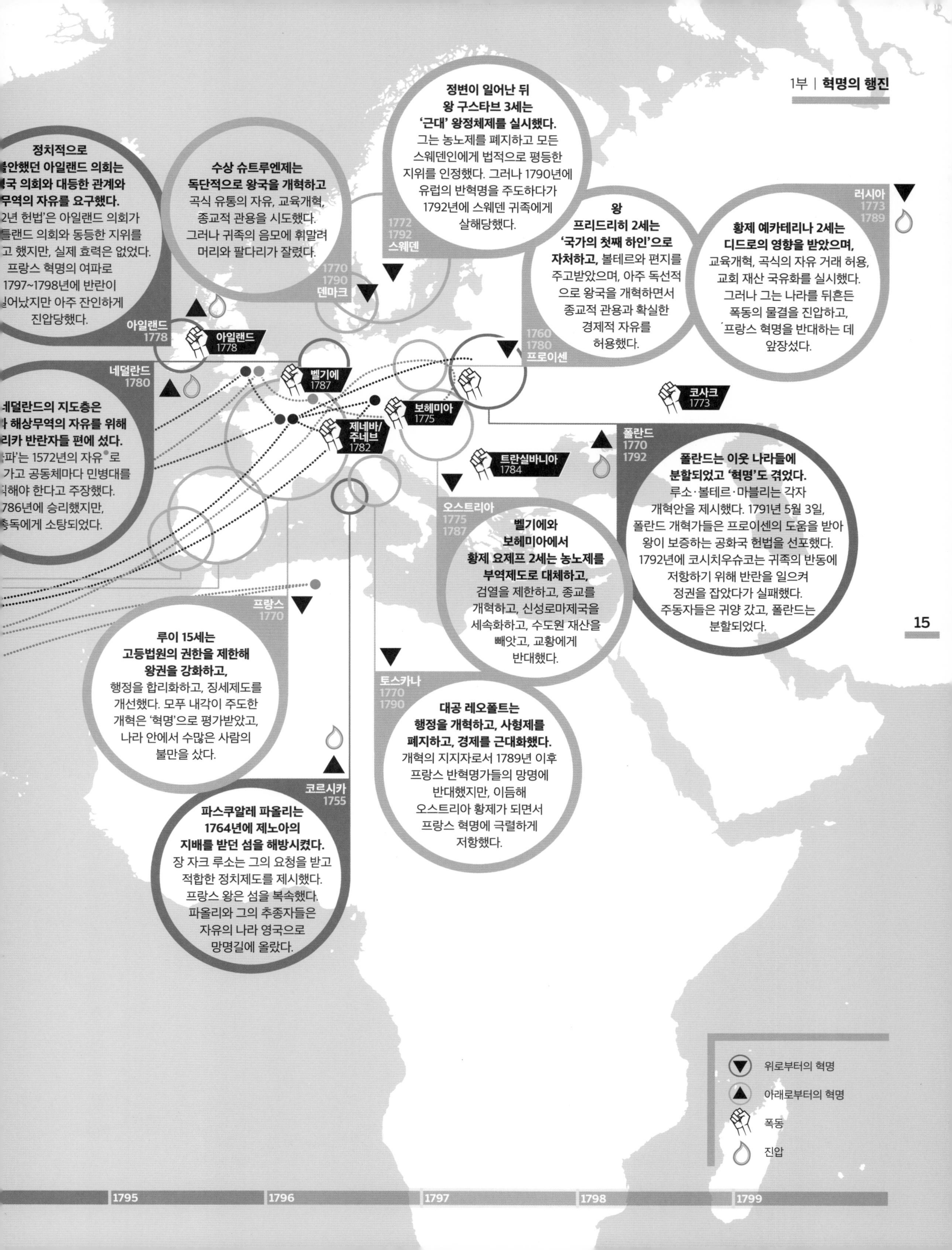
정변이 일어난 뒤
왕 구스타브 3세는
'근대' 왕정체제를 실시했다.
그는 농노제를 폐지하고 모든
스웨덴인에게 법적으로 평등한
지위를 인정했다. 그러나 1790년에
유럽의 반혁명을 주도하다가
1792년에 스웨덴 귀족에게
살해당했다.
1772
1792
스웨덴
정치적으로
안했던 아일랜드 의회는
국 의회와 대등한 관계와
무역의 자유를 요구했다.
2년 헌법'은 아일랜드 의회가
랜드 의회와 동등한 지위를
고 했지만, 실제 효력은 없었다.
프랑스 혁명의 여파로
1797~1798년에 반란이
어났지만 아주 잔인하게
진압당했다.
아일랜드
1778
수상 슈트루엔제는
독단적으로 왕국을 개혁하고
곡식 유통의 자유, 교육개혁,
종교적 관용을 시도했다.
그러나 귀족의 음모에 휘말려
머리와 팔다리가 잘렸다.
1770
1790
덴마크
왕
프리드리히 2세는
'국가의 첫째 하인'으로
자처하고, 볼테르와 편지를
주고받았으며, 아주 독선적
으로 왕국을 개혁하면서
종교적 관용과 확실한
경제적 자유를
허용했다.
1760
1780
프로이센
러시아
1773
1789
황제 예카테리나 2세는
디드로의 영향을 받았으며,
교육개혁, 곡식의 자유 거래 허용,
교회 재산 국유화를 실시했다.
그러나 그는 나라를 뒤흔든
폭동의 물결을 진압하고,
프랑스 혁명을 반대하는 데
앞장섰다.
아일랜드
1778
네덜란드
1780
덜란드의 지도층은
해상무역의 자유를 위해
리카 반란자들 편에 섰다.
파'는 1572년의 자유®로
가고 공동체마다 민병대를
해야 한다고 주장했다.
786년에 승리했지만,
독에게 소탕되었다.
벨기에
1787
보헤미아
1775
제네바/
주네브
1782
코사크
1773
트란실바니아
1784
폴란드
1770
1792
폴란드는 이웃 나라들에
분할되었고 '혁명'도 겪었다.
루소·볼테르·마블리는 각자
개혁안을 제시했다. 1791년 5월 3일,
폴란드 개혁가들은 프로이센의 도움을 받아
왕이 보증하는 공화국 헌법을 선포했다.
1792년에 코시치우슈코는 귀족의 반동에
저항하기 위해 반란을 일으켜
정권을 잡았다가 실패했다.
주동자들은 귀양 갔고, 폴란드는
분할되었다.
오스트리아
1775
1787
벨기에와
보헤미아에서
황제 요제프 2세는 농노제를
부역제도로 대체하고,
검열을 제한하고, 종교를
개혁하고, 신성로마제국을
세속화하고, 수도원 재산을
빼앗고, 교황에게
반대했다.
프랑스
1770
루이 15세는
고등법원의 권한을 제한해
왕권을 강화하고,
행정을 합리화하고, 징세제도를
개선했다. 모푸 내각이 주도한
개혁은 '혁명'으로 평가받았고,
나라 안에서 수많은 사람의
불만을 샀다.
토스카나
1770
1790
대공 레오폴트는
행정을 개혁하고, 사형제를
폐지하고, 경제를 근대화했다.
개혁의 지지자로서 1789년 이후
프랑스 반혁명가들의 망명에
반대했지만, 이듬해
오스트리아 황제가 되면서
프랑스 혁명에 극렬하게
저항했다.
코르시카
1755
파스쿠알레 파올리는
1764년에 제노아의
지배를 받던 섬을 해방시켰다.
장 자크 루소는 그의 요청을 받고
적합한 정치제도를 제시했다.
프랑스 왕은 섬을 복속했다.
파올리와 그의 추종자들은
자유의 나라 영국으로
망명길에 올랐다.
위로부터의 혁명
아래로부터의 혁명
폭동
진압
1795
1796
1797
1798
1799

전국신분회에서 국민의회까지, **국민국가의 탄생**

1789년, 군주정의 실수인가, 아니면 구체제의 위기인가?

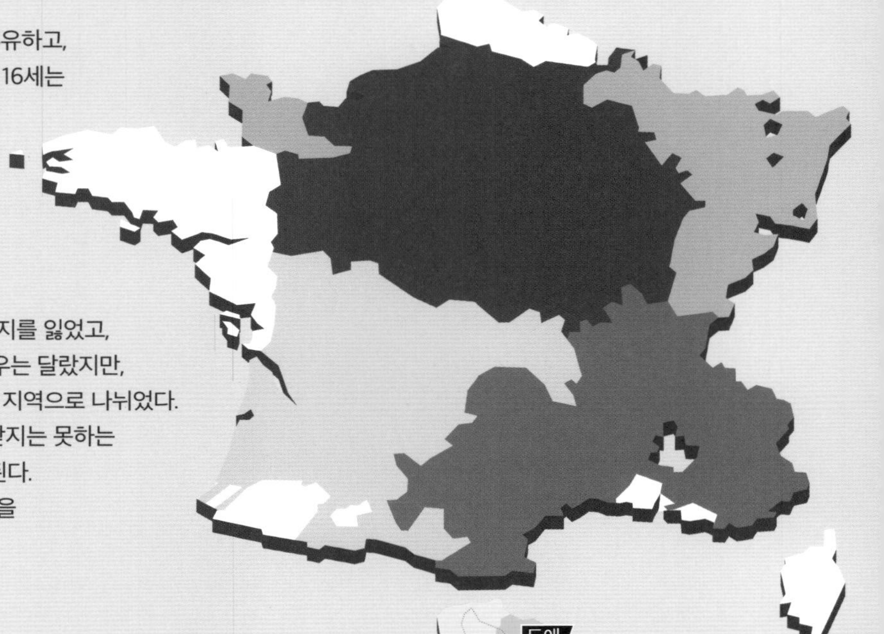

1789년, 프랑스는 유럽에서 (러시아를 제외하고) 가장 인구가 많고, 가장 부유하고, 가장 존경받는 나라였다. 신권을 가진 왕으로서 프랑스를 다스리던 루이 16세는 하나의 본보기가 될 정도로 1,000년 동안 이어온 왕조의 후손이었다.
그는 베르사유 궁에서 살았다.
유럽의 모든 궁에서도 베르사유 궁의 호사스러운 생활을 모방하고 시샘했다. 그들은 유럽 귀족의 공용어인 프랑스어로 소통했다.
에스파냐 왕은 모든 대륙에 영토를 가진 제국의 우두머리가 분명했지만, 식민지 자원을 이용해서 살림을 꾸렸다.
영국 왕은 벌써 산업혁명기에 들어선 나라를 통치했지만, 아메리카 식민지를 잃었고, 대권을 제한하는 정치제도에 의존했다. 오스트리아나 러시아 황제의 경우는 달랐지만, 그들의 광활한 제국은 아주 격차가 크고 서로 충돌하는 이해관계를 가진 지역으로 나뉘었다.
프로이센이나 스웨덴은 번영하는 나라였지만 아직도 일류 국가로 평가받지는 못하는 실정이었다. 이 같은 현실로 프랑스 군주정의 약점을 감추려 해서는 안 된다.
왕국은 최근에야 통일되었지만 언제 깨질지 몰랐으며, 수많은 법과 관습을 상감무늬처럼 새겨놓은 모습이었다.
가장 명백한 사례를 조세 불평등에서 찾을 수 있다.
그중에서 소금의 소비세 '가벨'[소금세/염세]이 대표적 사례다.
브르타뉴 같은 프로뱅스•는 이 세금을 면제받아 여느 프로뱅스의 시샘을 받았고, 소금 밀매업을 부추기기도 했다.
왕과 정부는 지방의 관습을 폐지하려고 노력하고, 힘닿는 대로 중앙권력 주도의 개혁을 실시해 원망을 사고 폭동을 불렀다.
루이 16세의 할아버지 루이 15세가 1770년에 근대화를 추진했으나 하도 반발이 심했기 때문에 뒷걸음질 쳐야 했다.
그 후 계속해서 나랏빛이 늘어나고 재정이 허약해졌기 때문에 상황은 더욱 나빠졌다.

견딜 수 없는 세금: 소금세

소금세와 통관세

- 큰 소금세
- 중간 소금세
- 싼 소금세 또는 염전세
- 아주 싼 소금세, 배상금 지불 조건
- 면세

분열한 **프랑스**

페이 델렉시옹[중앙관리 징세구] **또는 페이 데타**[지방신분회 납세구]

- 페이 델렉시옹(직접 관리)
- 페이 데타 ┐ 지방자치
- 페이 콩키[합병] ┘
- 남부의 성문법 지방(북부의 관습법 지방)
- 고등법원 소재지

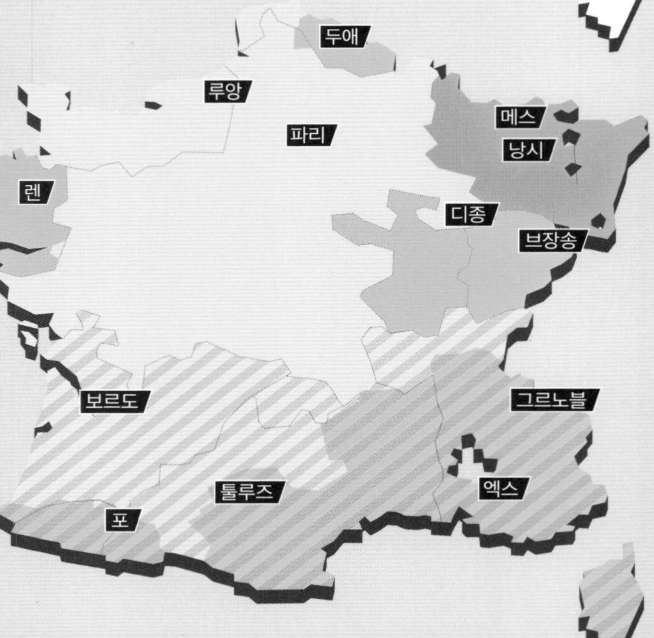

1788 | 1789 | 1790 | 1791 | 1792 | 1793

- **province:** 프랑스의 옛 정치적·종교적 단위로 원래 로마 속주를 뜻하는 말이었다. 서로마제국 멸망 이후 로마제국 정치 단위의 성격은 사라졌지만 주교구라는 종교적 단위로 남았다가 9세기 이후 주교구들을 하나로 묶는 대주교구로 발전해서 프랑스 왕국의 전통 속에 살아남고 행정과 사법의 기능을 덧붙여 13세기에는 징세구가 되었다. 절대군주정이 발달하고 복잡한 제도가 정착하면서 18세기까지 프로뱅스는 법적·공식적으로 사라지는 단위이긴 해도 풍속·정신·관습·조세상 통일성을 가진 개념으로 남았다.

긴장의 30년

7년 전쟁

예수회 추방

루이 15세 사망,
루이 16세 대관식

밀가루 전쟁

목걸이 사건

재정적자의
추이

폭동의 횟수

밀값의 추이
투르의 사례

자크 네케르
1732-1804
스위스 태생으로 은행에서 재산을 모으고
프랑스 동인도회사에 자금을 지원해주었다.
개신교도로서 1776년부터 1781년까지
대신직으로 임명되어 왕국의 재정을 개혁했다.
1788년부터 1790년까지 다시 대신으로 일했다.

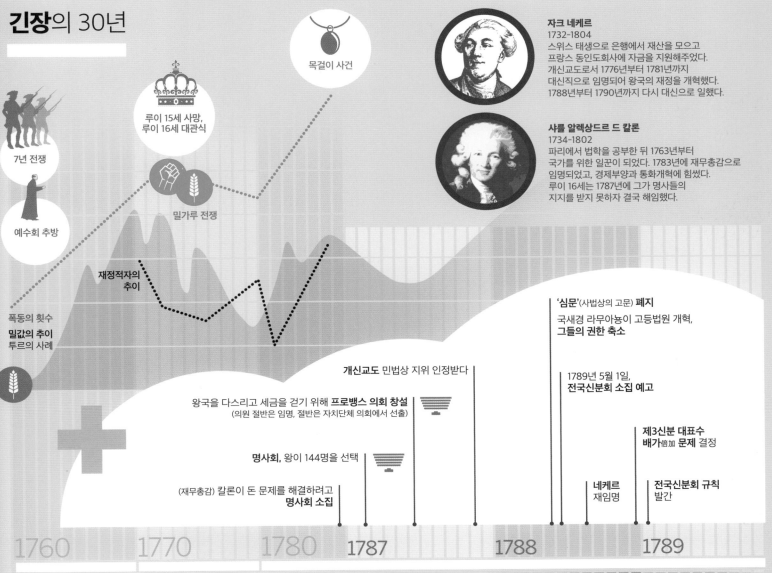

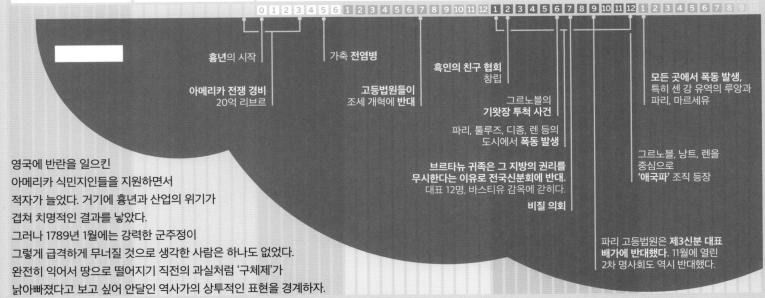

샤를 알렉상드르 드 칼론
1734-1802
파리에서 법학을 공부한 뒤 1763년부터
국가를 위한 일꾼이 되었다. 1783년에 재무총감으로
임명되었고, 경제부양과 통화개혁에 힘썼다.
루이 16세는 1787년에 그가 명사들의
지지를 받지 못하자 결국 해임했다.

(재무총감) 칼론이 돈 문제를 해결하려고
명사회 소집

명사회, 왕이 144명을 선택

왕국을 다스리고 세금을 걷기 위해 **프로뱅스 의회 창설**
(의원 절반은 임명, 절반은 자치단체 의회에서 선출)

개신교도 민법상 지위 인정받다

'심문'(사법상의 고문) **폐지**
국새경 라무아뇽이 고등법원 개혁,
그들의 권한 축소

1789년 5월 1일,
전국신분회 소집 예고

네케르
재임명

제3신분 대표수
배가倍加 **문제** 결정

전국신분회 규칙
발간

1760 1770 1780 1787 1788 1789

0 1 2 3 4 5 6 1 2 3 4 5 6 7 8 9 10 11 12 1 2 3 4 5 6 7 8 9 10 11 12 1 2 3 4 5 6 7 8 9 10

흉년의 시작

아메리카 전쟁 경비
20억 리브르

가축 **전염병**

고등법원들이
조세 개혁에 **반대**

흑인의 친구 협회
창립

그르노블의
기왓장 투척 사건

파리, 툴루즈, 디종, 렌 등의
도시에서 **폭동 발생**

브르타뉴 귀족은 그 지방의 권리를
무시한다는 이유로 전국신분회에 반대.
대표 12명, 바스티유 감옥에 갇히다.

비질 의회

파리 고등법원은 **제3신분 대표**
배가에 반대했다. 11월에 열린
2차 명사회도 역시 반대했다.

모든 곳에서 폭동 발생,
특히 센 강 유역의 루앙과
파리, 마르세유

그르노블, 낭트, 렌을
중심으로
'애국파' 조직 등장

영국에 반란을 일으킨
아메리카 식민지인들을 지원하면서
적자가 늘었다. 거기에 흉년과 산업의 위기가
겹쳐 치명적인 결과를 낳았다.
그러나 1789년 1월에는 강력한 군주정이
그렇게 급격하게 무너질 것으로 생각한 사람은 하나도 없었다.
완전히 익어서 땅으로 떨어지기 직전의 과실처럼 '구체제'가
낡아빠졌다고 보고 싶어 안달인 역사가의 상투적인 표현을 경계하자.

사라진 의견

1789년 봄에 전국신분회를 소집했다. 왕국의 세 신분인 종교인·귀족·제3신분은 모든 지방의 남성이 뽑은 대표 1,000명 이상을 파견할 것이다. 제3신분의 평민은 의원수를 두 배로 늘릴 수 있었다. 이러한 혁신 때문에 전국신분회가 위기를 맞이할 것이다. 왕이 투표방식을 결정하지 않았기 때문이다. 신분별 투표인가, 아니면 개별 투표인가? 대표 선거를 하면서 프랑스인은 진정서를 작성하라는 요청을 받았다. 진정서를 종합해서 왕에게 가져가면, 왕은 정치적 방향을 정하는 데 이용할 수 있을 터였다. 그러나 그들이 작성한 모든 진정서를 역사가들이 읽을 때까지 아무런 쓸모가 없었다는 사실을 굳이 말할 필요는 없다. 진정서를 작성하는 동안 다양한 변화를 기대하는 사회집단들이 대립했다. 그들의 요구사항 때문에 왕국의 구조가 근본적으로 흔들리지는 않았지만, 전통가치가 훼손되고 왕에 대한 복종심도 무너졌다.

선거와 진정서 작성

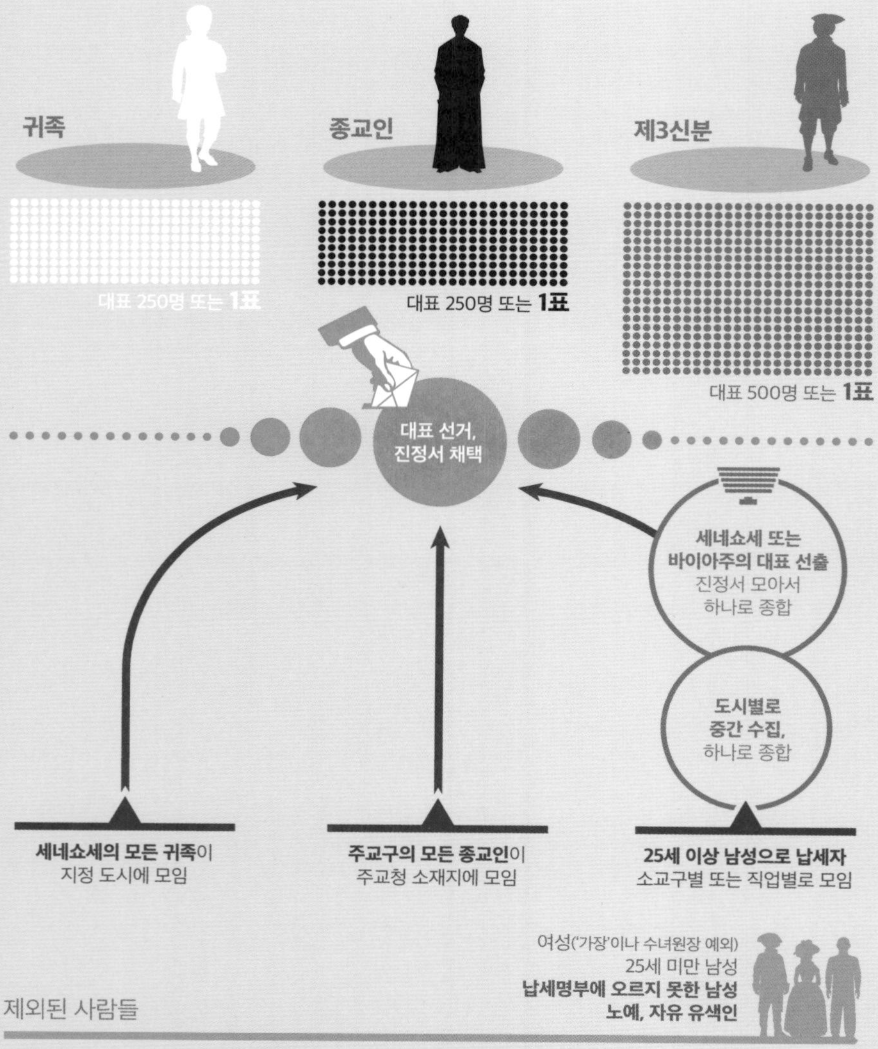

진정서

모범 사례 이용과 사상의 유통
렌 세네쇼세의 세 가지 보기

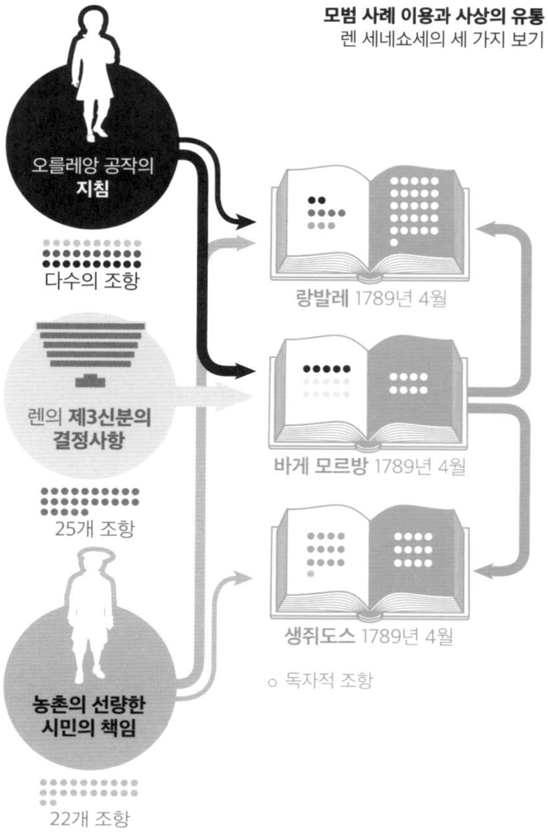

574개 진정서에 나타난
요구의 방식

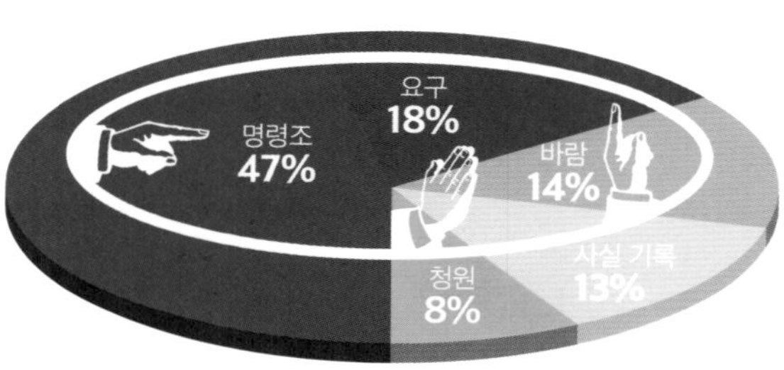

왕의 사촌 오를레앙 공작의 의견을 참고했든, 조직적 흐름의 영향을 받아서 썼든, 어떻든 간에 수천 가지 진정서는 프랑스인의 기대가 무척 컸음을 반영했다.

자유와 평등
같은 낱말의 다른 이해

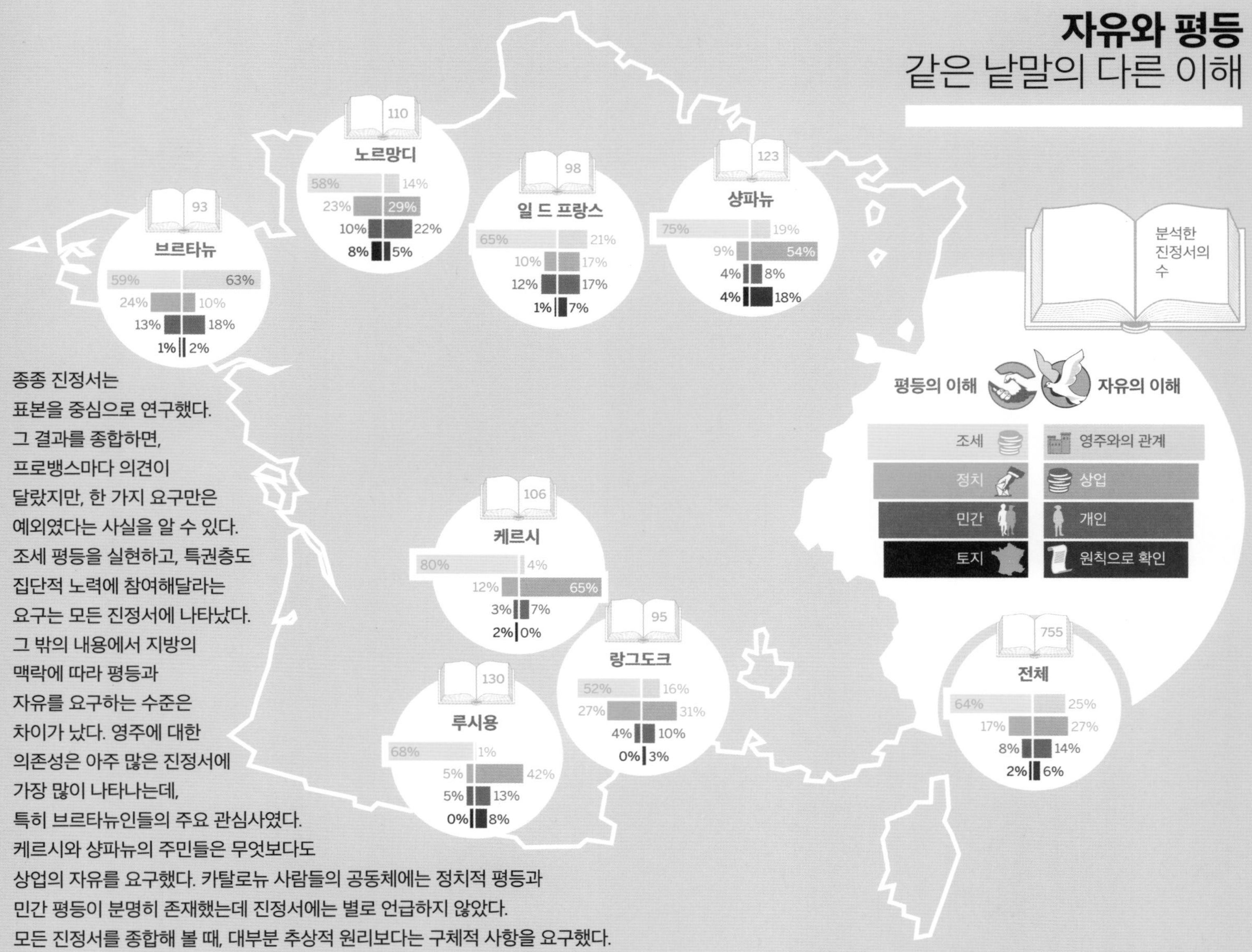

종종 진정서는 표본을 중심으로 연구했다. 그 결과를 종합하면, 프로뱅스마다 의견이 달랐지만, 한 가지 요구만은 예외였다는 사실을 알 수 있다. 조세 평등을 실현하고, 특권층도 집단적 노력에 참여해달라는 요구는 모든 진정서에 나타났다. 그 밖의 내용에서 지방의 맥락에 따라 평등과 자유를 요구하는 수준은 차이가 났다. 영주에 대한 의존성은 아주 많은 진정서에 가장 많이 나타나는데, 특히 브르타뉴인들의 주요 관심사였다. 케르시와 샹파뉴의 주민들은 무엇보다도 상업의 자유를 요구했다. 카탈로뉴 사람들의 공동체에는 정치적 평등과 민간 평등이 분명히 존재했는데 진정서에는 별로 언급하지 않았다. 모든 진정서를 종합해 볼 때, 대부분 추상적 원리보다는 구체적 사항을 요구했다.

561개 진정서에 나타난
왕과의 관계

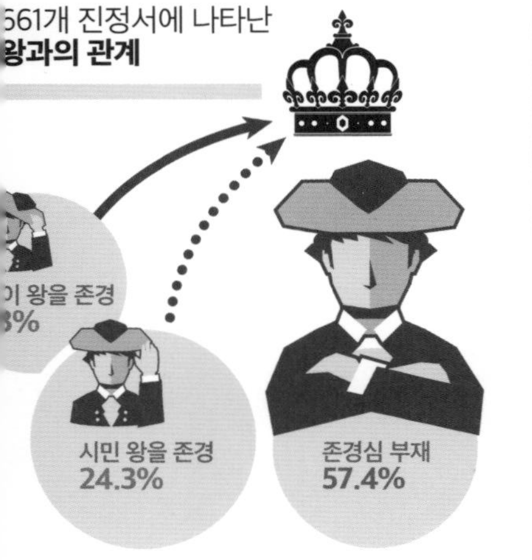

가치의 평등

진정서들은 전국신분회에서 실행해야 할 복잡하고 서로 모순되는 희망을 표현했다. 또한 진정서는 1789년 7월 이후 잔혹한 사건들이 터뜨리게 될 화약통이기도 했다.

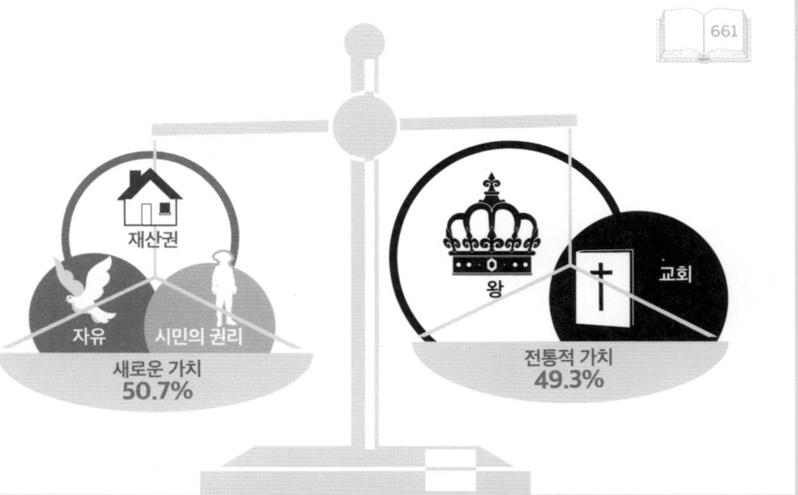

1795 1796 1797 1798 1799

정치의 확인

1789년 5월 4일의 행진

5월 4일, 장엄한 미사로 전국신분회를 시작했다. 이튿날은 므뉘 플레지르의 회의실에서 왕이 참석한 가운데 정치적 회의를 했다. 므뉘 플레지르는 3,000명 정도 들어갈 수 있는 넓은 크기의 임시회의장이었다. 이 기간에 대표들의 옷차림은 신분별로 달랐다. 귀족과 고위직 종교인(주교와 수도원장)은 호화로운 예복을, 제3신분과 하위직 종교인(사제)은 엄격한 방식으로 검은 옷을 입었다. 이때 군주국의 사회적 서열이 노골적으로 드러났다. 의원들은 금세 불만을 표시했다. 5월 5일, 왕은 귀족과 종교인을 가까이 다가서도록 허용했지만, 제3신분 대표들을 접견할 때는 분명히 차별했다. 몇 주 후, 제3신분 대표들은 모든 대표가 같은 회의실에 모여 제헌 국민의회를 구성하자는 뜻을 관철시켰다. 국민의회는 왕에게 반대하고, 특히 『인간과 시민의 권리선언』을 선포했다.

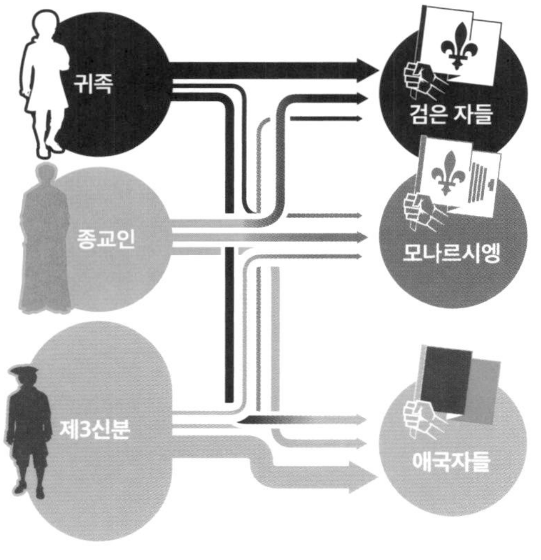

파벌의 탄생

왕의 권력을 거의 건드리지 않으면서 국민의회가 왕과 협조하는 체제를 바라는 사람들은 '모나르시엥monarchiens' [입헌군주정주의자]이 되었다. 개혁을 거부하는 사람들은 '검은 자들noirs' 또는 '고위 귀족들aristocrates'이 되었다. 이때까지만 해도 나머지 대표들을 '혁명가들révolutionnaires'이라고 부르기는 어려웠다. 대다수가 군주정을 끌어내리고 새 체제를 세우려고 생각하지 않았다는 점에서 '애국자들patriotes'이었다. 더욱이 이렇게 큰 나라에 공화국을 세우기란 불가능해 보였다.

므뉘 플레지르의 회의실

전국신분회를 위해 마련한 회의장은 가로 31미터, 세로 56미터, 높이 10미터였다.
그곳은 3,000명을 수용할 수 있었는데, 참관인의 수가 많았다.
그중에 테루아뉴 드 메리쿠르도 있었다.
3단의 회랑이 회의실을 한 바퀴 감쌌다.

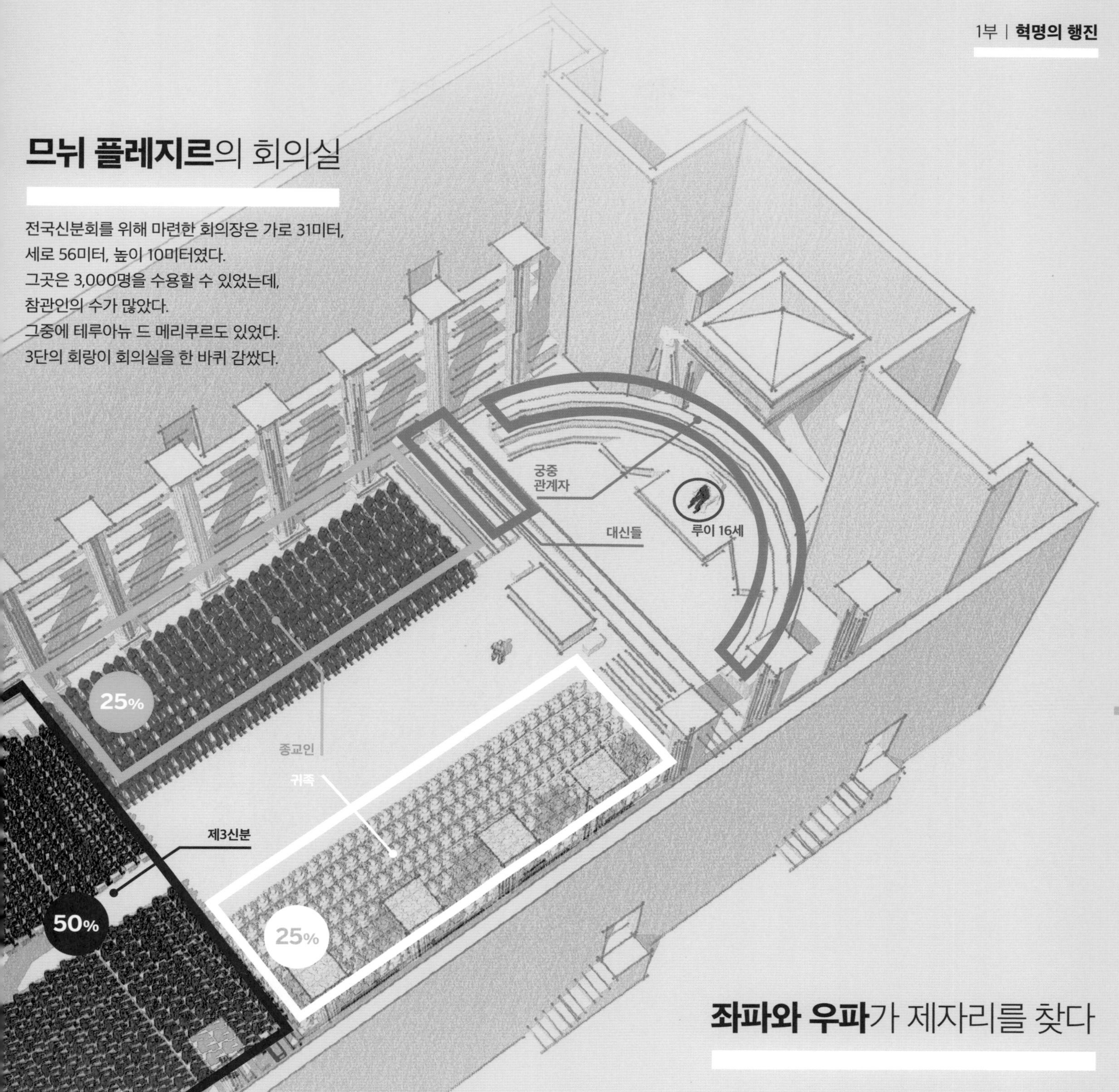

좌파와 우파가 제자리를 찾다

7월 21일부터 회의실을 원형극장식으로 개조했다. 의원들은 자신들이 뽑은 의장석을 중심으로 앉았다. 이때부터 의원들이 정치성향에 따라 무리를 지어 앉는 모습이 조금씩 나타났다. 개혁에 가장 호의적인 의원들은 왼쪽에 앉았고, '애국자들'이라는 이름을 얻었다.

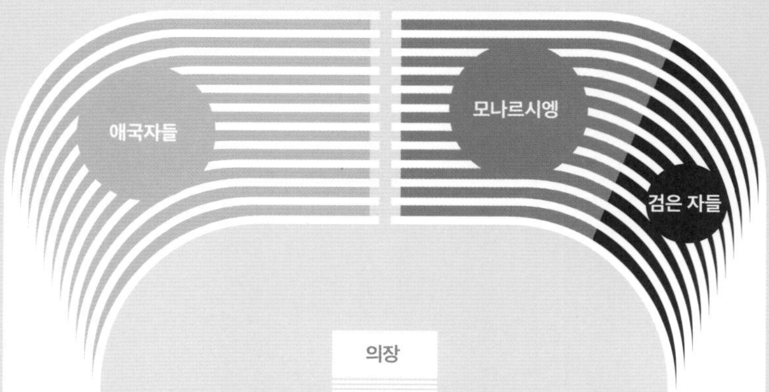

1795 1796 1797 1798 1799

바스티유 요새 정복

1789년 7월 14일, 바스티유 요새 정복은 프랑스 혁명의 표시이며 상징이 되었다. 1년 후 그날을 연맹제로 기렸고, 1880년에는 국경일로 정했다. 그날은 지난 몇 년 동안 긴장을 강화한 정치적 풍토에서 일어난 수많은 폭동·소요·싸움의 하나였지만, 당국은 반대자들을 선뜻 진압하지 않았고 지지자들의 용기마저 꺾었다. 4월 26~28일 생탕투안 구에서 제조업자 두 명이 자기가 고용한 노동자들의 가난을 이용하고자 했다는 혐의를 받고 아주 격렬하게 약탈당한 사건이 본보기가 되었다.

사회적 불만·정치투쟁·무질서가 뒤엉킨 상황이 1789년 7월에 일어난 일을 설명해준다. 사람들은 네케르 해임을 전국신분회에 대한 위협이며 왕이 무력에 의존하겠다는 의지로 보았는데, 당연한 일이었다. 7월 12일부터 파리인들이 감옥과 병영으로 무기를 찾아다니다가 마침내 감옥에는 단 일곱 명만 수용하고 있던 유서 깊은 요새 아래까지 수천 명이 몰려가 포위하기에 이르렀다는 것이 역사적 사실이다. 사람들은 요새를 끔찍하게 생각했고, 무슨 소용이 있느냐고 의심했다. 왕조차 요새를 없애고 싶어 했기 때문이다. 잇단 오해가 대결을 불렀지만, 이미 파리 주변의

바스티유 **이전의 사례**

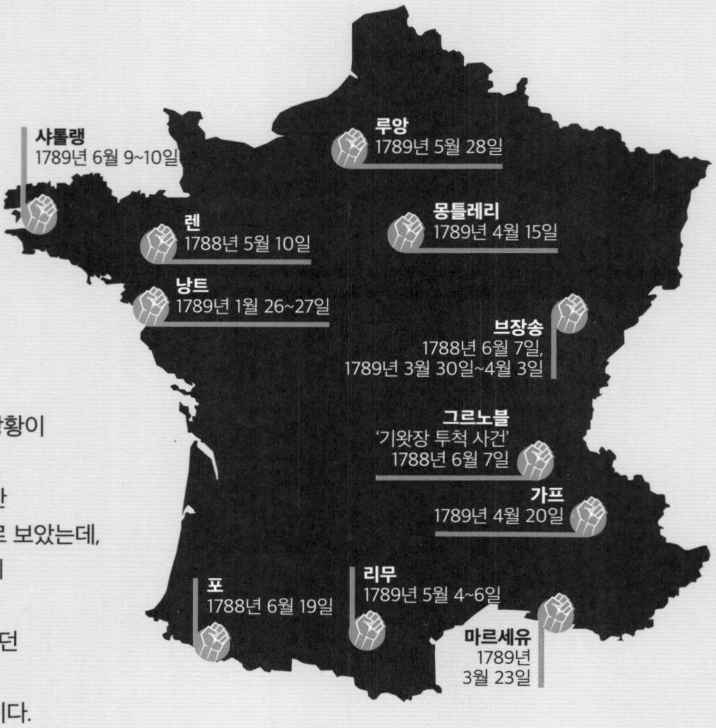

입시세관 울타리를 파괴할 때부터 대결은 시작되었다. 이러한 불복종 행위는 파리인들이 바스티유로 몰려가기 전에 이미 도시 주변에 방화를 촉발했다.

7월 11일 토요일
폭동자들이 입시세관 울타리를 공격하고 불을 지른다.

7월 12일 일요일
네케르의 해임 소식. 팔레 루아얄에서 카미유 데물랭이 반란을 촉구. 튈르리 궁 정원에서 랑베스크 공의 기병대가 시위자와 구경꾼 해산. 한 명 사망. 울타리 화재가 번지다.

13일 월요일 아침 이후
파리에 경종이 울리고, 세관 울타리에서 사기가 판치고, 거의 모든 곳에서 약탈을 자행한다.
특히 생라자르 수도원에서 수형자들을 풀어준다. 라포르스 감옥, 라베이 감옥도 강제로 문을 연다.
파리시장 플레셀은 (구마다 800명으로) 부르주아 민병대를 창설해 대응한다. 민병대는 붉은색과 푸른색 표시를 달아 구별했다. 국민의회와 왕은 파리의 사건을 보고받는다.

14일 화요일
루이 16세는 사냥터에 가지 않는다. 수첩에 "아무 일도 없음rien"이라 쓴다.
파리에서 수만 명이 무기를 찾아 앵발리드[군원호원]를 뒤진다.
아침부터 바스티유는 포위당한다.
저녁 5시, 의원들과 왕은 파리 소식을 듣지만, 왕은 파리로 집결시킨 군대를 선뜻 철수시키려 하지 않는다.

15일 수요일
새벽 2시, 국민의회는 파리에 파발꾼을 보낸다. 왕은 밤에 소식을 듣는다. 아침에 왕과 동생들이 국민의회로 행차한다.

현장의 **병력**

공격자 수천 명

사상자

1788 | 1789 | 1790 | 1791 | 1792 | 1793

- 루이 16세는 세 가지 수첩을 가지고 간단한 기록을 모았다가 다음 달에 정리해서 중요한 일을 남겼다고 한다. 그의 수첩을 분석한 필리프 르죈은 7월 14일, 베르사유 궁에 중요한 일이 없었다는 뜻이라고 해석한다. Philippe Lejeune, "Rien": journaux du 14 juillet 1789, 2005 참조.

입시세관 울타리 점거

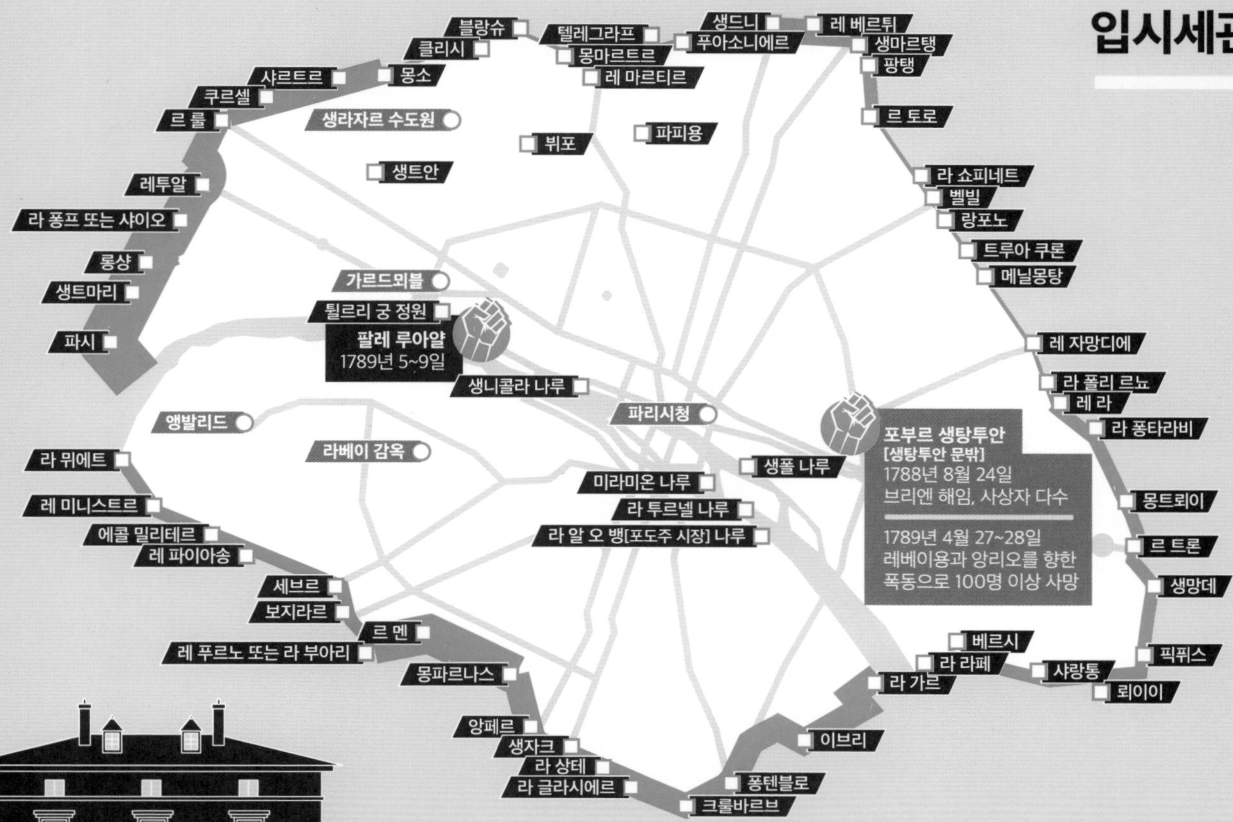

7월 10~12일 사이
13일 아침
13일 정오
13일 오후
13일 저녁
14일 아침
14일 오후

입시세관 문이 장엄했던 것보다 파리를 둘러싼 벽이 더 충격적이었다. 생마르탱 문이나 나시옹 광장 [근처 옛 트론 울타리]의 문을 보라.

치솟는 **빵값**

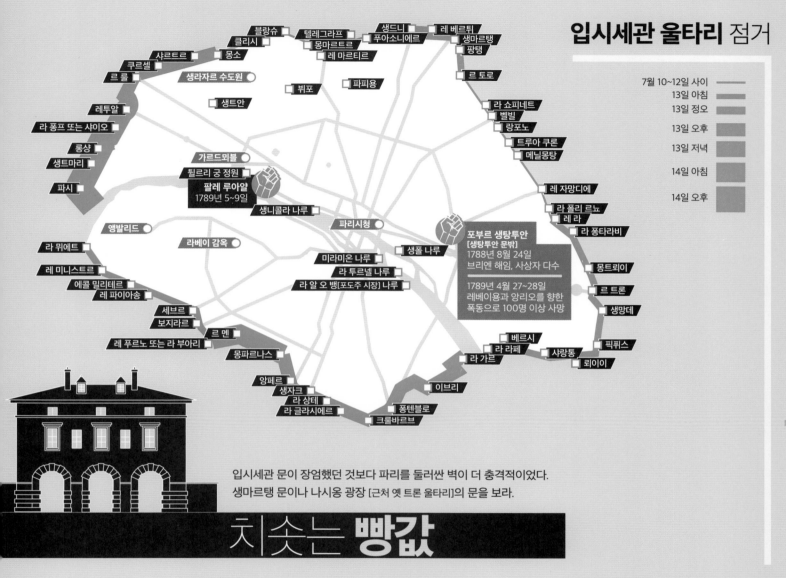

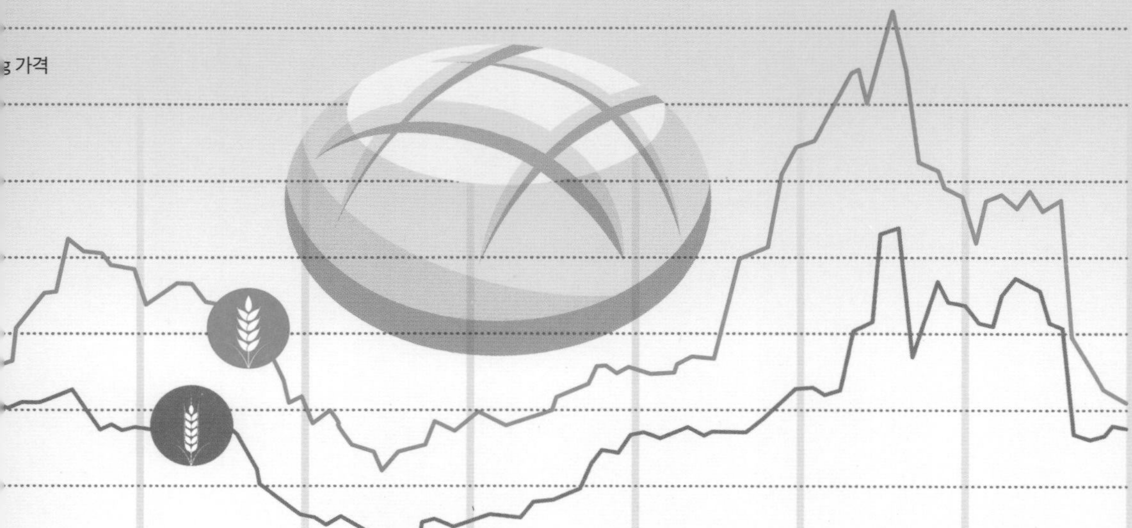

1783년 흉년이 들어 1784년에 밀값은 1캥탈[100kg]에 31.60프랑까지 치솟았다. 하지만 1785년에 풍년이 들어 이듬해에 다시 16프랑으로 내렸다. 불행히도 다음 해부터 밀값은 계속 올라 1789년 7월에 46프랑으로 최고치에 달했다.
14일, 파리의 빵값은 1715년 이래 가장 비쌌다.

아발롱의 밀blé 시세
세잔의 밀froment 시세

바스티유 요새 정복

1

10시 30분 시위대가 앵발리드를 침입한 뒤, 시청은 바스티유로 대표단 파견. 한 시간 뒤에 튀리오와 에티스가 이끄는 두 번째 대표단 출발.

13시 30분 요새의 방어자들이 공격자들에게 사격.

14시 들라비뉴와 포셰 신부가 이끄는 세 번째 대표단 출발. 15시에 네 번째 대표단 출발.

2

15시 30분 윌랭이 이끄는 프랑스 수비군 분견대가 대포를 장전한 바스티유 앞에 나타난다.

17시 요새 수비대 항복. 그러나 빽빽이 모인 군중은 모자를 흔드는 로네 사령관의 신호를 잘못 해석한다. 쌍방이 서로 총격을 가한 뒤 상황이 더욱 나빠진다.

3

18시 폭동자가 바스티유를 향해 점점 더 많이 몰려든다. 양조업자 아클로르크와 상테르가 그들을 이끈다. 바지니에르 탑 위에 흰색 깃발을 걸었지만, 방어자는 계속 반격한다. 공격자에게 쪽지를 건네면서 요새를 폭파하겠다고 으름장을 놓는 요새사령관 로네의 항복 조건은 거부당한다. 군중은 강제로 요새로 진입한다.

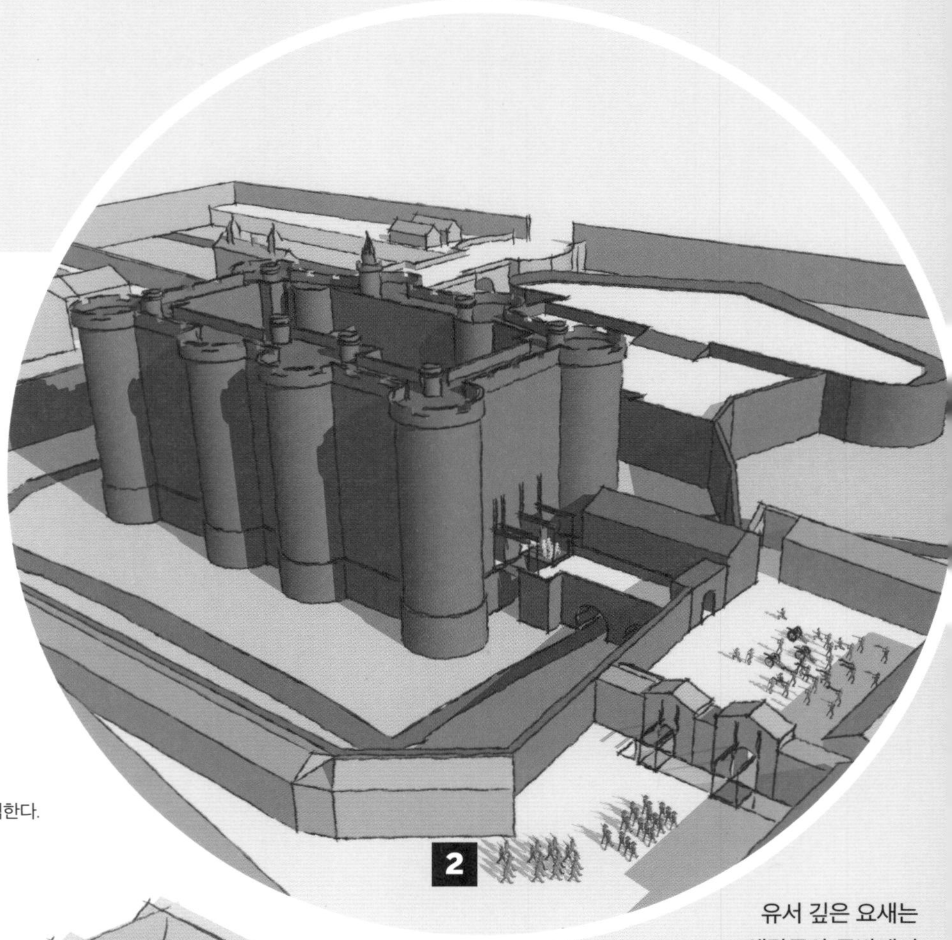

유서 깊은 요새는 생탕투안 문밖에서 왕권을 과시하고 있었지만, 수십 년 전부터는 단 몇 명의 수형자를 가둔 감옥 노릇만 했고, 왕도 철거할 예정이었다.

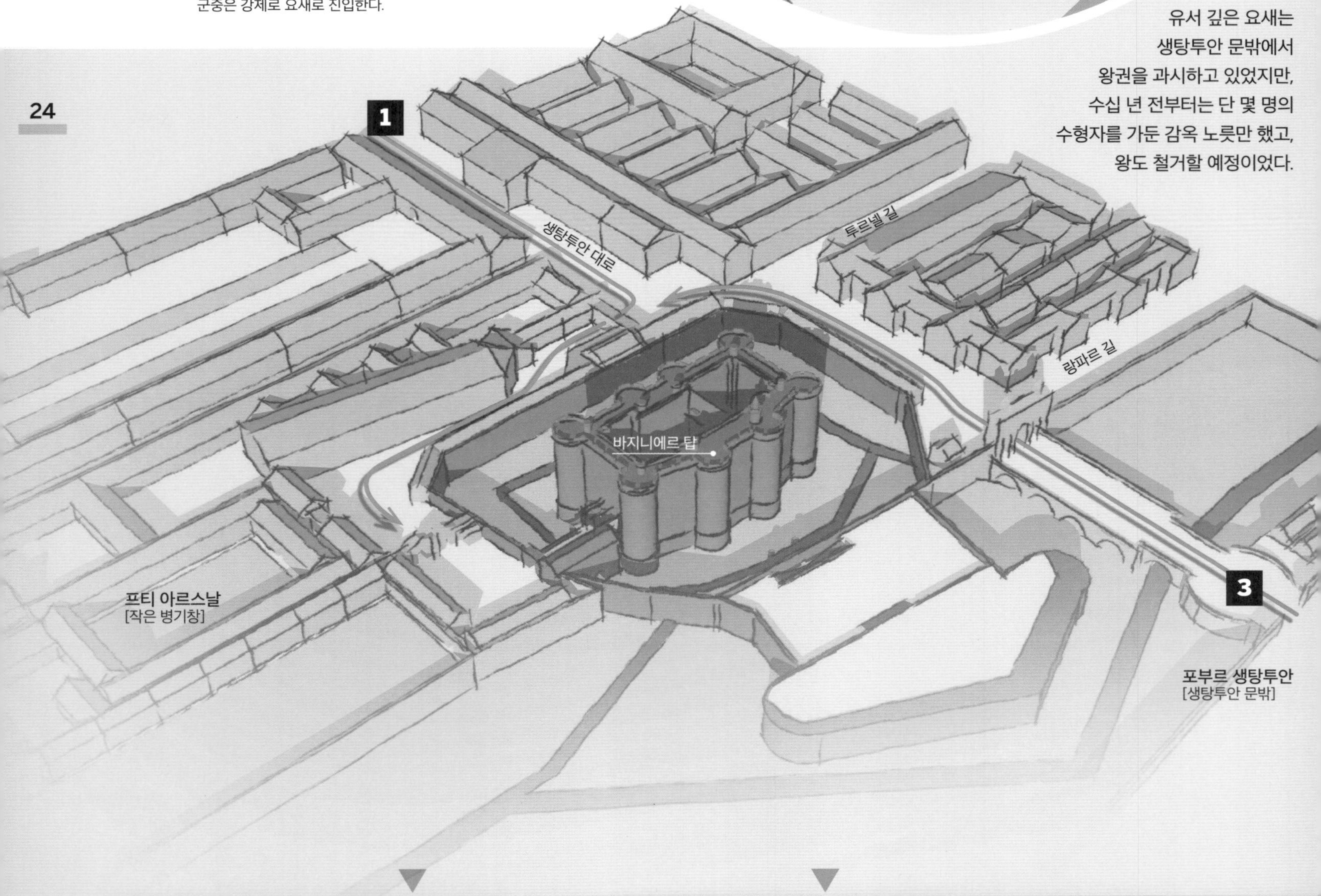

끝날 줄 모르는 공사판

7월 15일부터 건축업자 팔루아Palloy가 요새 철거 사업권을 얻는다.
철거작업은 2년이 걸리고 돈도 많이 드는 사업이다. 그는 철거현장에서 나온 돌로 혁명광장(오늘날의 콩코르드 광장)과 샹드마르스를 잇는 다리를 건설한다.
팔루아는 추억도 팔기 시작한다. '바스티유의 돌', 자물통과 열쇠, 석고로 요새를 만들어 전국에 판다. 그는 자기 사업을 도와줄 사람들로 '자유의 사도' 단체를 창설하고 전국의 마을에 배치해서 대리인 노릇을 하게 만든다.

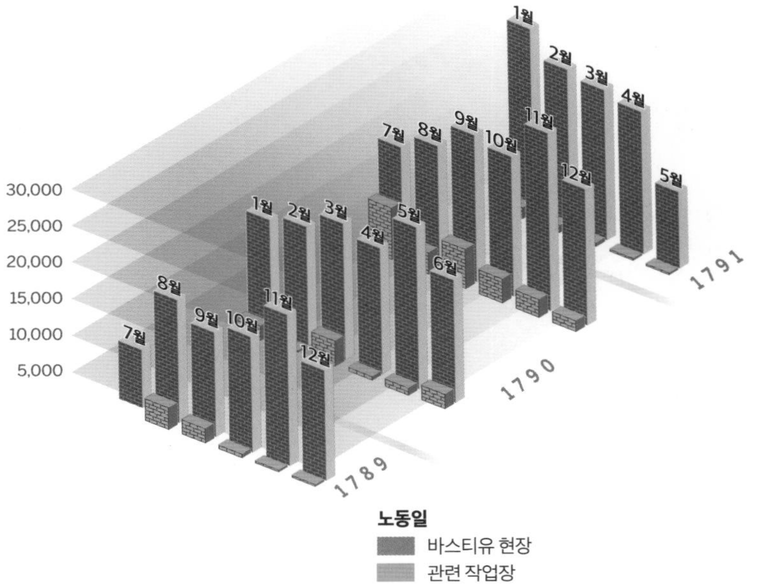

철거와 추억

바스티유 요새 정복 이후 곧 지방의 '애국자들'은 폭동을 일으켜 병사들이 머무는 병영으로 몰려가거나 자치단체의 권력자들을 쫓아내면서 권력을 장악한다.
이렇게 혁명은 지방에서 완수된다. 1790년 6월에 공식적으로 '바스티유 정복자들'이라는 이름으로 이러한 자발적 행동을 인정해주고 보상한다.

바스티유 **정복자들**

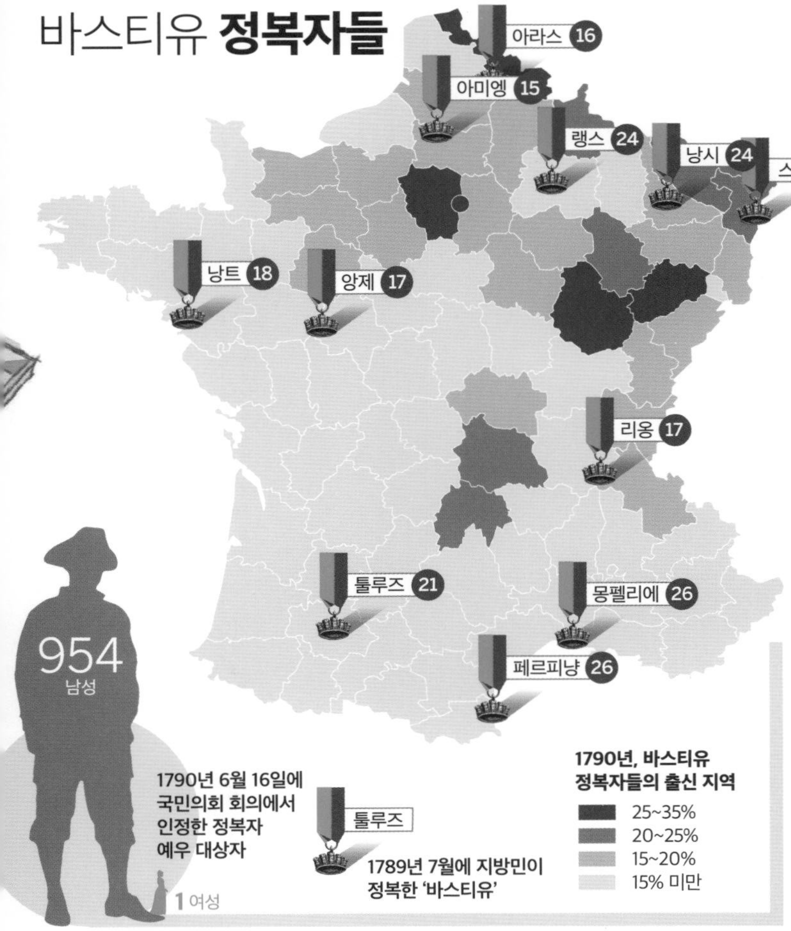

가브로슈의 은신처

나폴레옹은 정치적 변화를 기념할 수 있도록 바스티유 광장에 탑을 얹은 코끼리상을 세울 생각이었다. 그러나 분수를 설치할 계획인 기념물을 결코 완공하지는 못했다. 단지 (지붕으로 보호한) 실물 크기의 석고상을 1812년에 설치했다가 1846년에 철거했다. 빅토르 위고는 『레미제라블』에서 그것을 1832년에 가브로슈의 은신처로 묘사했다. 발미 전투에 참가했고 1831년에 프랑스인의 왕이 된 루이 필리프 1세는 1830년 7월에 혁명의 희생자들을 기념하는 기둥을 세우기로 결심했다. 기념주는 1840년에 준공했다. 1789년의 '바스티유 정복자들'도 이때 다시 조사해서 명예롭게 기렸다.

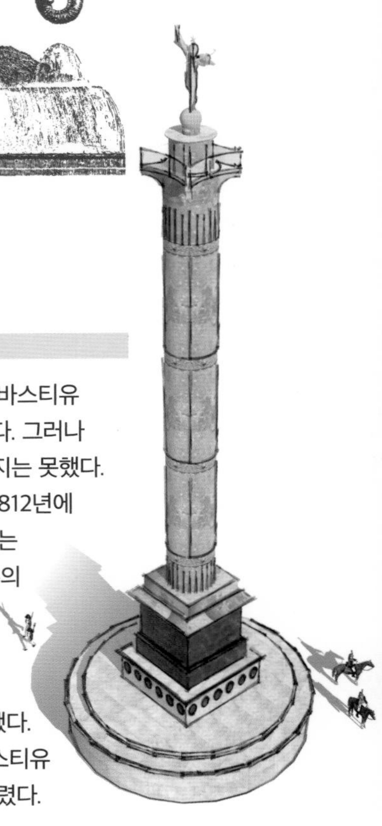

1790년, 전국연맹제

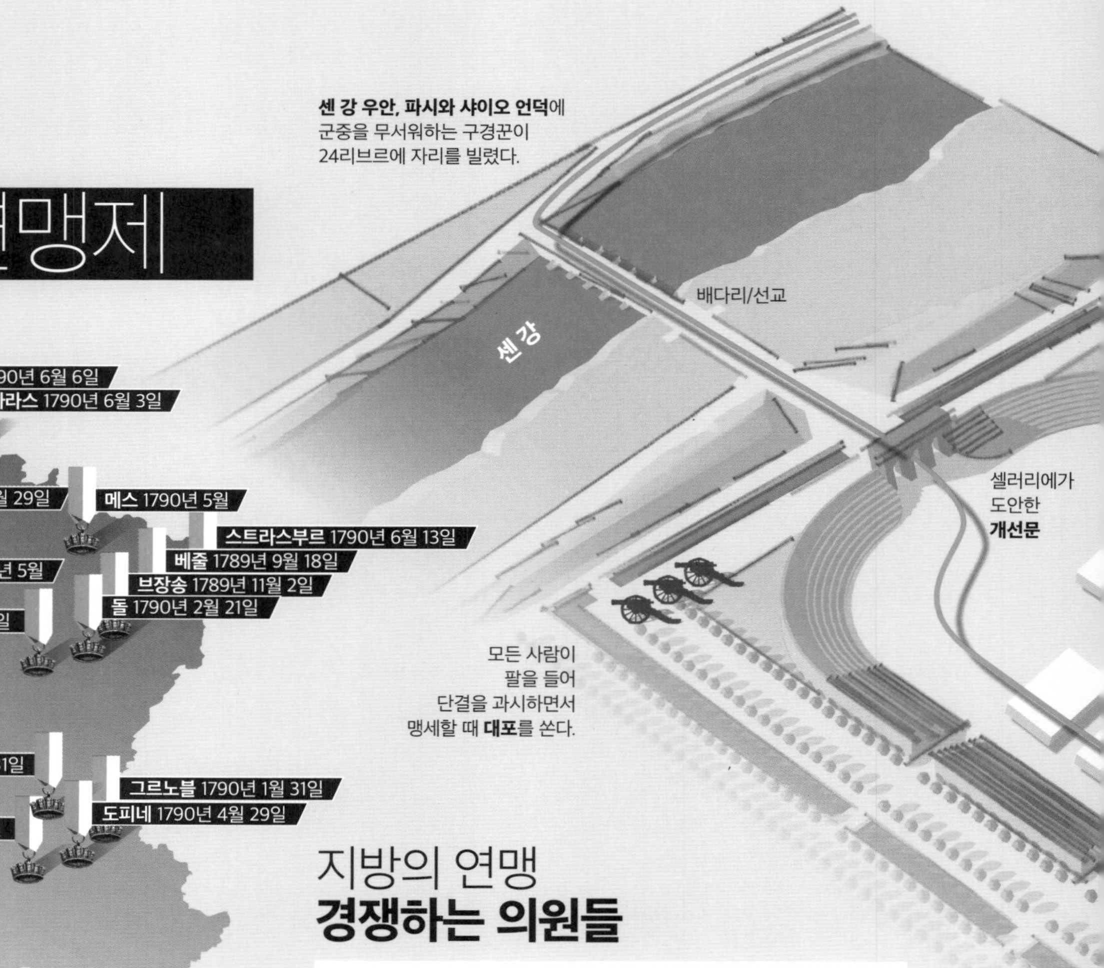

지방의 연맹 **경쟁하는 의원들**

1789년부터 '애국자들'은 혁명을 지키기 위해 연맹관계를 맺었고, 그 운동이 전국으로 퍼져 국민의회 의원들도 경쟁하게 되었다. 1790년 7월 12일의 전국연맹제는 전국의 애국자들을 파리의 국민의회 주위로 모으려는 목적을 가졌다.

파리보다 **지방 먼저**

국민방위군

무기와 가방을 지참하는 소총수는 겨울에는 흰색 모직물로 지은 조끼와 바지를 입고, 여름에는 흰색 능직 면포나 면직물로 지은 옷을 입었다. 비단줄로 테를 두른 검은 모자를 쓰고, 가운데부터 바깥쪽까지 차례로 흰색, 청색, 선홍색의 삼색 표식을 능직 면포로 만들어 달고 수탉 깃털로 장식했다. 겨울에는 검은색, 여름에는 흰색 각반을 둘렀다.

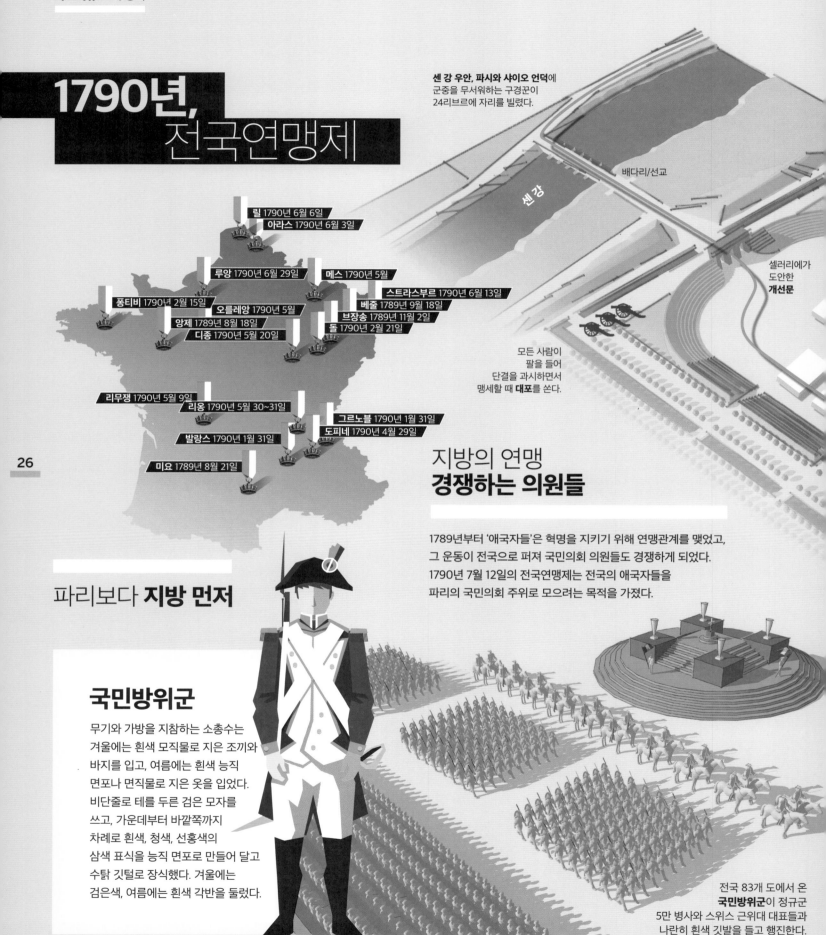

1788 | 1789 | 1790 | 1791 | 1792 | 1793

국민통합을 기념하는 원형극장으로 변한 **샹드마르스**

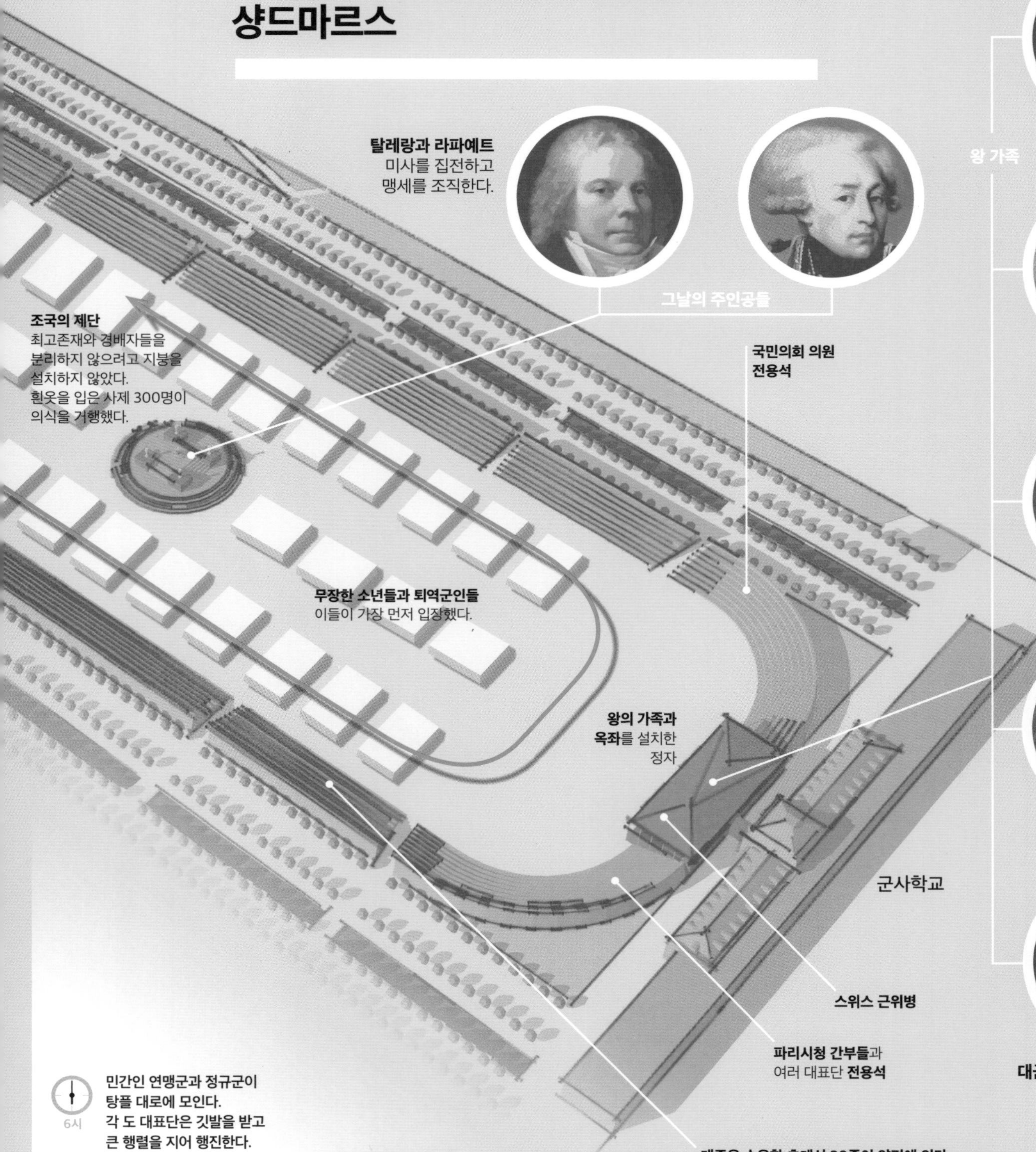
조국의 제단
최고존재와 경배자들을 분리하지 않으려고 지붕을 설치하지 않았다. 흰옷을 입은 사제 300명이 의식을 거행했다.
국민의회 의원 전용석
무장한 소년들과 퇴역군인들
이들이 가장 먼저 입장했다.
왕의 가족과 옥좌를 설치한 정자
군사학교
스위스 근위병
파리시청 간부들과 여러 대표단 **전용석**

탈레랑과 라파예트
미사를 집전하고 맹세를 조직한다.

그날의 주인공들

왕 가족

루이 16세

마리 앙투아네트

루이, 프랑스 왕세자

마리 테레즈 샤를로트,
왕과 왕비의 딸

대군Monsieur **프로방스 백작,**
왕의 동생

6시
민간인 연맹군과 정규군이 탕플 대로에 모인다. 각 도 대표단은 깃발을 받고 큰 행렬을 지어 행진한다. 샤이오 강둑길을 거쳐 배다리를 건너 거의 네 시간 만에 샹드마르스에 도착했다.

16시
행진이 끝나고, 무기 부딪히는 소리 요란한 가운데 맹세를 했다.

대중을 수용할 층계석 30줄이 양편에 있다.
파리 주민 60만~70만 명 가운데 10만 명을 수용했다.
구경꾼은 파리인들이 몇 주 동안 열심히 준비한 층계석에 앉았다.
남녀 서민과 귀족, 라파예트도 셔츠만 입고 일꾼으로 나섰다.
준비기간에 왕도 방문했다.

바렌, 왕의 도주

제롬 페티옹 드 빌뇌브
1756-1794
변호사, 제헌의원, 자코뱅 클럽 회원,
1791년 국민의회의 극좌파.
1793년에 지롱드파로 기소되고
비극적으로 생을 마감했다.

앙투안 바르나브
1761-1793
변호사, 제헌의원,
1789년 혁명을 일으킨
사람들에 속한다.
1791년에 중도파의 핵심인물.
푀이양파로 1793년에
단두대에 섰다.

샤를 세자르 드 파이 드 라 투르 모부르
1756-1831
대령, 제헌의원, 혁명을 지지하는
자유주의 귀족 대표로서
평생 군주정에 애착을 보였다.

1791년 6월, 정치적 지진

1791년 6월 21일, 루이 16세와 가족은 한밤에 파리를 떠나 반혁명가로 알려진 부이예 장군이 주둔하고 있는 몽메디로 향했다. 그는 세심히 도주 준비를 했지만, 거의 막판에 운도 나쁘고 결단력도 부족해서 실패하고 말았다. 아마 부이예 장군의 실질적 도움을 받지 못한 탓도 있었을 것이다. 국회의원 일부는 도주가 아니라 납치라고 했지만, 어쨌든 이 사건 때문에 나라가 크게 흔들렸다. 단 며칠 만에 그 소식이 방방곡곡에 퍼졌고, 사람들은 내전의 고통과 반혁명의 두려움에 사로잡혔다. 사람들은 즉시 격렬히 반응하고 나흘에 걸쳐 왕을 파리로 데려갔다. 그러는 동안 정치투쟁은 급진적으로 바뀌었다. 공권력에 맞서다 목숨을 잃는 사람도 있었다. 일주일은 놀라운 모험으로 끝나지 않고 프랑스 역사를 바꾸었다. 감정이 격해지면서 여론이 뒤집히고 '애국자들'의 정치적 동맹관계까지 끊어졌기 때문이다. '애국자들'의 왼쪽에서 민중의 정치단체들이 즉시 왕정을 폐지하고 공화국을 수립하라고 요구했다. 쉽게 결정하기 어려운 문제였다. 아무도 어떤 공화국을 수립해야 하는지 몰랐다. 고전고대나 아메리카의 사례를 본받을 것인가? 로베스피에르 같은 자코뱅파는 모험을 거부했다.

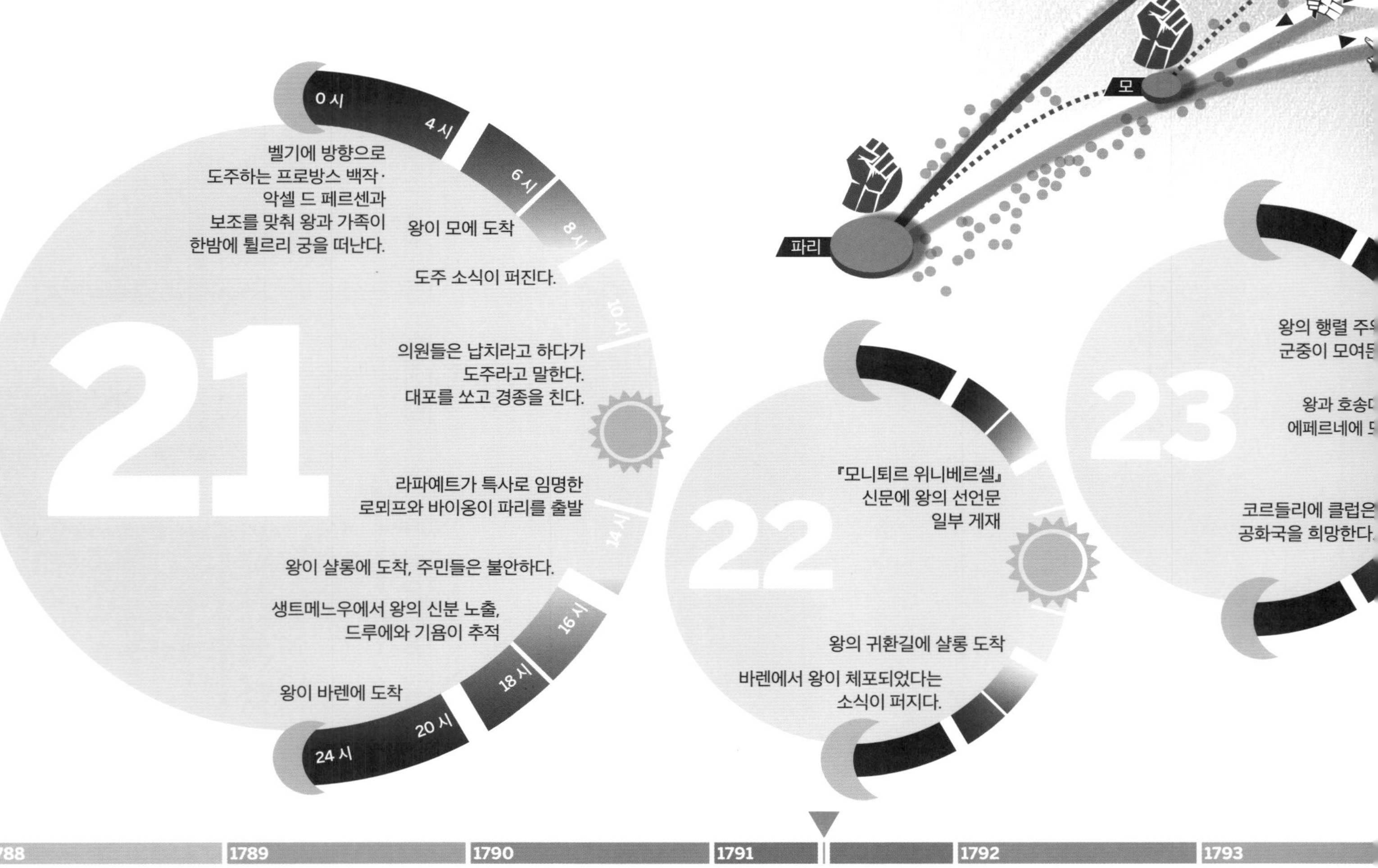
파리
모
0 시
4 시
6 시
8 시
10 시
14 시
16 시
18 시
20 시
24 시
21
벨기에 방향으로
도주하는 프로방스 백작·
악셀 드 페르센과
보조를 맞춰 왕과 가족이
한밤에 튈르리 궁을 떠난다.
왕이 모에 도착
도주 소식이 퍼진다.
의원들은 납치라고 하다가
도주라고 말한다.
대포를 쏘고 경종을 친다.
라파예트가 특사로 임명한
로뫼프와 바이옹이 파리를 출발
왕이 샬롱에 도착, 주민들은 불안하다.
생트메느우에서 왕의 신분 노출,
드루에와 기욤이 추적
왕이 바렌에 도착
22
『모니퇴르 위니베르셀』
신문에 왕의 선언문
일부 게재
왕의 귀환길에 샬롱 도착
바렌에서 왕이 체포되었다는
소식이 퍼지다.
23
1788
1789
1790
1791
1792
1793

왕국을 뒤흔든 **5일**

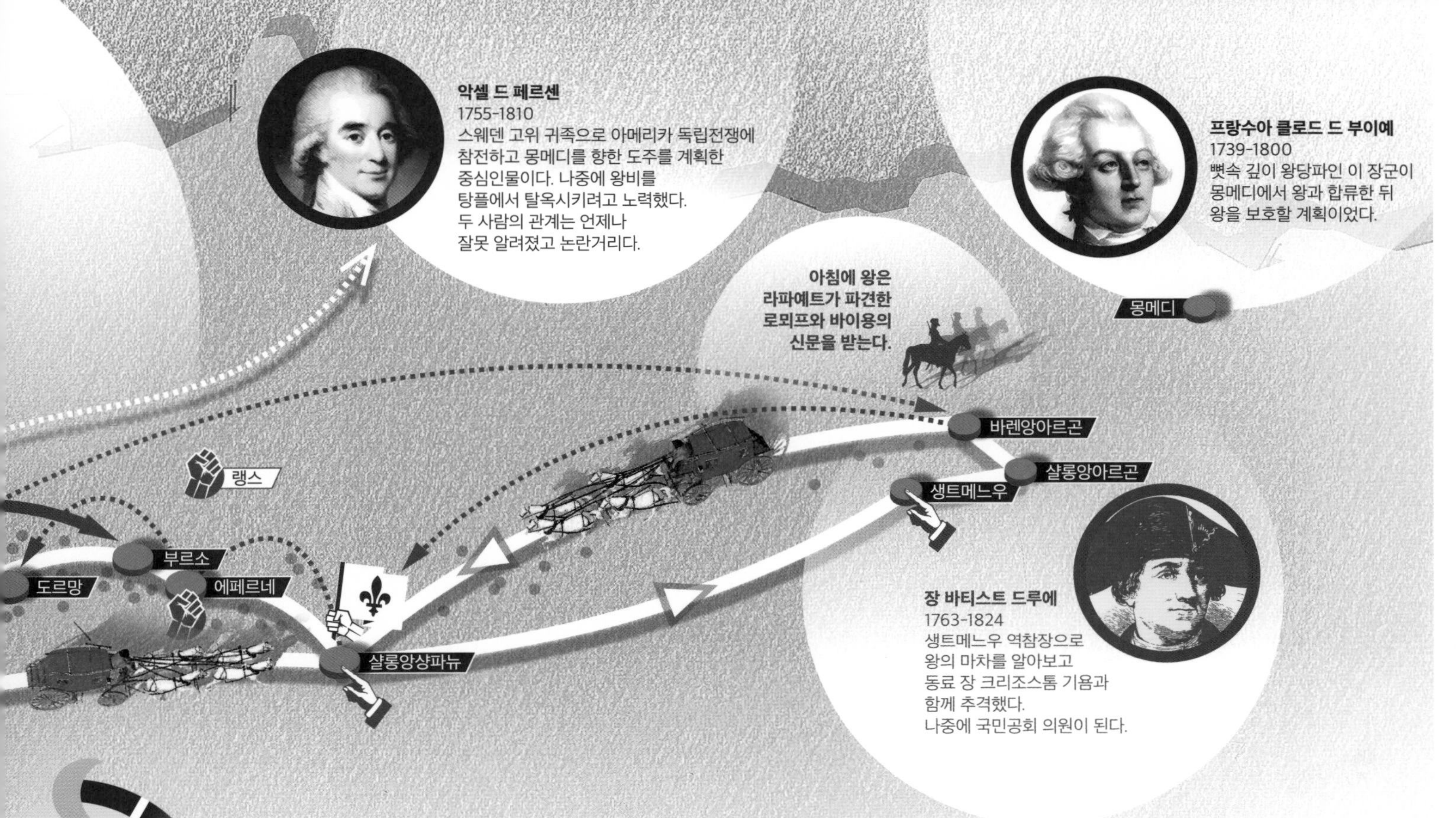
악셀 드 페르센
1755-1810
스웨덴 고위 귀족으로 아메리카 독립전쟁에
참전하고 몽메디를 향한 도주를 계획한
중심인물이다. 나중에 왕비를
탕플에서 탈옥시키려고 노력했다.
두 사람의 관계는 언제나
잘못 알려졌고 논란거리다.
프랑수아 클로드 드 부이예
1739-1800
뼛속 깊이 왕당파인 이 장군이
몽메디에서 왕과 합류한 뒤
왕을 보호할 계획이었다.
아침에 왕은
라파예트가 파견한
로뫼프와 바이용의
신문을 받는다.
몽메디
바렌앙아르곤
랭스
샬롱앙아르곤
생트메느우
부르소
도르망
에페르네
샬롱앙샹파뉴
장 바티스트 드루에
1763-1824
생트메느우 역참장으로
왕의 마차를 알아보고
동료 장 크리조스톰 기욤과
함께 추격했다.
나중에 국민공회 의원이 된다.

- 왕의 여정
- 의원 대표 3인의 여정
- 프로방스 백작과 페르센의 여정
- 왕 추격자들의 여정
- 적대적 시위
- 왕을 환대
- 왕 신분 노출 장소
- 왕 행렬 주위로 모인 군중

24

의원 대표들이
모로 돌아가다.

25

국민의회는 파리에 도착한
왕의 '권한정지'를 의결

왕의 여행마차

포부르 생제르맹의 안장마차 제조업자 장 루이는 코르프 남작부인의 주문을 받아 1790년 12월부터 차대 위에 용수철을 놓고 객차를 설치한 6인승 마차를 제작하기 시작했다. 1791년 2월에 납품하는 조건으로 부대비용을 빼고 5,000리브르를 받기로 했다. 차체는 검은색, 객차는 검은 테두리에 녹색, 차대와 바퀴는 선명한 노란색이었다. 내부에는 흰 벨벳을 드리우고, 녹색과 흰색 방석에 마호가니 문틀은 마치 세 개의 '금고' 같았으며, '요강'을 갖추었다. 바닥에는 붉은 카펫을 깔았다.

1791년 7월 17일의 학살

6월 25일부터 국민의회가 때를 기다리면서 왕과 국민이 하나라는 허구를 유지하려고 노력할 때, 민중은 과격하게 행동하면서 7월 17일 샹드마르스에 모여 공화국 설립을 요구하는 청원서에 서명하자고 촉구했다. 자코뱅파가 분열하고, 로베스피에르나 페티옹 같은 사람은 그 시도를 지지하다가 물러났지만, 청원자들은 7월 17일 아침에 샹드마르스로 모여들었다. 두 명이 청원하러 오는 여성의 치마 속을 엿보려고 제단 밑에 숨었다가 붙잡혀 죽임을 당했다는 이야기가 퍼졌지만 별다른 영향을 끼치지 못했다. 그 대신, 바이이는 청원운동을 통제할 수 없게 되면서 두려운 나머지 라파예트에게 국민방위군을 동원하라고 요청했다. 가장 경험이 적은 국민방위군이 시위대에게 총을 쐈고, 그 결과 적어도 50명이 죽었다.

장 실뱅 바이이
1736-1793
과학자이며 저술가, 파리 초대 민선시장. 샹드마르스 학살사건 이후 몹시 비판을 받고, 혁명법원의 명령으로 단두대에 오른다.

좌파의 주요 인사들은 그날에 닥칠 위험을 미리 귀띔받았다. 당통과 친구들은 시골로 피신했다. 마라는 숨었고, 로베스피에르는 뒤플레 가족의 도움을 받았으며, 그 집에 눌러앉는다.

1791년 6월 21일, 왕의 선언문 발췌

"왕권을 파괴하고, 모든 권력을 무시하고, 재산권을 침해하고, 어디서나 신체상의 안전을 위험에 빠뜨리고, 범죄를 처벌하지 못하는 완전한 무정부 상태가 법 위에 존재하는 것을 보면서, 모든 프랑스인과 전 세계에 과인은 물론 왕국 정부의 행위를 고스란히 밝혀야겠다고 생각했다."

동쪽과 서쪽, 두 군데 국민방위군

국민방위군은 아주 다양하다. 일부는 프랑스 수비군이었다가 혁명을 맞아 급료를 받고 국민방위군에 편입된 병사다. 나머지는 (아주 안락한 생활을 하는) 능동시민으로 혁명과 라파예트 지지자이며, '수동'시민이라서 국민방위군 입대 자격이 없는 '상퀼로트'(이미 나타나기 시작한 말이다)의 개입이 두려워서 자원한 사람이다. 두 시민 간의 적대감은 파리 동쪽 문밖의 방위군보다 파리 서쪽에 사는 방위군에서 더 두드러진다. 이러한 알력이 7월 17일에 총격사건으로 나타난다.

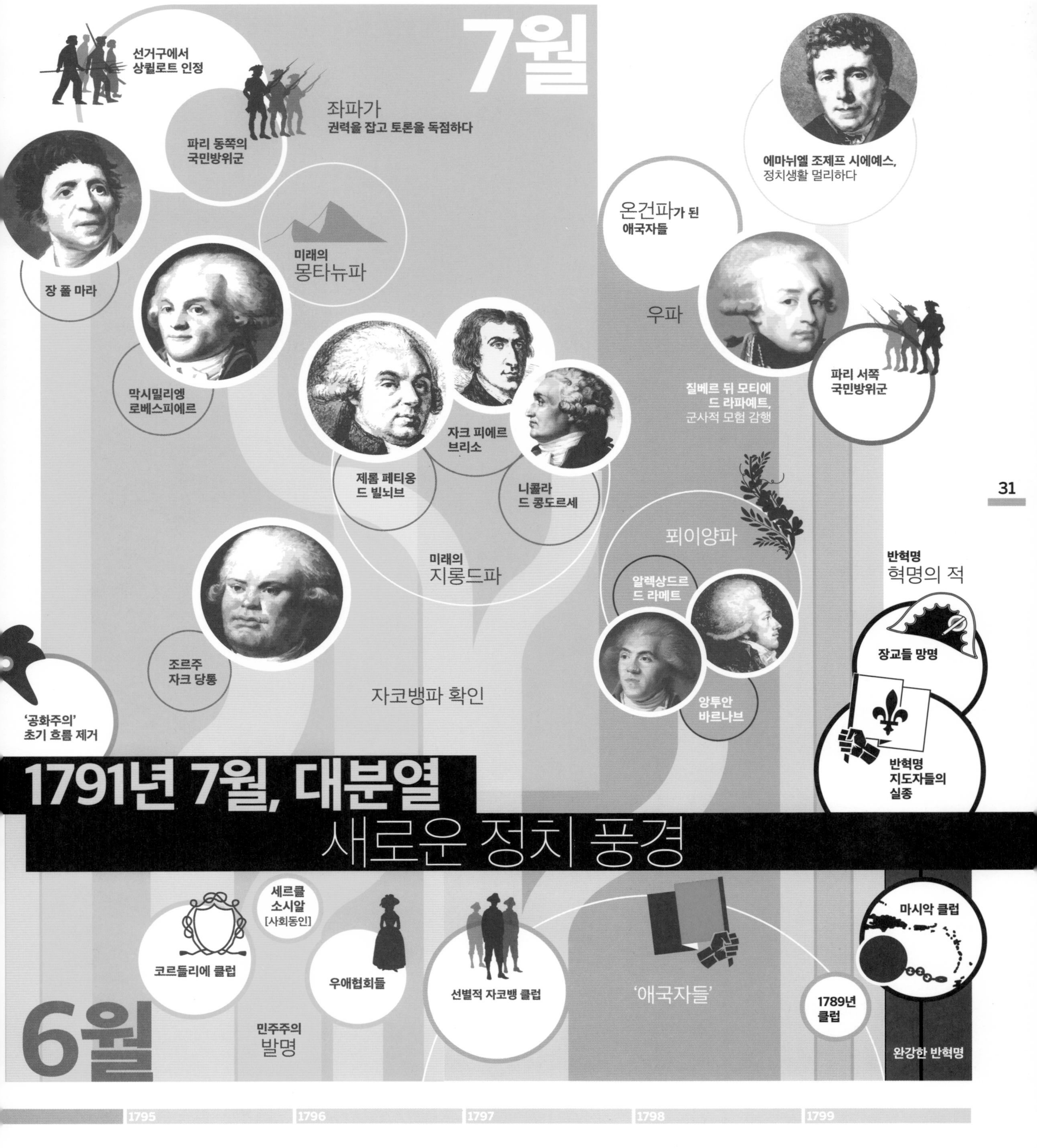
7월
선거구에서 상퀼로트 인정
좌파가 권력을 잡고 토론을 독점하다
파리 동쪽의 국민방위군
장 폴 마라
미래의 몽타뉴파
막시밀리엥 로베스피에르
자크 피에르 브리소
제롬 페티옹 드 빌뇌브
니콜라 드 콩도르세
미래의 지롱드파
조르주 자크 당통
자코뱅파 확인
'공화주의' 초기 흐름 제거
에마뉘엘 조제프 시에예스, 정치생활 멀리하다
온건파가 된 애국자들
우파
질베르 뒤 모티에 드 라파예트, 군사적 모험 감행
파리 서쪽 국민방위군
푀이양파
알렉상드르 드 라메트
앙투안 바르나브
반혁명 혁명의 적
장교들 망명
반혁명 지도자들의 실종
1791년 7월, 대분열
새로운 정치 풍경
세르클 소시알 [사회동인]
코르들리에 클럽
우애협회들
선별적 자코뱅 클럽
'애국자들'
1789년 클럽
마시악 클럽
완강한 반혁명
6월
민주주의 발명
1795
1796
1797
1798
1799

어쨌든 왕

중요한 결정을 내리지 못한 채
7월을 보내면서 정치는 황폐해졌다.
자코뱅파는 분열했지만,
다수파가 푀이양 클럽을 설립해서
따로 나간 뒤 1791년 9월에 탄생하는
입법의회의 온건한 우파로 변신하면서
모든 신용을 잃게 된다.
그러나 확고한 자코뱅파 핵심은
학살사건 이후 쇄신한 좌파 투사들과
동맹을 하는 쪽으로 기운다.
이렇게 클럽을 쇄신하고
1791년 말에 권력을 잡지만
훗날 지롱드파와 몽타뉴파로
부르게 될 파벌로 나뉜다.

왕의 **인질**

왕당파 신문인 『가제트 드 파리』는 1791년 7월 독자들에게 입법의회로 가서
'왕의 인질'이 되어 목숨을 바칠 각오를 보여달라는 운동을 시작한다.
국회의장은 7월부터 9월까지 615통의 편지를 받는다. 여성이 '인질'의 4분의 1을 차지했다.
왕이 헌법을 받아들이고 망명객이 늘면서 특히 프랑스 서부에 영향을 준 이 운동이 끝난다.

'왕의 인질'
자원자의 반지

1791년 헌법
권력과 대립

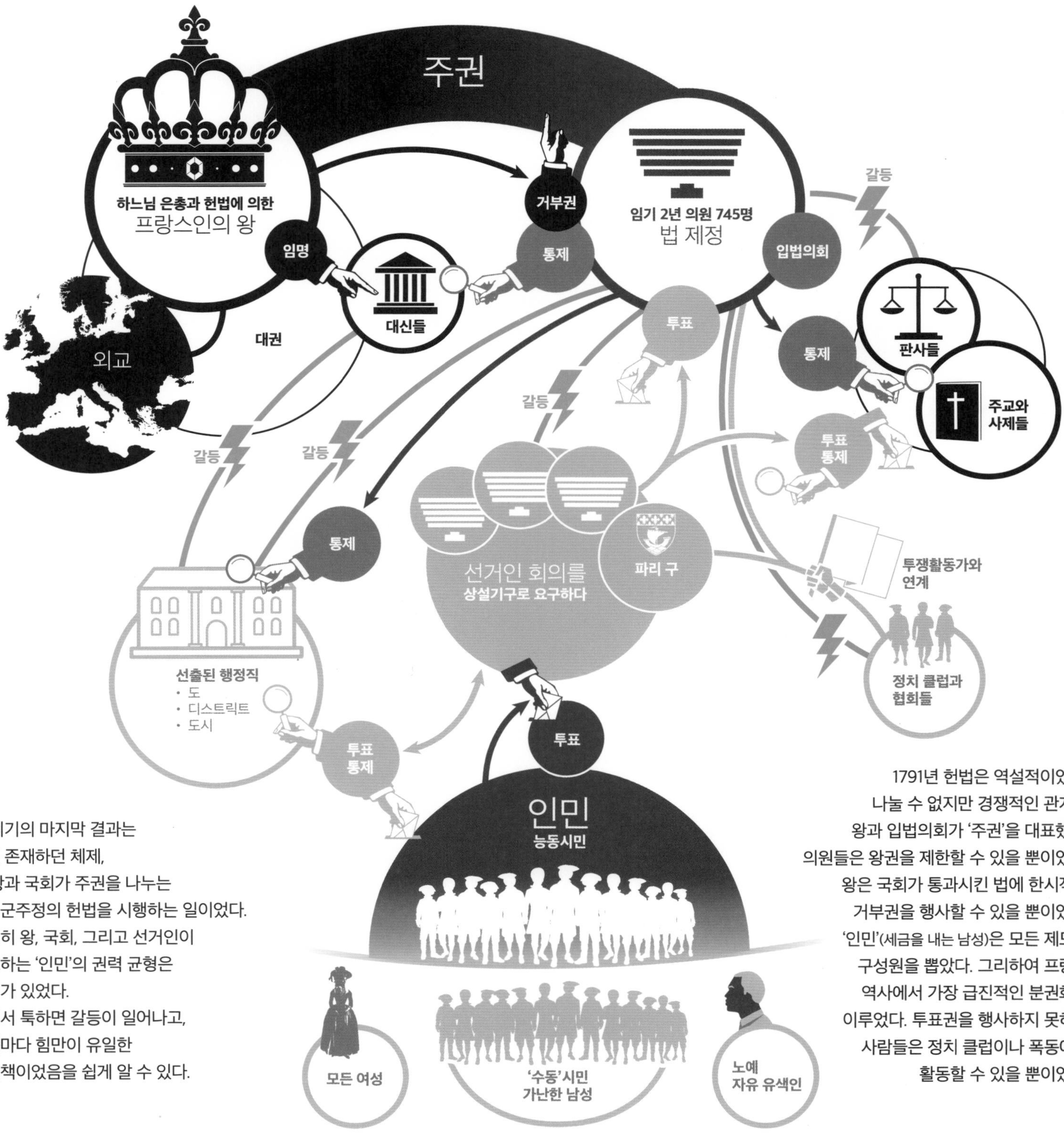

이 시기의 마지막 결과는 이미 존재하던 체제, 즉 왕과 국회가 주권을 나누는 입헌군주정의 헌법을 시행하는 일이었다. 확실히 왕, 국회, 그리고 선거인이 대표하는 '인민'의 권력 균형은 문제가 있었다. 그래서 툭하면 갈등이 일어나고, 그때마다 힘만이 유일한 해결책이었음을 쉽게 알 수 있다.

1791년 헌법은 역설적이었다. 나눌 수 없지만 경쟁적인 관계인 왕과 입법의회가 '주권'을 대표했다. 의원들은 왕권을 제한할 수 있을 뿐이었다. 왕은 국회가 통과시킨 법에 한시적인 거부권을 행사할 수 있을 뿐이었다. '인민'(세금을 내는 남성)은 모든 제도의 구성원을 뽑았다. 그리하여 프랑스 역사에서 가장 급진적인 분권화를 이루었다. 투표권을 행사하지 못하는 사람들은 정치 클럽이나 폭동에서 활동할 수 있을 뿐이었다.

1792년 8월 10일, 제2의 혁명

1792년 여름은 진정한 혁명이 일어나 프랑스가 군주정과 근본적으로 결별하는 시기다. 1789년부터 자리 잡은 의회군주정/입헌군주정은 8월 10일의 반란으로 휩쓸렸다. 적군이 북방을 침입하고 파리를 직접 위협하던 때였다. 정치권력의 빈자리가 생기고, 정변을 조직한 반란 코뮌/혁명 코뮌이 입법의회에 남아 있는 의원들, 대신들과 경쟁하기 시작했다. 이들에게는 새 의회인 국민공회를 소집해서 새로운 체제, 이 경우 공화국을 세우도록 할 책임이 있었다. 8월 10일은 적대적인 세력들의 장기적 힘겨루기가 마침내 정점을 찍은 날이었다. 왕은 반란군에게 맞설 수 있는 병력을 주위에 모아놓고 있었다. 그날은 혼란스럽게 흘러갔다. 왕과 의원들은 각자 복잡한 정치적 속셈을 품은 채 상황에 대처했고, 격돌과 학살로 1,000명 이상이 숨진 하루였다.

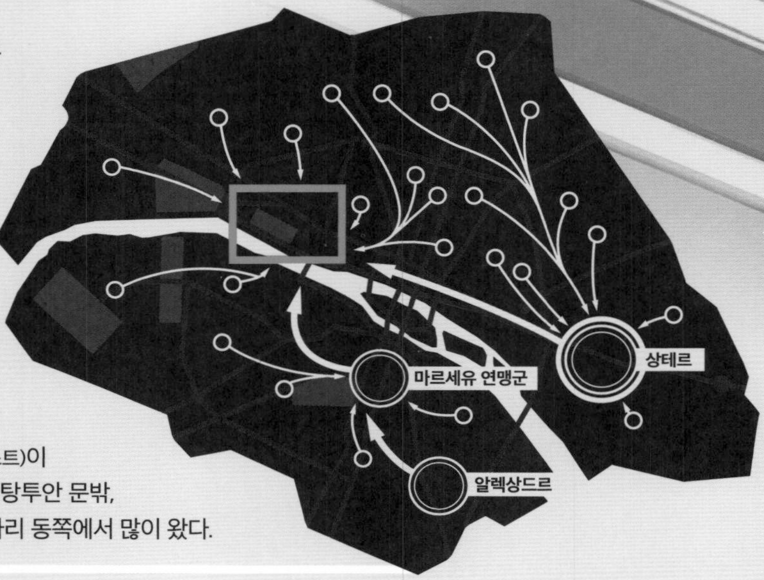

경종이 울리고
수천 명이 튈르리 궁을 향해 몰려간다.
상퀼로트, 국민방위군, 연맹군(마르세유와 브레스트)이 파리 전역에서 왔고, 특히 (상테르를 중심으로) 생탕투안 문밖, 또는 (알렉상드르를 중심으로) 생마르셀 문밖의 파리 동쪽에서 많이 왔다.

1 6시
튈르리 궁 마당의 모든 문을 닫아걸고 수비를 세 배로 강화한다. 좌안으로 온 반란자들이 카루젤에 도착한다. 루이 16세는 병력을 둘러본다. 국민방위군 병사들이 왕에게 욕하고, 전투부대 전체가 반란자 편에 가담한다.

6시 30분
파리 도 대변인 뢰데레가 왕에게 국민의회로 피신하라고 설득한다.

2 8시 30분
왕 가족이 튈르리 궁을 떠난다.

3 9시
기마경찰대가 레셸 길로 도주한다. 웨스테르만이 이끄는 반란자들은 퐁 루아얄부터 생토노레 길까지 카루젤 광장에서 반원형 진을 친다. 양 끝과 중앙에 대표 40문을 배치한다. 튈르리 궁벽으로 돌을 던진다.

4 9시 30분
폭동자들이 쿠르 루아얄 문을 부순다. 연맹군 수천 명이 마당으로 몰려든다. 국민방위군 포병들이 포문을 궁 쪽으로 돌린다.

10시
총격이 시작된다. 국민방위군의 대포 2문이 오텔 드 롱그빌의 중앙계단을 향해 산탄을 뿜는다. 스위스 경비병의 앞줄이 쓰러진다. 이들은 겁먹은 채 정원에서도 대응한다. 두려움에 휩싸인 군중이 길과 강둑길로 무질서하게 도망친다. 그들은 시청과 생탕투안 문밖까지 물러난다. 스위스 병사들이 반격해서 쿠르 루아얄에서 반란자를 몰아내고, 쿠르 데 프랑스에서 교란작전을 편 후 카루젤 광장을 장악하지만 곧 빼앗긴다. 대령의 중대병력이 전멸한다.

5
귀족부대가 스위스 병사들과 플로르관에서 바깥으로 나가는 길을 열고, 데조르티 길 쪽으로 반란자들을 물리친다.

6
정원 쪽에 있던 2중대 3소대가 쿠르 뒤 마네주까지 밀고 나가다 30명을 잃고 지원병력을 요청한다. 튈르리 궁 수비자들은 이웃의 집에서 쏘는 총격에 그대로 노출된다.

시 30분

2중대 1소대가 한 시간 전부터 푀이양 둔치 근처에서 기다리다가 국민방위군 대대에게 총격하고, 군중을 오랑주리의 막다른 골목으로 물리친다.
왕은 스위스 수비대에게 "막사로 물러나라"는 명령서를 내린다. 그는 국민의회의 품에 있다.
그의 명령을 오해한 연대 병력 일부는 렌 둔치(왕비 둔치)에 집결한다. 그들은 왕과 합류해야 한다고 믿는다. 소집 신호를 듣지 못한 나머지 병사들은 건물을 계속 방어한다.

8 11시

200명이 강변 둔치, 퐁 루아얄, 쿠르 뒤 마네주, 푀이양 카페에서 날아오는 총탄을 무릅쓰고 정원을 밀고 나간다.
50여 명이 쓰러지고, 나머지는 마네주 둔치에 도착해서 다른 부대와 합류한다.
마네주 주위에 있던 스위스 병사들이 삼삼오오 뭉친다.
군중이 무기를 빼앗는다.
부사관과 병사 150명을 푀이양 수도원으로 끌고 간다.
장교 13명을 국민의회에 가둔다.

9

일반 병사 일부가 왕의 명령을 다시 집행한다. 그들은 오랑주리의 통로를 뚫고 막사로 돌아가려고 애쓴다. 그들은 루이 15세 광장에 다다른다. 카퓌신 구 병력이 그들에게 총을 쏜다.
샹젤리제에 배치한 대포도 산탄을 퍼붓는다. 생존자들을 시청으로 데려간다. 40문의 대포가 포탄을 퍼붓는데도 거의 400명의 스위스 병사가 아직 튈르리 궁을 지킨다. 공격자들은 마구간과 수비대를 뚫지 못하자 공격하기 전에 폭파시킨다.
수류탄병 80명이 20분 동안 점령하다가 반란자가 점령한다.

스위스 분견대들은 막사로 돌아가려고 애쓴다. 100여 명이 쿠르 드 마르상을 거쳐 밖으로 나가다가 레셀 길에서 80명이 쓰러진다. 다른 사람들은 정원을 통과하고, 30여 명이 루아얄 길 쪽으로 밀고 나간다.

16시

마지막 수비병들이 전투를 그친다.

19시

쿠르브부아에 남아 있던 스위스 수비대가 파리로 진격한다는 소문이 퍼진다.
국민의회는 50여 명이 머무는 막사를 공격하라고 명령한다. 50여 명 가운데 저항할 수 없는 환자도 있었다.
그들이 가진 것이라곤 겨우 탄창 10개뿐이다.

권력의 공백, 9월 학살

몇 주가 흐르는 동안 상황은 더욱 나빠졌다. 특히 프로이센 군대가 다가오고, 혁명가 집단들이 정의를 바로 세운다는 명분을 앞세워 혁명에 반대한 비선서 사제, 왕당파, 또는 왕 가족과 가까운 사람들을 직접 처단했기 때문이다. 학살을 주도한 집단들의 정체는 오늘날까지도 확실히 파악하지 못한 상태다. 파리의 학살은 주로 2일부터 5일 사이에 일어났고, 프랑스 전역에서도 일어났다. 이처럼 폭력행위가 폭발한 직후 사람들은 양심에 상처를 받았다. 역사가와 비평가들이 아직도 정확한 이야기나 의미를 합의할 만한 수준으로 끌어내지 못했음에도 학살사건은 혁명의 가장 중요한 일화에 속한다. 역사가들이 공인할 만한 평가의 여지는 아직 남아 있지만, 존재마저 부인하기 어려운 사실만이라도 제시해야 한다.

학살의 희생자

1792년 9월 2일 수형자 수: 2,782명

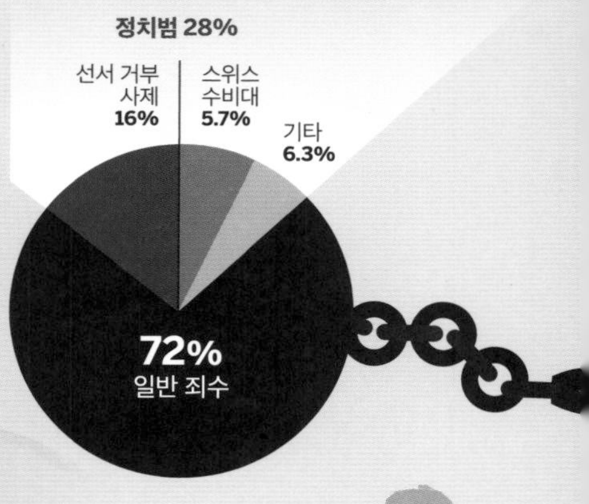

9월 2일 오후 아베이 감옥으로 호송하던 선서 거부 사제들을 뷔시 길에서 공격하면서 시작한 학살은 7일까지 이어졌다. 파리 코뮌의 탈리엥은 다른 두 위원과 조사한 결과, 첫날 수형자 400명이 숨졌다고 보고했다. 혼란스러운 사건에서 마리 앙투아네트의 총애를 받는 친구 랑발 공작부인도 희생당했다. 왕비의 유모 아들[젖형제]인 베베르는 이틀 후 라 포르스 감옥에서 풀려났다.

사제의 순교자

1792년 9월에 213명이 학살당했고, 1926년 10월 17일 교황 비오 11세는 그중 191명을 성인품에 올린다. 희생자는 대부분 파리의 사제였다. (특히 노르망디 출신이 많았지만) 프랑스 전역에서 온 그들은 이질적 집단이었다(가장 나이 많은 이가 70세, 가장 젊은 이가 30세였다).

사제들의 출신지

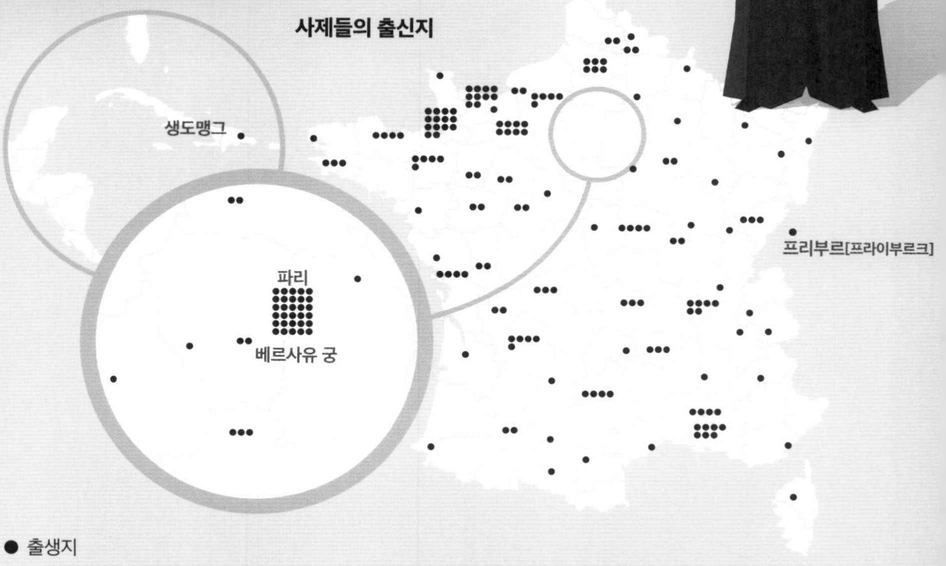

• 아베이Abbaye는 대주교급의 고위직이 원장인 본부급의 수도원, 쿠방Couvent은 지부에 해당하는 작은 규모의 남녀 수도원을 가리키며, 이를 총칭한 용어가 모나스테르Monastère다.

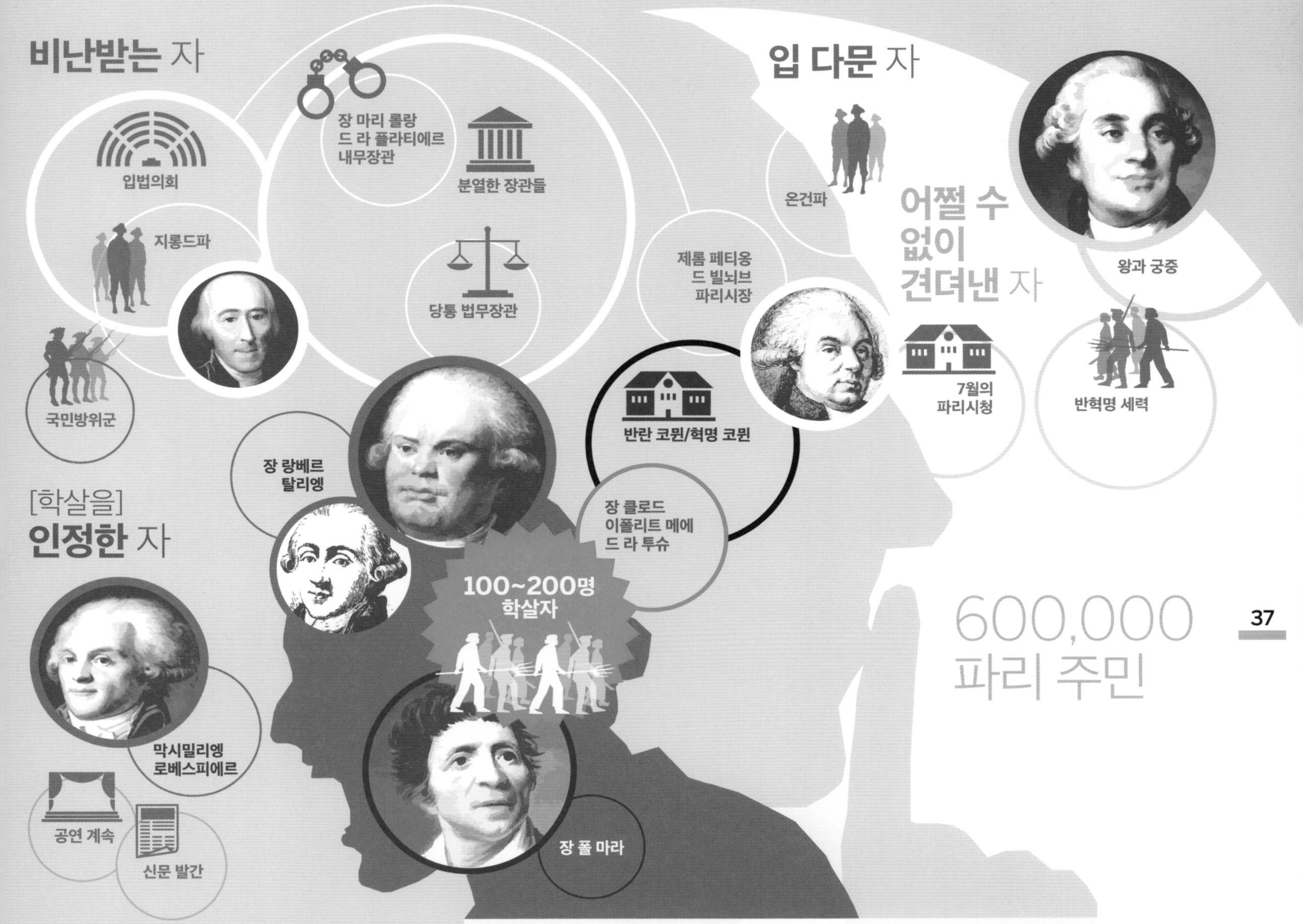

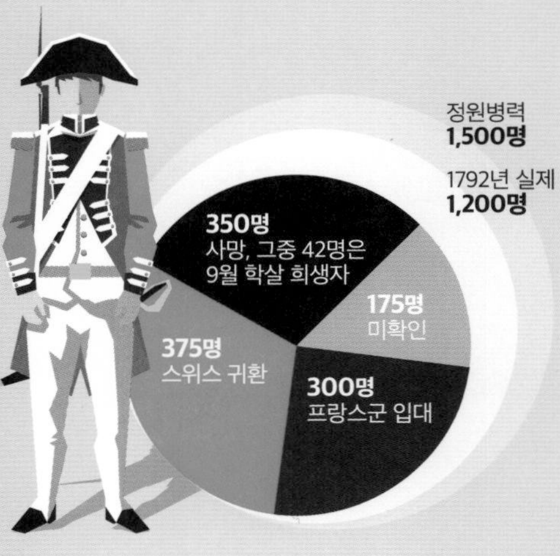

스위스 병사들의 운명

귀가 먹먹한 **침묵**

학살은 수백 명이 저지른 사건이다. 파리 주민들은 적군이 진격해서 파리에 불을 지르고 주민을 학살할 것을 예상하고 두려워했기 때문에 학살사건을 일으켰다고 볼 수 있다. 몇 주 전부터 마라는 반대자들을 겁박하기 위해 학살을 주장했다. 왕의 측근들을 먼저 처단하면서 학살을 시작했다. 파리의 모든 문을 닫고 당통이 허가한 가택수색으로 학살을 촉진했다. 당통의 측근인 탈리엥과 메에는 학살을 반란 코뮌으로 정당화했다. 그러나 파리시장 페티옹은 지롱드파 친구들(롤랑과 입법의원들)처럼 9월 4일 이전에는 편을 들지 않았다. 로베스피에르는 파리에서 국민공회에 보낼 의원 선거를 준비하고 있었다. 그는 11월에 학살을 지지하게 된다. 학살사건이 일어나는 동안 신문은 뜻밖의 학살사건을 불가피한 사건으로 보도하고, 극장도 보통 때처럼 문을 열었다. 그러나 9월 5일부터 더는 학살을 방치할 수 없다는 여론이 생겼다. 그 후 몇몇 학살자들을 기소하게 된다. 탈리엥이나 메에는 [변신에 성공해서] 그들이 했던 역할을 감추는 데 성공한다.

지방의 학살, **전방**의 승리

지방 학살의 **연대기와 강도**

파리의 학살도 전국에서 일어난 모든 갈등의 맥락에서 살펴야 한다. 사르데냐를 무찌른 남쪽을 제외한 모든 전선에서 적군의 위협을 받았다.

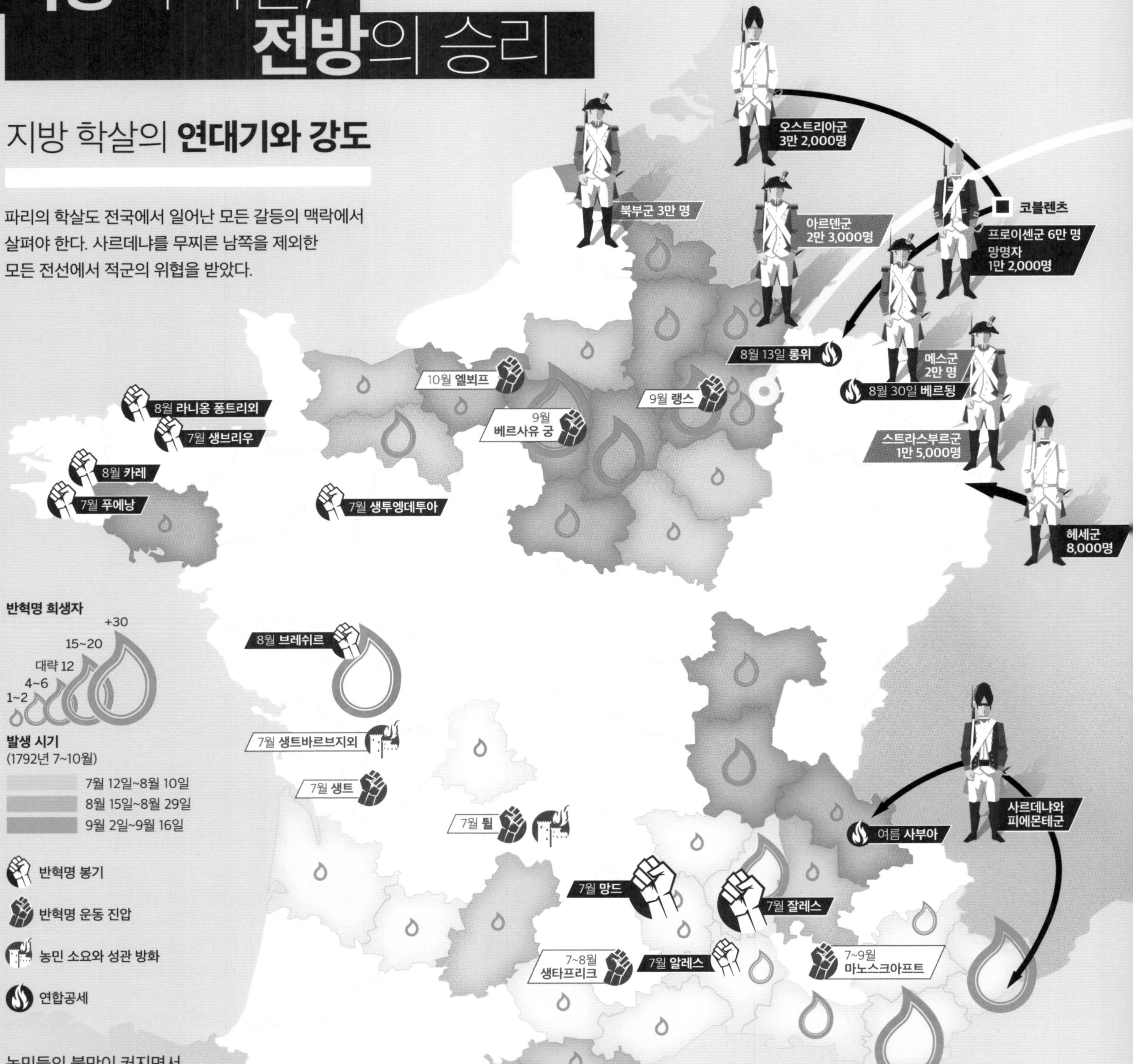

농민들의 불만이 커지면서 반혁명 봉기가 수많은 지역에서, 때로는 다른 지역과 연계해서 일어났다. 수많은 도에서 혁명투사들이 개입해 봉기를 무자비하게 진압하고, 가담자들을 목매달고 학살했다. 1792년의 정치적 분위기는 이렇게 살벌했다.

- 19세기 역사가이며 1871년에 대통령이 된 티에르Adolphe Thiers는 『프랑스 혁명사』에서 망명객들이 구두나 꿰매고 옷이나 깁던 놈들이라고 얕보던 의용군이 발미 전투에서 프로이센군을 물리치고 자유를 수호하면서 진가를 발휘했다고 썼다.

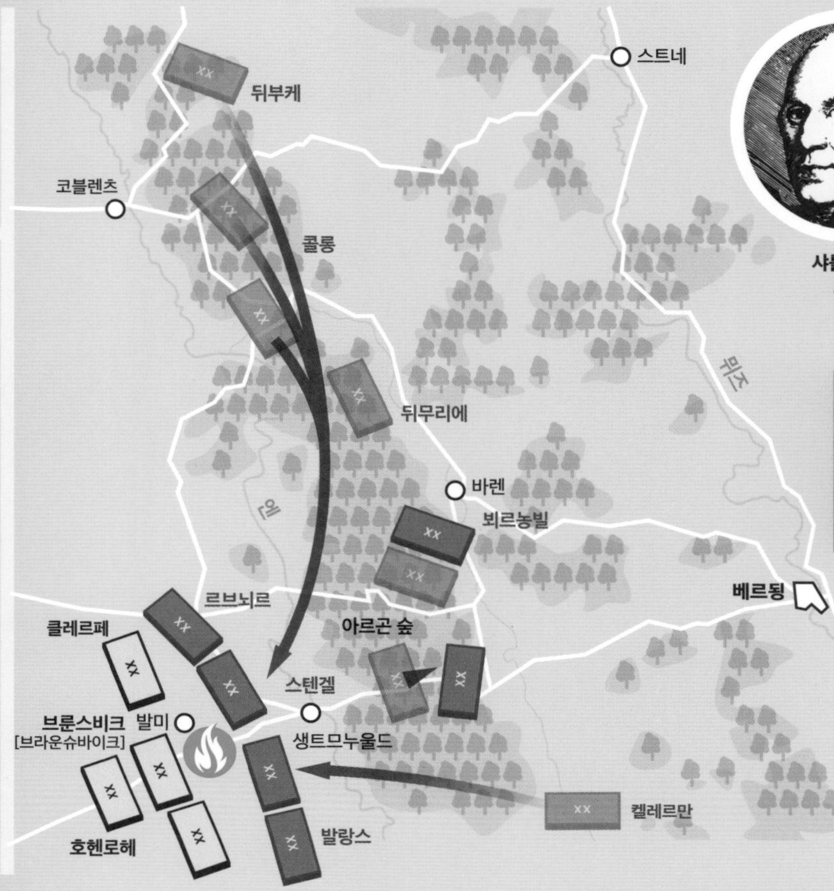

샤를 기욤 페르디낭, 브룬스비크 공작, 볼펜뷔텔 군주 1735-1806

샤를 프랑수아 뒤무리에 1739-1823
지롱드파의 측근으로 1793년 4월에 오스트리아군으로 투항

프랑수아 크리스토프 켈레르만, 승리자 1735-1820
나폴레옹 치세에 원수로 진급, 루이 18세 치세에 프랑스 대귀족

뵈르농빌 1752-1821
몽타뉴파 측근, 왕정복고 시기 장관, 원수

시몽 뒤플레 1774-1827
로베스피에르의 하숙집 주인 목수 뒤플레의 아들, 로베스피에르를 섬긴다.전투에서 한 다리를 잃는다.

루이 필리프 도를레앙 1773-1850
장래 왕 루이 필리프 1세

1792년 9월 20일, **발미**

6시 새벽, 프로이센 기병이 발미 언덕을 향해 진격하다가 프랑스군 일부가 포병대 주위에 질서 있게 정렬한 모습을 본다. 나머지 병력은 보이지 않는다.

13시 프로이센군이 3개 부대로 나눠 프랑스군에게 1,000미터까지 접근해서 공격 시작. 프랑스군은 움직이지 않고 대응하지 않는다. 양측은 서로 포격한다. 프랑스군은 3개 부대로 사격을 준비한다. 켈레르만 장군이 앞장선다. 양측은 더욱 드세게 포격하고, 프로이센군은 퇴각한다. 프랑스군의 대포는 2만 발을 쐈다.

14시 발미 풍차 아래서 프랑스군의 탄약상자 폭발, 프랑스군 2개 연대 후퇴, 프로이센군 400미터 진격, 프랑스군의 저항과 포격으로 진격을 막다. 오후 내내 저항.

20시 밤에 양측 부대가 유리한 지점을 차지하고, 프로이센군은 30일까지 머물다가 아르곤 숲을 돌아 퇴각한다.

39

공화국의 정통성을 세워준 전투

9월 20일, 프랑스군은 훌륭한 작전과 병사들의 용기 덕에 프로이센-오스트리아 연합군의 공격을 막아냈다. 브룬스비크 공이 연전연승하면서 파리로 진격할 때, 뒤무리에는 후진의 병참부대를 공격했다. 연합군은 어쩔 수 없이 동쪽으로 후퇴했고, 그 사이 프랑스군은 발미 언덕에서 서쪽을 향해 진을 쳤다.

그러나 깨끗한 승리는 아니었다. 프로이센군은 하루 종일 포격한 뒤 전투를 포기했기 때문이다. 그들은 예전처럼 프랑스군을 도망치게 만들지 못했다. 더욱이 그들은 파리에서 오는 부대가 공격할지 몰라 두려웠다. 이렇게 반전이 일어난 과정을 설명하는 음모론이 생기기도 했다.

상징적으로, 또 여기서 본질적으로, 발미의 승리 소식은 9월 22일에 파리에 퍼졌고, 그 전날 밤 탄생한 공화국의 발전과 밀접히 연결되었다. 승리의 소식은 9월 학살을 잊게 해주었다. 더욱이 발미 전투에서 이긴 병사들은 프로이센군에게 모욕당한 파리의 '구두쟁이들'● 이 아니었다. 그러나 발미 승리는 빠르게 '잊혔다.' 주요 장군이 지롱드파였거나 적군으로 넘어갔기 때문이다. 그 전투는 1792년에 참전했던 루이 필리프 1세가 1830년에 장소를 명예롭게 기리면서 다시 인정받았다. 그 후 공화주의자들은 발미를 기렸다.

프랑스군에서 **'서민'의 위치**

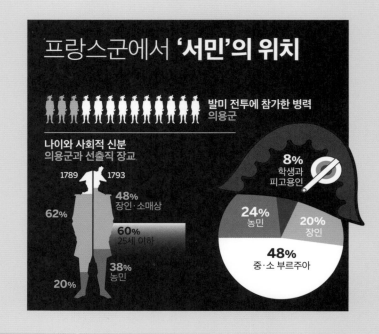

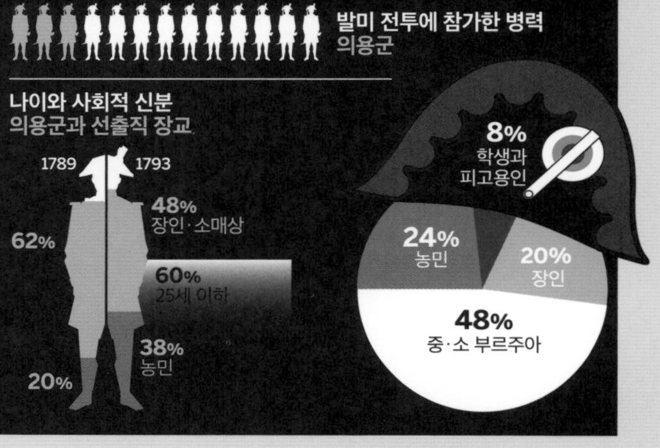

왕과 왕비 그리고 혁명

중대 전환점

1793년 1월 21일, 왕의 처형은 혁명과 프랑스 역사에서 중대 전환점이다. 많은 사람이 종종 확신하는 바와 달리 예측하지 못한 사건이었다. 1792년 8월 10일, 입법의회 의원들은 왕과 가족을 환영했다. 그들은 무기가 그날의 운명을 결정해주리라고 기대했다. 그들은 뤽상부르 궁에 왕과 가족을 정착시킬 예정이었다. 그러나 상퀼로트, 아니 자코뱅파는 불편한 옛날 건물인 탕플 탑에 감옥을 마련하자고 강력히 주장하고, 왕을 빨리 죽이지 못했으므로 재판이라도 하자고 요구했다. 로베스피에르가 상퀼로트를 지지했을 때, 마라처럼 왕에게 가장 적대적인 자코뱅파는 거의 두 달 동안 국민공회 의원들이 판사 노릇을 할 재판을 조직했다. 거리에서 국민공회를 압박하는데도 확실한 평결을 내리지 못했다.

국민공회는 거의 만장일치로 왕의 책임을 고소했다. 그러나 책략적이건, 아니면 외국 통치자들과 협상의 기회를 얻기 위해서건, 또는 사형을 거부하기 위해서건, 의원의 절반이 왕의 사형을 바라지 않았다. 모든 자코뱅파 의원과 수많은 평원파 의원에 30명 정도의 지롱드파 의원을 더한 나머지 반은 왕의 사형에 찬성했다. 뜻밖에 당통이 개입해서 이러한 결정을 내리는 데 한몫했지만, 그가 왜 나섰는지 분명히 아는 사람은 없다. 파리 코뮌과 상퀼로트가 전적으로 처형을 책임졌다. 1월 21일에 이들은 적어도 8만 명을 동원하고, 더욱이 시내 치안을 유지하기 위해 12만 명을 따로 동원했다. 루이 16세를 구하려는 시도가 없진 않았으나 시내는 평온한 상태를 유지했고, 기쁨을 표현하는 사람들은 혁명 광장(오늘날 콩코르드 광장)에 설치한 단두대 주위에서만 볼 수 있었다. 처형 직후 마들렌 교회 공동묘지에 묻는 과정에서 별다른 반응은 없었다. 매장할 때 의원의 모습은 찾아볼 수 없었고, 코뮌의 책임자가 보고한 대로 국민공회는 처형에 별로 신경 쓰지 않았다.

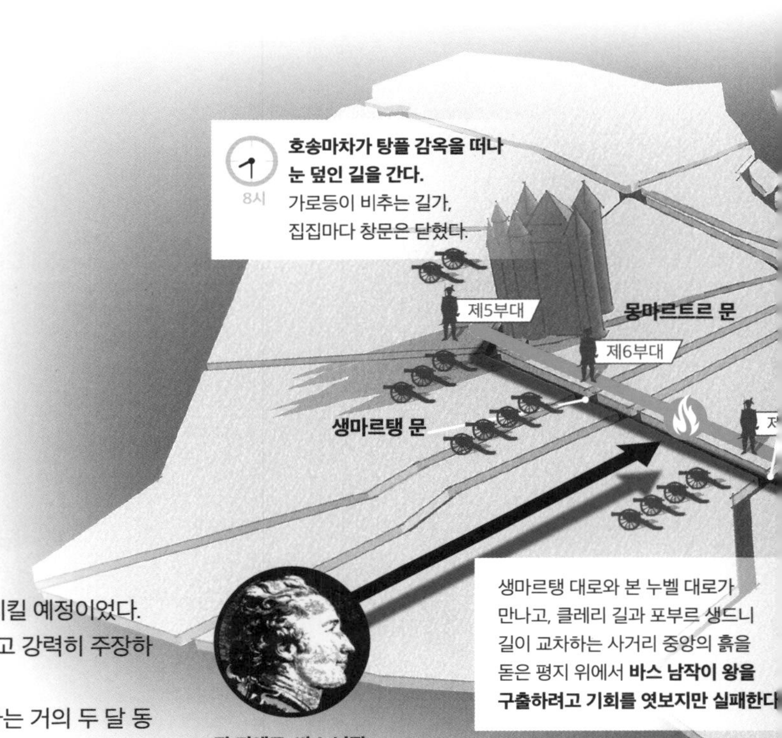

8시
호송마차가 탕플 감옥을 떠나 눈 덮인 길을 간다.
가로등이 비추는 길가, 집집마다 창문은 닫혔다.
제5부대
몽마르트르 문
제6부대
생마르탱 문
생마르탱 대로와 본 누벨 대로가 만나고, 클레리 길과 포부르 생드니 길이 교차하는 사거리 중앙의 흙을 돋은 평지 위에서 **바스 남작이 왕을 구출하려고 기회를 엿보지만 실패한다**

장 피에르, 바스 남작
1754-1822
귀족, 군인, 투기업자, 전국신분회 대표. 왕과 왕비를 구출하는 음모에 관여했고 콩데 공의 군대에서 여단장을 역임했으며 1808년에 프랑스로 귀환했다.

재판 과정과 일련의 투표

1793년 1월 15일

루이는 국민의 자유를 해치는 음모를 꾸미고,
국가 안전을 침해한 죄를 지었는가?

거의 만장일치
그렇다

투쟁의 **연대기**

1792	8월 10일	튈르리 궁 점거
	8월 13일	왕 일가 탕플에 갇힘
	8월 27일	파리 코뮌은 8월 10일 희생자 추모식 조직
	9월 3일	랑발 공작부인 학살
	9월 21일	국민공회가 왕정 폐지
	10월 1일	국민공회에 '24인위원회' 설치해서 왕의 재판 준비
	11월 5일	로베스피에르가 상퀼로트 지지 연설
	11월 6일	제마프 전투와 모든 전선에서 프랑스군 승리
	11월 13일	생쥐스트가 재판을 거치지 않고 왕의 처형을 주장
	11월 20일	철제 금고의 문서 적발
	12월 1일	앙라제 자크 루가 왕(그리고 왕비)의 처형 주장
	12월 3일	로베스피에르가 왕의 처형을 요구
	12월 11일	왕이 국민공회에 첫 출석
	12월 26일	왕의 두 번째 출석
1793	1월 4일	바레르가 국민공회의 우월성을 주장하는 연설
	1월 15~19일	판결 투표
	1월 21일	왕의 처형

1788 | 1789 | 1790 | 1791 | 1792 | 1793

1793년 1월 21일, 탕플 감옥에서 단두대까지

호송마차가 오늘날
콩코르드 광장이 된
혁명광장에 도착한다.

10시

센 강 좌안

제2부대   제4부대

생토노레 문

강 우안

북

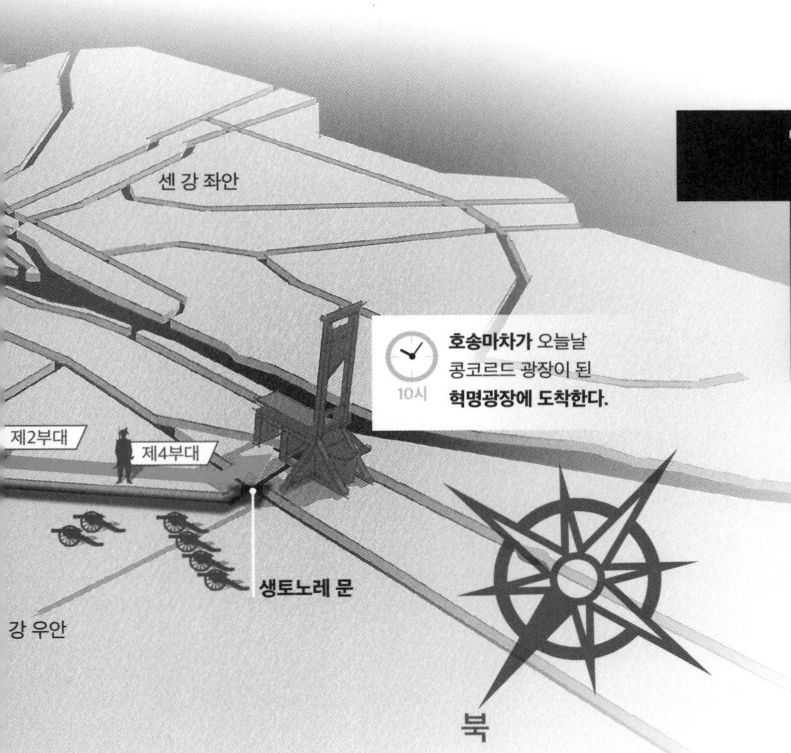

1793년 호송마차가 간 '대로'는 오늘날과 전혀 다른 모습이었다.
그것을 오늘날에도 시골에서 볼 수 있는 넓은 '안마당'과 비교할 수 있다.
양쪽에 건물이 일렬로 들어선 곧은길이 아니라서,
'폭군'을 실은 마차가 다가오는 것을 잘 볼 수 없었다.
보는 각도마다 달라지고 울퉁불퉁한 데다 '대로 바깥'에서 무엇이 나타날지
예측할 수 없는 길이었다. 호송마차가 나아가는 길 양쪽에서
잎이 다 떨어진 검은 나무의 윤곽을 겨울 하늘과 구별할 수 있었다.

41

기마경찰대 100명이 앞장서고 북치기 12명이 뒤따랐다. 호송마차 뒤에 국민방위군 기마대 100명이 따라갔다.
파리 모든 구에서 온 1,200명이 그들을 둘러쌌다. 파리의 모든 구는 필요한 경우에 대비해서 예비인원을 대기시키라는 명령을 받았고,
시내에 대포 300문을 배치했다. 이렇게 정오까지 적어도 8만 명을 징발해서 센 강 우안을 경비했다.

1월 16일

루이 카페에 대한
국민공회의 판결
**기초의회에서 인민의
승인을 받아야 하는가?**

루이에게 어떤 벌이 합당한가?

387
무조건 사형
26명은 집행유예의 가부를 묻는다

총투표자 **721**

334
**조건부 사형
감금 또는 추방**
44 여러 조항의 조건부 사형
290 사형을 대체할 수 있는 판결 주문

281
424
아니다

190 평화가 올 때까지 구금
27 무기구금
63 조건부 구금
2 노동형
5 즉시 추방
3 유형

1월 19일

집행을 유예할 것인가?

310
380
아니다

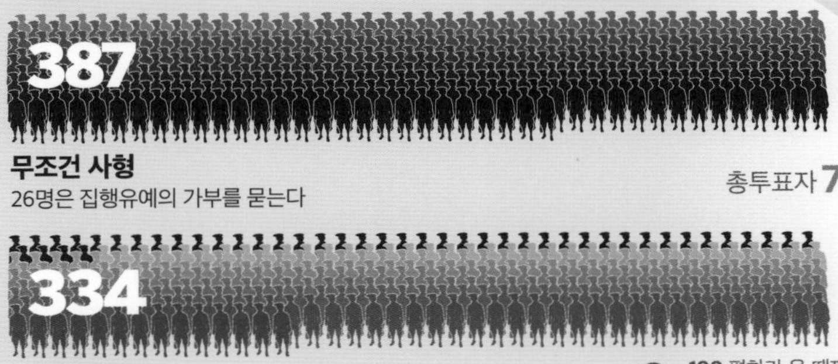

투쟁의 한가운데 선 **왕 일가**

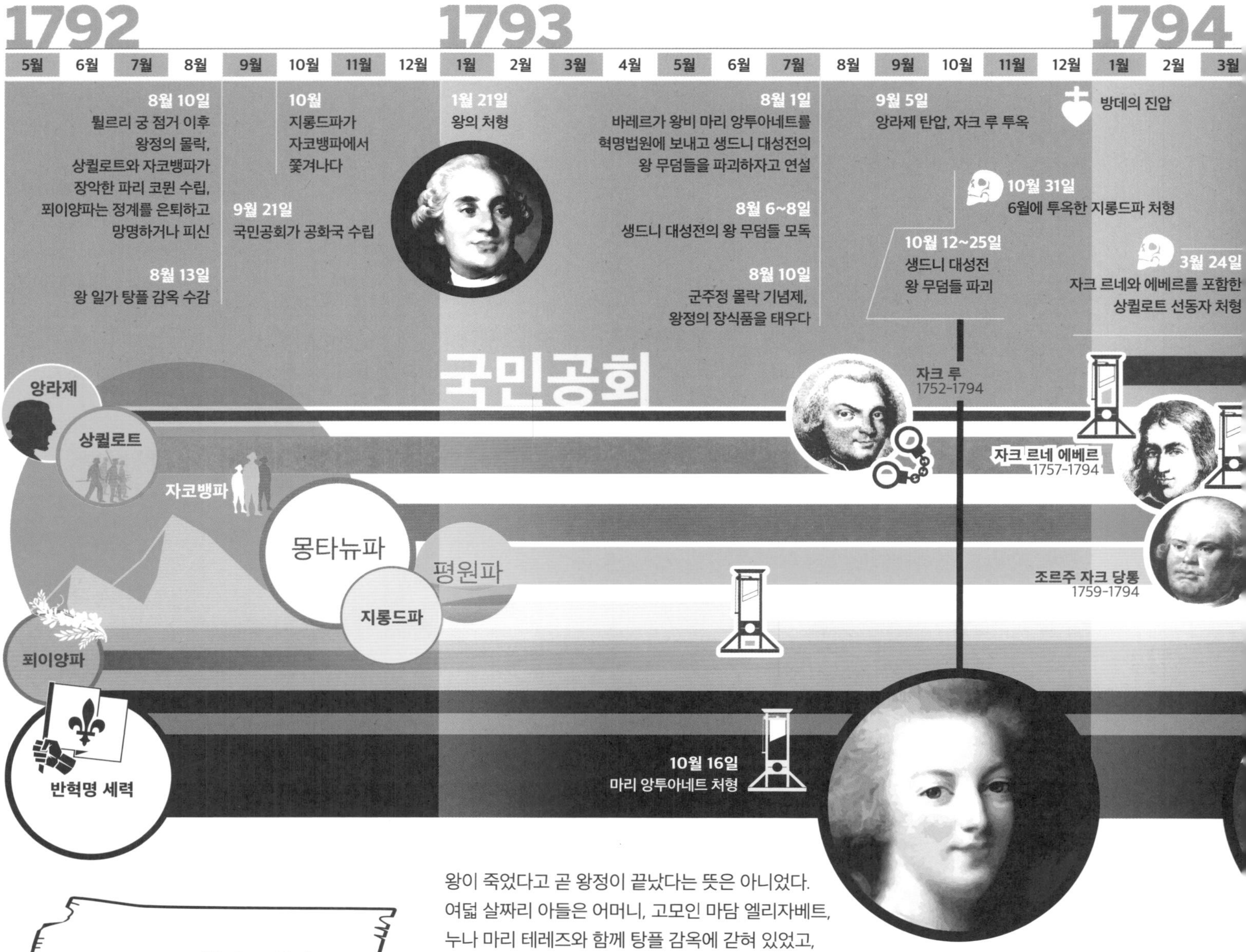

툴루즈 일지
1797년 1월 21일

오늘 공화국 방방곡곡에서
우리의 마지막 폭군을
정의롭게 처형한 기념식을 거행했다.
프랑스인이여, 마음껏 즐깁시다.
그가 살았을 때, 우리의 재앙과
노예 상태는 극에 달했다.
이제 그가 죽었으니
우리의 자유와 행복의
새벽이 왔도다.

왕이 죽었다고 곧 왕정이 끝났다는 뜻은 아니었다. 여덟 살짜리 아들은 어머니, 고모인 마담 엘리자베트, 누나 마리 테레즈와 함께 탕플 감옥에 갇혀 있었고, 어머니는 아들을 루이 17세로 인정했다. 게다가 왕당파, 싫건 좋건, 망명자들과 왕족들도 그를 왕으로 인정했다. 방데 반란자들은 몇 달 뒤에 그의 이름으로 아시냐를 발행했다. 상퀼로트는 즉시 마리 앙투아네트를 반대하는 운동을 시작했다. 특히 파리 코뮌의 검사보가 된 신문발행인 에베르가 그 운동을 이끌었다. 왕비는 반역죄, 오스트리아인, 반혁명의 우두머리라는 혐의를 받고 1793년 8월 2일에 콩시에르주리 감옥으로 이감되었다가 혁명법원에 출두했다. 에베르가 아들과 근친상간했다는 혐의까지 넣어 공소장을 작성했다. 마리 앙투아네트는 1793년 10월 16일에 처형당했다. 그는 뚜껑도 없고 사방이 트인 수레를 타고 혁명광장까지 갔다. 선서 사제, 망나니와 보조가 함께 타고 갔다. 군인들이 앞장서고, 그 뒤를 따라가던 마리 앙투아네트는 온갖 욕설과 모욕을 받았다.

1815
1월 21일
루이 16세와 마리 앙투아네트의
잔해를 발굴해서
생드니 대성전으로 옮기다

1816
1월 21일
루이 18세는
'국가 애도의 날'을 영구 제정

1795

6월 7월 8월 9월 10월 11월 12월 1월 2월 3월 4월 5월 6월 7월 8월 9월 10월 11월 12월

월 15일
강통파' 처형

감옥에서 살아남은 지롱드파는
국민공회로 돌아간다

5월
상퀼로트 진압

9월,
'자코뱅파'와 '상퀼로트' 기소

10월
반혁명 세력과 왕당파 진압,
그늘 속에 숨었던 푀이양파가 중요한 직책을 맡는다

7월 28~29일
'로베스피에르파' 처형

2004
6월 8일
루이 17세의 심장을
생드니 대성전에 안치,
마담 엘리자베트의 유해는 찾지 못함

총재정부

공권력과 투사들이 왕의 처형을 기념하다

막시밀리엥 로베스피에르
1758-1794

조제프 푸셰
1759-1820

장 랑베르 탈리엥
1767-1820

폴 바라스
1755-1829

1851
마리 테레즈 프로스도르프에서 사망,
괴리츠(고리치아, 노바 고리카)에 매장

5월 10일
마담 엘리자베트 처형

6월 8일
루이 17세 사망,
사실은 죽지 않고 눈에 띄지 않게
빼돌렸다는 소문이 돌다

12월 17일
공주와 포로교환

1793년 가을, 상퀼로트는 국민공회 의원들을 최대한 압박했고, 지롱드파를 처형하라는 뜻을 이루었다. 그러나 에베르가 왕의 동생 마담 엘리자베트를 처형하라고 요청했을 때, 로베스피에르는 11월 21일에 그를 죽인다고 해서 혁명에 도움이 될 일이 없다면서 반대했다. 그럼에도 1794년 5월 상퀼로트가 모든 힘을 잃었을 때, 국민공회는 엘리자베트를 혁명법원으로 보내 5월 10일에 처형시켰다. 의원들은 로베스피에르가 그 일에 관여하지 않았다는 것에 대해 논쟁을 벌였다. 마담 엘리자베트는 양손을 묶인 채 그날 처형받는 사람들과 함께 혁명광장으로 끌려갔다.

루이 17세가 된 왕세자는 1793년 8월 13일부터 1795년 6월 8일 사망선고가 날 때까지 감옥에 있었다. 1793년 7월 1일에 어머니와 헤어진 그는 1794년 7월 28일까지 학대를 견뎌야 했다. 그 뒤에 전보다 더 좋은 대접을 받았지만, 질병의 상태가 호전되지 않았고 결국 열 살에 죽었다. 곧 그가 진짜 죽었는지 의심하고, 어린아이를 뽑아 루이 17세 노릇을 하게 만들었다는 소문이 돌았다.

루이 16세의 딸, 프랑스 공주[마담 루아얄] 마리 테레즈는 1795년 12월 17일, 17세 생일까지 탕플 감옥에서 살다가 오스트리아에 잡힌 프랑스군 포로와 맞바꿀 때 풀려났다. 테르미도르 9일 이후 체제의 변화 덕에 포로교환이 성사되었다. 거의 20년의 외국 생활을 마치고 그는 샤를 10세의 장남의 아내가 되어 프랑스로 돌아갔다가 다시 오스트리아로 망명해서 1851년에 눈을 감았다.

2

대혼란

LES GRANDS BOULEVERSEMENTS

1789년 10월, 여성의 돌발 출현

9월 27일
우파가 정변을 일으키고,
왕이 메스로 도주한다는
소문이 퍼진다.

10월 1일
플랑드르 연대는 베르사유 궁에
도착한 뒤 삼색 표식을 짓밟고,
검은 표시를 달았다는
혐의를 받았다.

파리에서 베르사유까지 왕복

1789년 10월 5~6일, 파리 여성이 정치에 개입하고 파리에서 베르사유까지 행진한 사건은 10년간 처음이자 마지막으로 가장 중요하고 유명한 사건이 되었다. 생탕투안 문밖의 여성들이 빵값을 낮추라고 요구하면서 거리를 누빌 때 알 중앙시장의 소매업자 여성들이 합세했다. 이 상인들은 평소 단체를 조직해서 왕에게 직언할 수 있는 권리를 가지고 있었다. 이들이 파리의 거리를 지날 때, 특히 팔레 루아얄 근처에서 그곳을 오가던 여성들도 꼬리에 붙었다. 남성도 여성처럼 보이는 옷을 입고 따라갔는데 수백 명이 넘었다. 그런 일은 처음이 아니었다. 민중 소요 사태가 일어날 때마다 여성은 심하게 탄압하지 않았기 때문에 여장을 하면 심한 구타를 피할 수 있었다.

하지만 이러한 존재들의 정치적 계산이 무엇인지 파악하기는 어렵다.
여성들은 왕을 압박해서 그의 사촌인 오를레앙 공작이 자유롭게 야망을 펼칠 수 있게 해주고, 그의 지지자들이 바라는 대로 섭정이자 왕국의 대리인이 될 수 있도록 퇴위까지 생각하게 만들 수 있었다.
게다가 사회적 혁명을 바라던 국민방위군은 사령관 라파예트에게 반대했으며, 왕비에게 적개심을 가진 사람이 많았다는 것도 당시 분위기였다.
특히 왕비는 모든 악덕의 원흉인 반혁명 분자였고, 10월 1일에 삼색 표식을 발로 짓밟은 플랑드르 병사들로부터 검은 표시를 받아 달았다는 혐의까지 뒤집어썼다.

따라서 베르사유를 향해 출발한 뒤부터 10월 6일 아침 수백 명의 남녀가 발작하듯이 베르사유 궁을 침범해서 마리 앙투아네트를 죽이겠다고 위협하고 실제로 근위대 두 명을 죽일 때까지 사정은 복잡하게 발전했다.
왕비는 할 수 없이 대리석 마당을 향한 발코니에 나갔다가 군중에게 욕을 먹었다. 그러나 왕은 베르사유 궁을 떠나고 『인간과 시민의 권리선언』을 승인하라는 요청을 받아들여 겨우 권위를 지켰으며, 오를레앙 공은 기권했다.
이제 여성들이 폭력을 유발했다고 비판받을 일만 남았다.
법적 조사를 마치고 시위대 한 명인 '오뒤 여왕Reine Audu'을 감옥에 보내면서 상황을 마무리했다.
10월의 행진은 여성을 가장자리로 밀어내는 데 이바지했다.

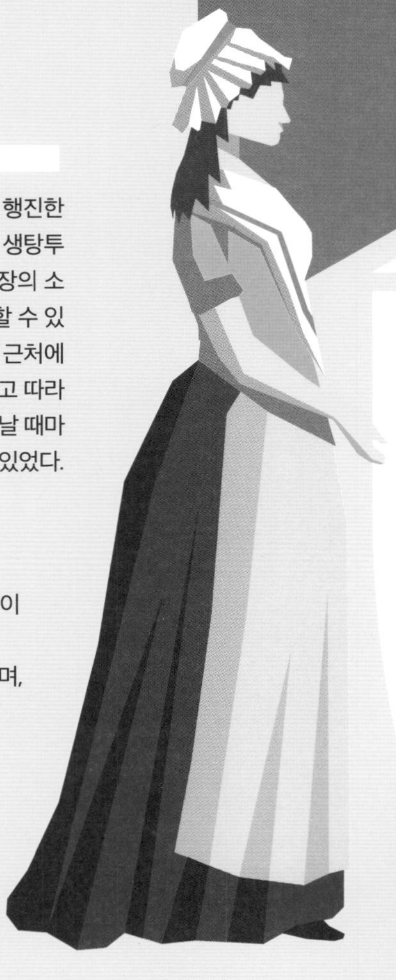

12시
베르사유에서 왕 일가는 무장한 남녀 3만 명에게 둘러싸여 파리로 향한다. 그들은 새벽에 죽인 근위대의 머리 두 개를 앞세우고 걷는다. 또 제복을 입은 남자는 총검 끝에 6리브르 [약 2.5킬로그램]짜리 빵 한 덩어리를 꿰어 들었다.

10시
베르사유의 어린이 한 명이 죽은 사람의 머리를 들고 간다. 파리로 돌아가는 국민방위군이 총을 연속 발사한다.

8시
베르사유 궁에서 왕비는 대리석 마당 쪽 발코니에 나서라는 강요를 받았고, 거기서 '갈보putain' 취급을 받았다. 이때 오를레앙 공작은 커다란 삼색 표식을 단 삼각모자를 쓰고 여행을 떠난다. 근위대 숙소가 약탈당한다.

10월 6일

6시
남녀 무리가 "죽여라, 죽여, 사정없이" 외치면서 "망할 년"을 죽여 "간을 요리하기 위해" 궁 안을 헤집고 다닌다. 손이 검은 작은 남자가 200명의 아낙네 앞에서 이렇게 외치며 다녔을 것이다. 노동자 한 명이 머리가 깨져 죽 근위대 병사 두 명, 바리쿠르와 데쥐트 살해당한 뒤, 풍성한 턱수염의 사내가 도끼로 머리를 자른다 구경꾼들도 시신을 때린다 그들은 피에 젖은 손 자기 얼굴을 문지른

안 테르와뉴,
일명 테루아뉴 드 메리쿠르
1762-1817
격동의 젊은 시절을 보낸 후 혁명에 열정적으로 뛰어든다. 10월에는 아마존 전사처럼 붉은 옷을 입고 검은 깃털로 장식했다. 1792년을 지나면서 너무 온순해졌다. 상퀼로트 아낙들은 그를 모욕하고 엉덩이를 때렸다. 그때부터 그는 죽을 때까지 정신이상으로 몰락한다.

루이즈 르뒤크, 일명 오뒤 여왕
?-1793
1789년에 아주 왕성하게 활동하다가 10월 사건에서 활약한 죄로 1790년에 감옥에 갇힌 이 여성의 행적은 잘 알려지지 않았다. 그는 1792년 튈르리 궁 점거에 참여했다.

1788 | 1789 | 1790 | 1791 | 1792 | 1793

6시 30분
분을 바르고 머리를 단장한 젊은 여성들이 생탕투안 문밖에 모인다.

9시 30분
[시청] 그레브 광장, 국민방위군 수류탄 병사들은 라파예트 사령관에게 베르사유로 가자고 말한다.

10시
생토노레 길, 잘 차려입고 2발짜리 다마스크 장식 소총을 지닌 여성들이 베르사유로 출발하는 아낙네들에게 술병을 나눠주고 마리 앙투아네트에게 욕을 한다. **베르사유**에서 파리 폭동 소식을 들은 의원들은 10월 1일의 연회에 대해 비판하고 왕에게 『인간과 시민의 권리선언』을 승인하라고 요구한다.

11시
파리에서 경종이 울린다.
남녀 수백 명이 베르사유로 출발하기 전에 시청으로 들어간다. 그들은 길에서 만나는 여성에게 따라오라고 강요한다. 남성의 참여는 거부한다. 그러나 바스티유 정복자인 마이야르는 합세한다. 행렬은 자발적으로 튈르리 궁 정원을 거쳐 나가다가 앞길을 막는 스위스 병사를 다치게 한다.

12시
10대의 북소리에 맞춰 5,000~6,000명의 아낙네가 세 줄로 행진한다. 그들은 대포를 끌고 간다. 모든 상점의 문을 닫은 세브르에서 마이야르는 빵을 구한다. 그들은 길에서 만나는 심부름꾼이나 여행자를 '귀족'이라는 혐의로 학대하면서 긴장을 높인다. 비로플레에서 검은 표시를 단 기병대를 만나 싸움을 벌인다. 정오에 여성들과 '생선장수 아낙네들'이 도착했다는 소식이 **베르사유**에 퍼진다. 왕은 뫼동 숲으로 사냥을 떠난다.

10월 5일

여성의 행렬

스타니슬라스 마리 마이야르
1763-1794
1789년 7월 14일에 바스티유 요새 정복에서 두각을 나타낸 이후 10월 5일에 베르사유에서 여성 시위대의 대변인으로 활약한다. 국민방위군 대위로 뽑힌 뒤 1792년 9월 학살에서 '판사' 노릇을 한다. 훗날 병으로 사망한다.

라파예트

14시
베르사유, 플랑드르 연대가 그랑드 제퀴리 마당에 전투대형을 갖추고, 기마수비대 320명은 다름 광장에 대형을 갖춘다. 왕은 수행원도 없이 사냥에서 돌아와 욕을 먹어도 대응하지 말라고 명령한다.

16시
아낙네들은 **베르사유**에 도착하자마자 수비대 병사들과 드잡이질한다.

18시
열다섯 명 정도의 아낙이 국회로 들어간다. 마이야르가 대변인으로 나선다. 바깥에서는 수비대 병사 한 명이 다쳐서 죽는다. 여성 대표 일곱 명이 왕을 접견한다. 왕은 황금 잔에 포도주를 따라 기절한 열일곱 살의 조각노동자이자 별명이 '루이종'인 루이즈 샤브리에게 준다. 바깥에 나간 그는 뇌물을 받아먹었다는 혐의로 목매달아 죽이겠다는 위협을 받고 서둘러 파리로 되돌아간다. 왕은 『인간과 시민의 권리선언』을 승인하고, 파리에 식료품을 확실히 공급하겠다고 약속한다.

베르사유, 경종이 울리고, 거리에서 수비대를 추적할 때, 제헌의회는 회의를 마친다. 회의실에서 800~900명이 잠을 잔다.

파리, 아낙네들이 도착하고 나서 한 시간 뒤에 마이야르가 도착한다. 왕이 승인한 법을 즉시 인쇄한다. 파리 시청부 관료들은 아침 6시쯤 자러 간다.

19시
베르사유, 왕궁수비대 말 한 필을 죽여 구워 먹는다. 포탄 심지에 불을 붙여 수비대를 향해 위협 사격한 탄환이 말 여러 필을 죽인다. 여성 150명 정도가 궁의 마차를 타고 파리로 돌아간다.

20시
베르사유, 비가 퍼붓는데, 수비대를 향해 거세게 사격하지만, 수비대는 궁으로 침입할 구실을 주지 않으려고 대응하지 않는다.

22시
미라보가 제헌의회의 토론을 다시 시작하도록 소란을 진정시킨다. 한편 파리 아낙네들은 왕비의 목을 비틀고 의원 몇 명을 목매달고 싶어 한다.

0시
라파예트가 이끄는 국민방위군 2만 명이 **베르사유**에 도착한다.

공적 영역의 여성

사회적 위치

남성 공간

잔 베퀴, 뒤바리 백작부인
1743-1793

왕비
최고위 귀족

귀족
대부르주아

중·소 부르주아

상업과 수공예

농민

가사

여성 공간

사회경제적 중요도

수녀원장

예술가
소설가
화가

여성 선주

과부

여성 가장

알 중앙시장
여성 상인

브르타뉴
여성

하녀

매춘부

거리의 상인

노예

1789년 이전에 남녀 구별은 귀족과 비귀족 신분의 서열과 특권층의 권력보다 중요하지 않았다. 그 시대에 예카테리나 2세는 러시아를 통치했고, 그보다 먼저 마리아 테레지아는 오스트리아 황제였다. 프랑스 왕비는 신성한 존재가 아니었고, 따라서 루이 15세의 애첩 마담 드 퐁파두르가 휘두르던 권력조차 행사하지 못했다. 좀 더 놀라운 일은 귀족 신분인 수녀원장들이 퐁트브로 수도원의 경우처럼 남녀 수도원을 운영할 수 있었다는 것이다. 생말로의 소수 선주나 파리 중앙시장의 여성처럼 제한적이지만 실질적인 자율성을 누리는 집단이 존재했다. 공장을 경영하는 과부들도 있었다.

과부는 사회적으로 가장의 지위를 가질 수 있었다. 대도시의 부유한 여성은 실질적 자유를 누리고, 사회적으로 책임 있는 행동을 할 수 있었다. 그러나 지식인과 예술가 여성 앞에는 장벽이 남아 있었다.

파리의 소매상인으로 종종 '생선장수 아낙네들'로 부르기도 하는 집단은 조합을 결성하고, 왕에게 직접 탄원할 수 있었다. 1789년 10월 5일과 6일에 그들은 이 권리를 분명히 행사했다. 그러나 그들의 집단은 혁명에 적극적인 여성과 거리를 두었고, 가톨릭교를 존중하는 태도를 유지했으며, 1793년에 이를 분명히 보여주었다.

브르타뉴의 여성은 관습법으로 소교구 일상생활에 개입할 수 있었다. 특히 임신한 미혼자가 손해배상을 청구하도록 지원했다.

하인, 하녀, 식민지 노예 같은 가난한 사람들은 이러한 분류체계에 들지 못하지만, 이 집단에 속한 남성의 운명도 거의 다르지 않았다. 운명을 피할 수 있는 부류는 역설적으로 매춘부로서 궁중까지 연결될 수 있었다.

1789년 이전 파리에는 분명히 3만 명 정도가 매춘으로 살았으며, 유럽의 여느 수도보다 수가 많았다. 1785년 젊은 매춘부 올리바가 왕비의 목걸이 사건에 연루되었음을 잊지 말자.

1788 | 1789 | 1790 | 1791 | 1792 | 1793

정치 영역에서 사라진 여성

1789

여성들이 진정서를 준비하는 기초의회에 참여한다. 그들은 전국의 모든 집회에 나간다. 그리고 국민의회 방청석도 차지한다.

7월 그들은 파리 입시세관 벽의 방화와 바스티유 요새 공격에도 참여한다.

9월 여성 예술가들이 애국성금을 낸다.

10월 그들의 역할이 정점을 찍는다.

1790

2월 전국의 수많은 정치 클럽에 가입한다. 파리에서 혼성협회를 창설한다. 나중에 이 협회는 양성애국자우애협회가 된다.

7월 콩도르세가 여성의 시민권 발급을 옹호한다.

1791

4월 반혁명 성향의 여성들이 파리와 낭트에서 '애국적 볼기'를 맞는다. 파리에서 '진실의 여성 친구 협회'를 설립한다.

9월 올랭프 드 구즈가 『여성과 여성 시민의 권리선언』을 발표한다. 헌법 7조는 "법은 결혼을 민사상의 계약으로 볼 뿐이다"라고 규정한다.

1792

2월/3월 폴린 레옹이 여성에게 무기를 지닐 권리를 달라고 주장한다. 319명의 청원자가 지지한다.

봄 전국에서 여성들이 『성직자 시민헌법』과 혁명에 반대하며 행진한다.

8월 28일 국민의회가 가부장 권위를 포기하기로 의결한다.

9월 22일 결혼과 이혼법이 의회를 통과한다.

10월 절도죄로 붙잡힌 안 르클레르가 여성 최초로 처형당한다.

1793

2월 파리에서 생활비 폭등에 반대하는 시위를 진압한다.

4월 여성을 군대에서 배제한다(종군상인 예외). 헌법은 투표권과 피선거권을 남성에게 한정, 최종적으로 정치생활에서 여성을 배제한다.

7월 13일 샤를로트 코르데가 마라를 살해하다. 여성이 남성을 살해한 중대 사건.

7월 17일 샤를로트 코르데 처형

11월 3일 올랭프 드 구즈 처형

11월 8일 마농 롤랑 처형

1794

2월/3월 상퀼로트 지도자들을 처형했을 때부터 여성의 시위가 사라지고, 여성 공화주의자들이 정치를 포기한다. 여성은 테르미도르 9일 사건에서 아무 역할도 하지 않는다.

1795

파리와 몇몇 도시의 거리에서 유력자의 애인이자 부자인 메르베이예즈가 최고로 존경받는 자리를 차지한다. 그 대신, 정부는 여성의 시위를 아주 격렬히 탄압한다. 이제 여성은 거리에서 다섯 명 이상 모일 수 없다. 공공 영역은 완전히 남성의 소유가 된다.

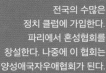

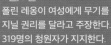

재생의 분수

1793년 8월 10일, 국민공회는 1789년 10월 5~6일의 사건도 염두에 두면서 군주정의 몰락을 기념하는 제전을 벌였다. 특히 여성의 역할인 어머니의 역할이 중요하다는 점을 강조했다. '재생의 분수'는 젖을 먹이는 부인을 상징하는 상이었고, 의원들은 거기서 뿜는 물을 받아 마셨다.

1795 | 1796 | 1797 | 1798 | 1799

여성의 **자리**

지나친 단순화의 위험을 무릅쓰고 말하자면, 그 시기 여성 집단들이 따른 일정과 투쟁 노선은 두 가지 중요한 경향을 보여주었다. 한편, 어떤 여성도 선거에 참여하지 못했다. 또 한편, 궁중 소속 여성은 지속적으로 배제되고 추적당했다. 그 밖의 집단에 속한 여성의 지위는 해마다 상당히 달라졌다. 변화가 가능했던 초기 몇 년이 흐른 뒤 가장 활발한 투사들은 점차 배제되었다.

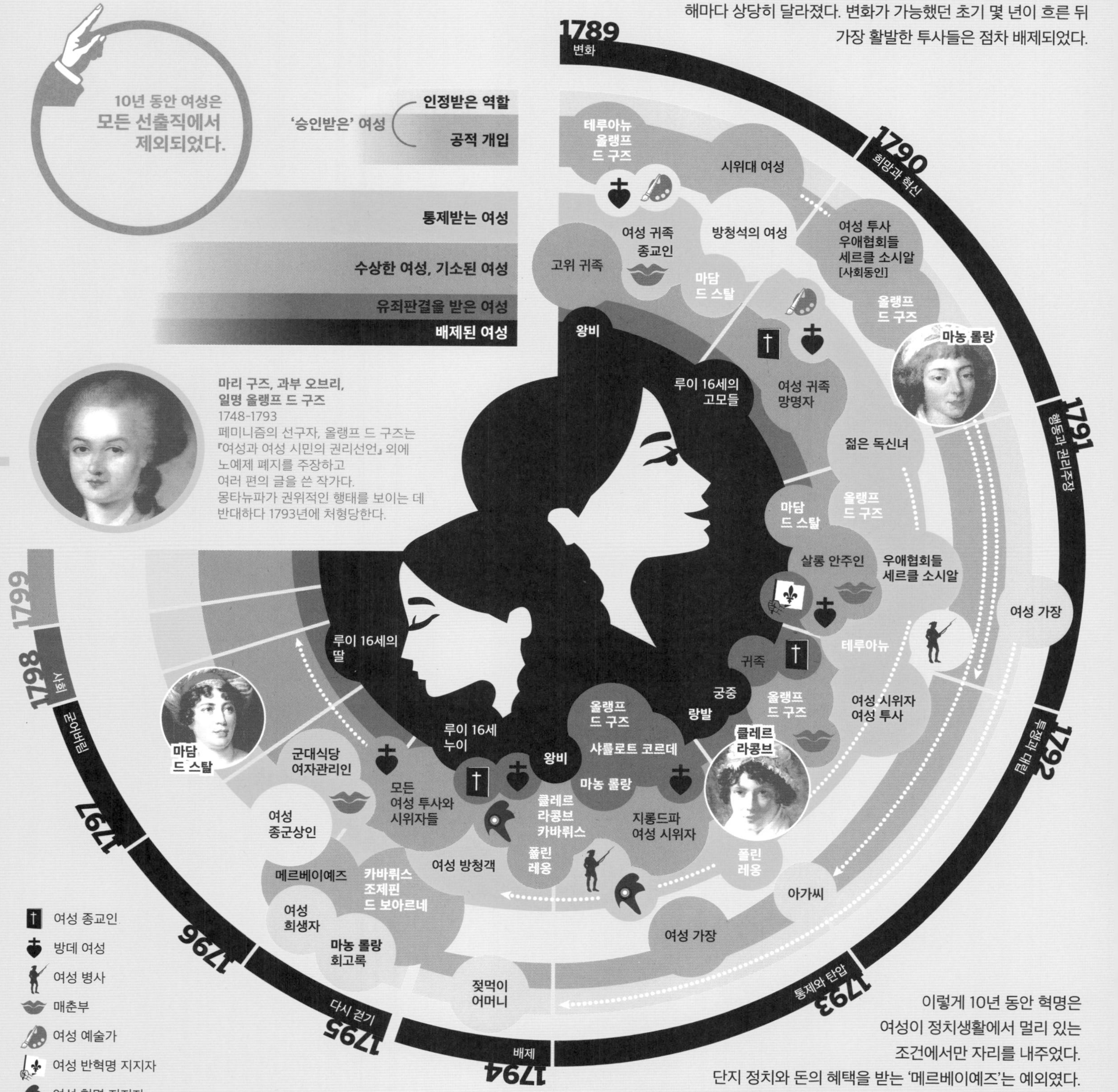

마리 구즈, 과부 오브리, 일명 올랭프 드 구즈
1748-1793
페미니즘의 선구자, 올랭프 드 구즈는 『여성과 여성 시민의 권리선언』 외에 노예제 폐지를 주장하고 여러 편의 글을 쓴 작가다. 몽타뉴파가 권위적인 행태를 보이는 데 반대하다 1793년에 처형당한다.

이렇게 10년 동안 혁명은 여성이 정치생활에서 멀리 있는 조건에서만 자리를 내주었다. 단지 정치와 돈의 혜택을 받는 '메르베이예즈'는 예외였다. 이 시기에 마농 롤랑은 공포정의 희생자가 되어 1793년에 처형당한다.

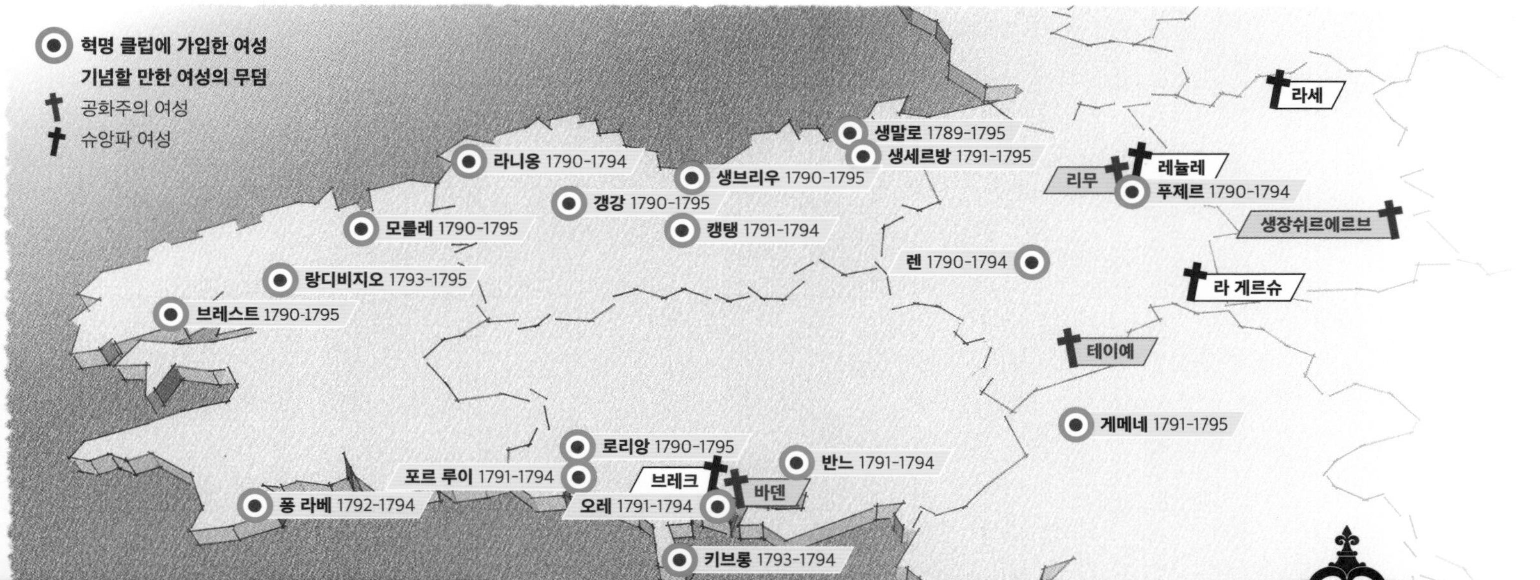

동원된 여성 브르타뉴의 사례

혁명기 여성이 대도시, 그리고 상퀼로트의 유명한 동아리의 범위를 넘어서 친혁명 진영이나 반혁명의 귀족들 진영에 가입하는 일은 흔했다. 여성이 언제나 남성의 그늘에 있었다 해도 시위나 폭동, 심지어 전투에도 참가했고, 다수가 목숨까지 잃었다. 더욱이 적어도 19세기에는 지방 차원에서 [혁명을 지지한] 푸른 '희생자/순교자'와 [방데 반란을 지지한] 흰 '희생자/순교자'의 무덤에 참배하고 기념하는 행사가 발달했다. 이렇게 집단들이 참여한 사건이 얼마나 중요한 여운을 남겼는지 알 수 있다. 그러나 모든 내용을 정확히 파악할 만큼 자료가 충분하지 못하기 때문에 빈약한 사례만 알려주는 숫자에 만족해야 한다.

슈앙파 반혁명 운동에 참여한 여성의 기소

코트뒤노르	35
일에빌렌	41
모르비앙	34

110 기소당한 여성

기소된 여성의 **사회적 조건**

직업 또는 사회	코트뒤노르	일에빌렌	모르비앙	**합계**
농부	4	9	6	19
날품팔이	1	2	2	5
가사	9	5	2	16
직물공	6	9	6	21
직물 이외 공예	1	1	0	2
상업	0	4	2	6
금리생활	3	2	2	7
귀족	7	4	8	19
종교인	0	1	0	1
무직 또는 모름	4	4	6	14
합계	35	41	34	110

교회의 위기와 전국신분회

1789년 직전 프랑스의 종교생활은 아주 대조적이다. 왕국에서 군주정의 정통성을 수립해주는 가톨릭교가 유일한 종교로 인정받았지만, 현실은 평화롭지 못했다. 교회 안에서도 여러 가지 영적인 흐름이 대립하면서 통일성을 해치고 개혁을 방해했다. 어떤 흐름은 정치적 변화가 일어나 교회가 초창기의 순수성을 되찾고 '재생'할 수 있기를 바랐다. 가톨릭교의 가장자리에서 모든 종류의 여성 예언자와 신비주의자들이 활동했다. 수많은 사제가 프리메이슨에 가입했으며, 주교나 추기경들도 불신과 방탕한 모습을 드러냈다. 1780년대 말, 개신교도는 제한적이지만 실질적으로 신앙을 인정받았고, 소수파 유대교도도 조금씩 인정받기 시작했다. 수많은 지방에서 종교의 가르침을 지키는 사례가 20~30년 전보다 줄었고, 소명의식도 위기를 맞이했다. 이를 보고 탈기독교의 시작이라고 말할 수 있을까?

가톨릭교도

교회는 달력, 종교 축일, 일상생활, 심지어 아기 탄생을 조절하는 부부생활, 결혼과 매장까지 조직한다. 교회는 교육, 구호시설/병원, 지역 교회를 모두 감독하고 조직한다. 예배당과 십자가가 풍경의 특징을 보여준다.

10%
교회가 소유한 국토의 비율

200~240
매해 십일조 수입
(100만 리브르)

58,000
주교의 1년 수입(리브르)
스트라스부르 주교의 1년 수입 40만

프랑스의 교회는 국가의 제1위를 차지하고, 가톨릭교는 국교이며, 왕은 랭스에서 축성식을 거행하여 지상에서 하느님의 대리자가 되었다.

사제의 1년 수입(리브르)
700~3,000
보좌신부
약 350
농업노동자
1년치 임금 약 240

다양한 흐름

사제와 주교의 대다수가 교황보다 프랑스 왕의 통제를 받는 국교회주의자로서 자율성을 가져야 한다고 믿었다 해도, 어느 정도 개혁적인 흐름이 나타났다.

신비주의 얀센주의자

리셰리슴
17세기 파리의 신학자 [에드몽 리셰르]의 이름에서 나온 이 흐름은 72사도의 후예를 자처하는 사제들로부터 나왔다. 그들은 주교의 권위에 적대적인 반면 '사제들의 회의'와 심지어 이혼, 사제의 결혼을 찬성했다.

얀센주의
원래 하느님의 은총에 대한 토론에서 시작한 이 흐름은 18세기에 복잡하게 발달하고 성서를 새로운 눈으로 읽고 상징적인 인물을 새롭게 해석하자고 제안한다. 얀센주의자는 '민간' 미신을 적대시하고 초기 교회로 되돌아가자고 주장하면서 아주 지적인 활동을 했다. 그들은 사제들과 더 나아가 신도의 자율성을 원했다. 그들은 「교회 소식LES NOUVELLES ECCLÉSIASTIQUES」을 정기적으로 약 6,000부씩 발간했다.

성심 예배
17세기에 옛 예수회 회원들이 도시에서 시작한 교황권 지상주의 성향의 흐름이다. 축복과 선교에서 느끼는 정서를 강조하는 대중 예배를 권고했다. 소수 종교인은 프랑스 서부에서 활동했다.

얀센주의 광신도
파리와 리옹에서 신도집단들은 교회를 구하기 위해 특히 여성에게 가혹한 행위를 했다.

종교인은 모두 13만~15만 명이었다.
자세히 보면 수도사 1만 5,000명, 수녀 5만 6,000명, 사제와 보좌신부 6만 명, 대성당 참사회원 1만 명, 그리고 고위직인 주교, 수도원장, 수녀원장 1만 명은 귀족 신분이었다.

계시론자

자기론磁氣論**과 최면술**
파리와 리옹에서 활동한 소수 집단은 이단의 경계에 있었다. 그들은 신비주의와 밀교를 혼합한 시각으로 역사를 읽었다.

개혁적 흐름 — 전통적 경건함

교회의 활동은 얀센주의 개혁가들은 물론 광신도들까지 지원했다.

자선, 교육, 기도의 신도회,
종교인과 속인이 함께 활동, 일부는 비밀단체다.
여성도 실제로 가입하고 중요한 역할을 했다.

예수회와 가까운 **친구들 모임**••을 지원했다.
비밀단체

1788 | 1789 | 1790 | 1791 | 1792 | 1793

- • 농부의 경우와 달리 어부는 출어기와 부부생활이 관계가 있었기 때문에 아기가 태어나는 시기를 역산할 때 종교 축일의 금욕과 상관없는 사례가 많다.
- •• 17세기 예수회 회원끼리 영적 지원을 한다는 취지로 조직한 '친구들 모임'으로 20세기까지 존속했다.

민간의 믿음
배운 자의 믿음

여성 예언자
쉬잔 라브루스
1747-1821
수녀에서 예언자가 된 인물로 부르봉 공작부인 집을 드나들며 혁명을 예언했다. 로마에 순례 여행을 갔다가 추종자들에게 둘러싸여 숨졌다.

성인
루이 마리 그리니옹 드 몽포르
1673-1716
1793년의 방데 난을 부추겼다는 평가를 받는 수도원 교단의 창시자다.

치료사
브누아 조제프 라브르
1748-1783
순례자, 탁발수도자, 기적의 치료사. 로마 교황청은 얀센주의자를 상대할 교황권 지상주의 기독교도의 본보기로 그를 내세웠다.

무신론자
에티엔 샤를 드 로메니 드 브리엔
1727-1794
루이 16세는 로메니 드 브리엔을 파리 대주교로 천거하는 사람에게 이렇게 말했다. "최소한 하느님은 믿어야 파리 대주교가 될 수 있을 텐데요."

난봉꾼
루이 르네 에두아르, 로앙 대공 추기경
1734-1803
대부호 난봉꾼이며 1785년에 목걸이 사건에 얽힌 그를 왕은 독일의 영지로 귀양 보냈다. 그 덕에 그는 혁명에서 목숨을 구했다.

1789년 **연표**

6월 13일	푸아투의 사제 세 명이 제3신분 대표들 편에 서다.
6월 19일	종교인 149명(주교 네 명 포함)이 122명의 반대에도 제3신분에 합류한다.
7월 2일	종교인 신분은 사실상 사라진다. 교회는 국가를 위해 일한다.
7월 14일	수백 번의 미사에서 그날 희생된 '애국자'를 추모한다.
8월 4일	종교인의 수입은 사라지고, 그들의 재산이 과세 대상이 된다.

프랑스와 **여타 종교들**

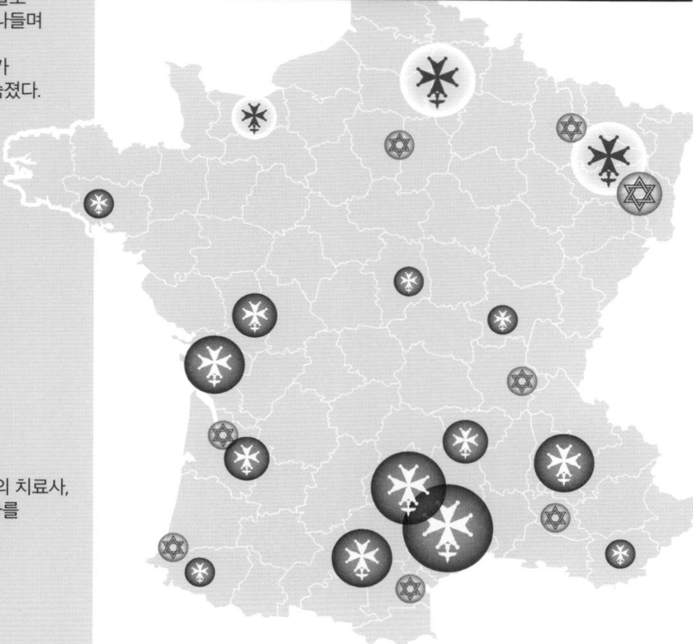

루터파
200,000~220,000

칼뱅파
400,000~600,000

루터파는 1685년 낭트 칙령의 대상이 아니었기 때문에 박해를 받지 않았다. 특히 그들은 농촌에 살았을 뿐 아니라, 남부 대도시에서는 수공업 공장 운영자, 은행가, 무역업자였다. 칼뱅파는 법적 지위를 인정받지 못한 채 1685년부터 1760년대까지 박해받았다. 1787년 왕은 개신교도들을 관용하는 명령을 내렸지만, 가톨릭 사제들의 반감을 샀다. 종교인이 작성한 진정서 438개에서 64개가 비가톨릭교도의 권리를 인정하지 않았다.

유대교도
약 40,000

동부 지방에는 반유대주의가 남아 있었고, 유대교도에게 특별세를 부과했다. 그들은 모호한 처지에 있었다. 1789년에 단 하나의 진정서만이 유대인 공동체의 설움을 토로했다. [1789년 7월 말] 대공포 시기에 오트 알자스에서 그들은 박해를 받아 최소 1,000명이 다쳤다.

53

종교적 무관심
종교인 지원자 감소

재속 성직자 모집
25% 감소
1750~1789년

주요 수도교단의 남성 수도회
14,000 수도자, 1768년
9,000 1790년

8개 교단 폐지
458개 수도원 해산
1765~1780년
2,966개
중에서

피임 또는 교회의 표현으로 '치명적 비밀'
1770년부터 파리 지방의 **10% 가정에서 분명히 실시한 관행이다.**
1773~1786년과 1790~1803년 사이, 결혼에 비해 출산의 수는 농촌에서 15%, 도시에서 21% 감소한다.

전국신분회, **종교인이 장엄하게 행진하다**

1789년 5월 4일, 베르사유에서 전국신분회의 행렬이 군주정의 마지막 행사가 될 성대한 예식을 거행한다. 프랑스 전역에서 온 1,000명 정도의 대표가 첫날 행사를 치렀다. 검은 옷을 입고, 검은색에 금으로 장식한 외투를 걸친 제3신분 대표의 수가 가장 많았다. 왕의 기수와 매부리들만 제외하고 모두가 손에 초를 들었다. 왕은 황금빛 외투를 걸치고 거물급 대신들을 거느렸다. 노트르담 성당을 출발한 행렬이 [베르사유 궁 앞마당] 플라스 다름을 가로질러 생루이 교회로 간다.

깨진 프랑스

1986년 미셸 보벨은 오늘날까지 효력이 유지되는 혁명기 종교정책의 결과를 이렇게 표현했다.
"『성직자 시민헌법』은 종교인의 지위를 국민이 선출하는 공무원으로 바꾸면서 교황에게 충성하는 로마 가톨릭교회와 분열하게 만들었을 뿐 아니라, 반혁명과 혁명 지지 세력 사이를 정치적으로 급격히 갈라놓고, 교회의 지지자와 적이 대립하는 곳에 진정한 내란을 촉발했다.
그것은 혁명기의 진정한 전환점이 되어 프랑스의 앞길에 지속적인 영향을 끼쳤다."

1789 무슨 전환점인가? **중립화인가 또는 세속화인가?**

8월 26일
『인간과 시민의 권리선언』 10조는 하느님 대신 '최고존재'라는 말을 쓴다.
또 "종교적 의견을 표현하더라도 법 질서를 흔들지 않는다면 걱정할 필요가 없다"고 규정한다.

11월 2일
교회의 재산은 국가가 처분하기로 한다.

12월 24일
개신교도는 시민이 된다.

1790 **파열**의 가속화

1월 28일
남서 지방의 유대인들은 시민이 된다.

2월 13일
수도원과 종교 서원 폐지, 남녀 수도사 15명 미만 수도원 폐지(교육과 자선 교단 제외)

5월 10, 13, 17일
몽토방과 님에서 잇달아 폭동이 일어나 개신교도와 가톨릭교도가 대립해서 각각 90명, 300명이 사망한다.

7월 12일
『성직자 시민헌법』 국회 통과, 왕은 8월 20일에 승인

7월 14일
전국에서 미사 봉헌, 반대한 종교인은 거의 없다

10월 30일
두 명을 제외한 모든 주교가 『성직자 시민헌법』을 비판하고, 교황과 협상을 원한다.

공화국을 사랑하지 않는 사람은 나쁜 시민이고, 따라서 나쁜 기독교도다.

블루아 주교 그레구아르, 1793년 3월 12일

1791 입법의회 **745** 의원

20 가톨릭 사제
22 개신교도
2 목사
0 유대교도

수녀원에서 나온 수녀
50% 이상 ♂
10% 미만 ♀

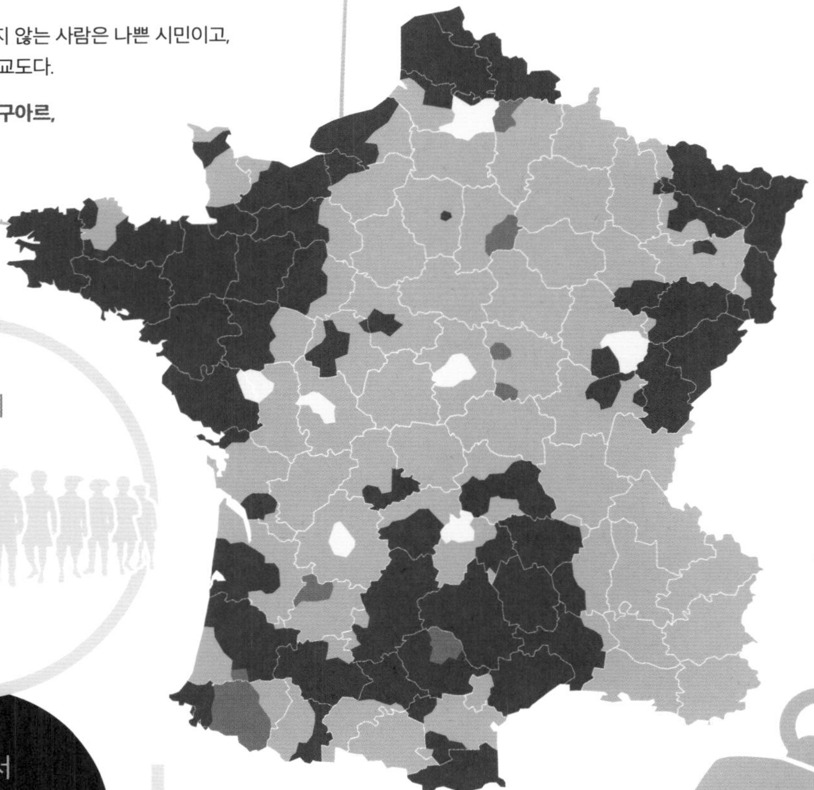

비선서 사제의 주변

세속 성직자 중 다수파 비선서 사제

- 1791년
- 1792년
- 자료 없음

60,000개 종탑의
100,000개
종을 녹여 최소한
50,000톤의
금속을 얻는다.

종의 침묵

20세기에 남은 **파열의 기억**

부활절 성체배령자(1955~1965년)

- 45% 이상
- 15~45%
- 15% 미만

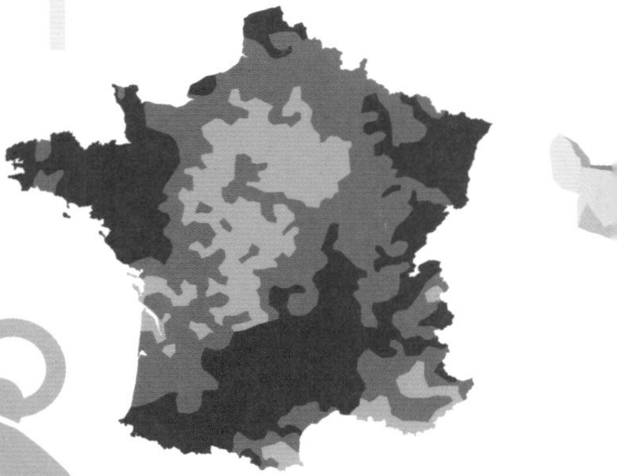

합헌교회

주교가 설치한 선거인단이 성직자 선출, 주교는 대도시 선거인단이 선출, 그 결과를 교황에게 알린다. 주교는 혁명 전 135개였지만 이제 83개가 된 주교구를 맡고 국가에서 봉급을 받는다. 소교구는 최소한 6,000명의 신도로 구성한다.

주교의 봉급(리브르)
12,000~200,000
사제 1,200~4,000
보좌신부 700~1,200

1788 | 1789 | 1790 | 1791 | 1792 | 1793

- l'abbé Guillon, Les Martyrs de la foi pendant la Révolution française ou Martyrologie des pontifes..., 1821.

1791

분열

1월부터
폭동 발생, 비선서 사제 공격

3월 10일~4월 13일
교황이 『성직자 시민헌법』을 비판. 국민의회의 종교인 의원 263명 중 81명이 충성맹세, 전국에서 25~56%가 맹세, 고위직 종교인 160명 중 7명 맹세

9월 27일
모든 유대교도가 시민이 된다.

7월 11일
유대인을 "야만적이고 미신을 믿고 잔인하고 무지하고 비참한 민족"이라고 묘사했던 볼테르가 팡테옹에 안장된다.

11월 29일
왕이 비선서 사제 반대법에 거부권을 행사하지만 별 소용이 없다.

1792

이혼의 합법화

4월 6일
종교인 제복 금지

5월
교회 종을 내리다.

5월 27일
능동시민 20명이 비선서 사제를 고발하면 유배형에 처할 수 있다.
왕은 거부권 행사

8월 18일
수녀원 폐지, 10월에 폐쇄

8월 26일
전국에서 비선서 사제의 유형이나 감금 실시

9월 20일
민간이 호적업무 담당, 이혼제도 실시

평신도의 역할

19세기 초 기용 신부의 순교사® 에 오른 평신도

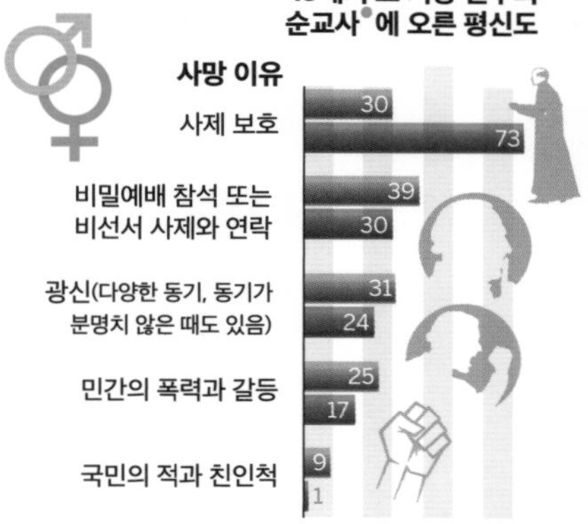

사제들의 **망명**

은밀한 가톨릭 신앙

피에르 조제프 드 클로리비에르
1735-1820
예수회 출신으로 파리에 '성모의 마음 수녀회Filles du Cœur de Marie'와 '예수의 마음 교단Institut du Cœur de Jésus' 설립

1792~1801년, 67개 소교구의
은밀한 결혼과 은밀한 세례

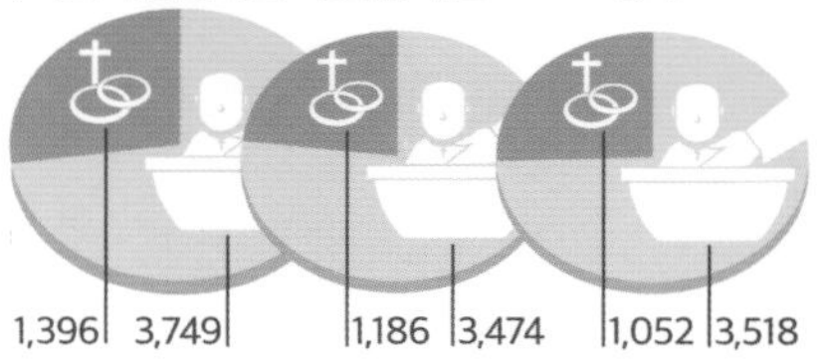

[사제 없이 진행하는] **'백색' 미사를 봉헌하고** 기적의 상 앞으로 행진한다. 이혼과 사생아의 기록은 별로 없다. 사제 수백 명이 몸을 숨기고, 예배가 증가하는 현상을 보여준다.

탈기독교 운동

1793년 가을부터 1794년 여름까지 국민공회에서 임무를 주어 지방에 파견한 의원들 가운데 일부와 상퀼로트 집단들은 반교권주의와 탈기독교 운동을 주도했다. 비선서 사제와 로마 교황청에 충성하는 주민들은 '귀족주의자' 취급을 받았고 반혁명 세력이 되었을 뿐 아니라, 합헌교회 사제들도 반혁명 혐의자 취급을 받았다. 그들이 지롱드파와 가까운 사이였다면 더욱 그랬다. 개신교도와 유대교도도 이러한 물결에 휩쓸려 희생당했다. 부르주아 계층에 속했다는 이유로 비난을 받은 프리메이슨 회원들도 함께 휩쓸려 들어갔다. 이성 숭배, '자유의 희생자' 숭배, 파괴와 추적은 파견의원이 결심하는 데 따라 지방마다 정도의 차이가 났다. 그러나 1793년 12월 6일에 로베스피에르는 무신론자가 곧 반혁명 혐의자라고 주장한 뒤 종교의 자유를 발의했고, 국민공회는 그 안을 통과시켰다. 그러고 나서 국민공회는 로베스피에르가 천거한 두 청소년인 바라와 비알라를 희생자 3인조의 후계자로 만들었다.• 역시 로베스피에르가 발의한 대로 국민공회는 '영혼의 불멸성'을 선언하고 최고존재와 자연의 축전을 제정했다. 혁명가들은 종교 문제로 편을 갈라 싸우고, 상퀼로트를 진압한 뒤 로베스피에르마저 제거했다.

공화력/혁명력

시인 파브르 데글랑틴은 "농업제도를 영원하게 만들고 국민에게 농업을 되돌려주기 위해" 새 달력을 고안했다. 1793년 10월부터 1806년 1월 1일까지 새 달력을 썼지만, 한편으로 '옛 달력'도 남아 있었다.

연표

10월 6일
혁명력을 시행한다. 1792년 9월 22일이 첫날이다.

10월 14일
파리에서 마지막 종교 행진

11월 10일
노트르담에서 '이성의 제전' 거행

11월 23일
모든 교회 폐쇄

11월
낭시에서 유대교도에게 세금 부과. 파견의원들은 그들에게 투기꾼 혐의를 씌우고 벌금 500만 리브르 부과, 그들은 300만 리브르 납부. 유대교회당 폐쇄, 안식일 준수 금지

코냑 근처 생쉴피스에서 이성의 축제 거행
예전에 교회였다가 전당으로 바뀐 장소는 이끼로 완전히 뒤덮였고, 옛날 내진의 한가운데에 15자 높이[약 5미터]의 산을 쌓고, 주위를 여러 가지 초목으로 장식했다. 우리가 거기에 도착하니, 이성이 코냑 코뮌의 대표 시민과 여성 시민 네 명을 거느리고 산꼭대기에 나타났다.

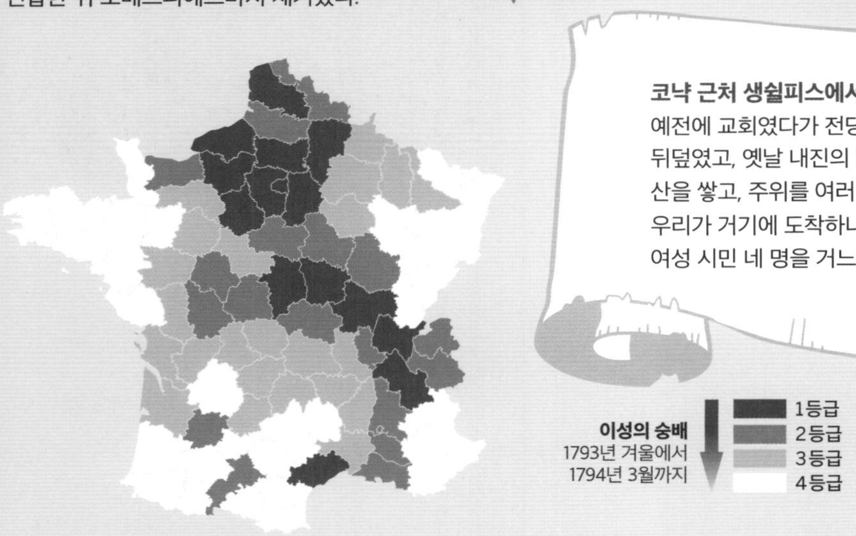

탈기독교 운동가
조제프 푸셰
1759-1820
니에브르에서 임무를 수행한 국민공회 의원으로 자신의 딸 이름도 니에브르라 지었다. 1793년 9월 25일, 푸셰는 봉급을 받는 사제는 반드시 결혼하고, 어린이를 입양하거나 홀로 사는 가난한 노인을 봉양하라고 명령했다. 9월 6일, 공화국과 자연의 숭배를 새로운 종교로 강요했다. 10월 10일, 공동묘지에 종교적 표시를 걸지 못하게 하고, 입구에 "죽음은 영원한 잠"이라는 간판을 달게 했다. 30일, 십자가를 때려 부수라 명했고 장례식에서 종교적 성격을 없앴다.

탈기독교 운동의 **강도**

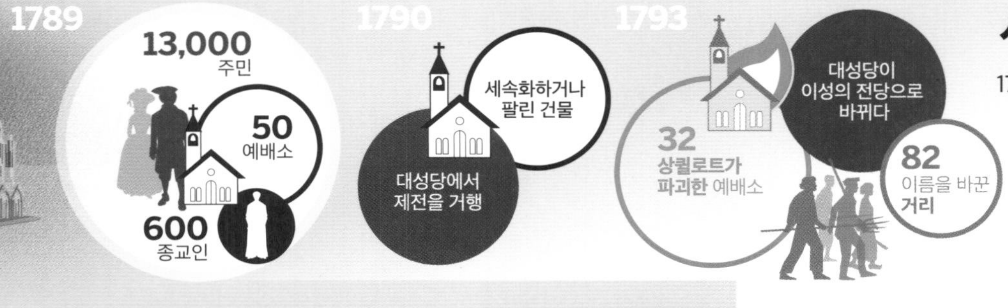

샤르트르의 사례

1795년에 대성당에서 다시 예배를 시작했다. 종교 건물의 65%가 파괴되었고, 25%를 민간이 쓰게 되었다. 1800년 이후 100여 명의 종교인이 활동했다.

1788 | 1789 | 1790 | 1791 | 1792 | 1793

- 바라Joseph Bara는 13세에 방데 반란자의 손에 죽었고,
  비알라Joseph Agricol Viala는 아비뇽에서 연방군의 손에 죽었다.
  희생자 3인조는 르 펠티에Le Peletier, 마라Marat, 샬리에Chalier였다.

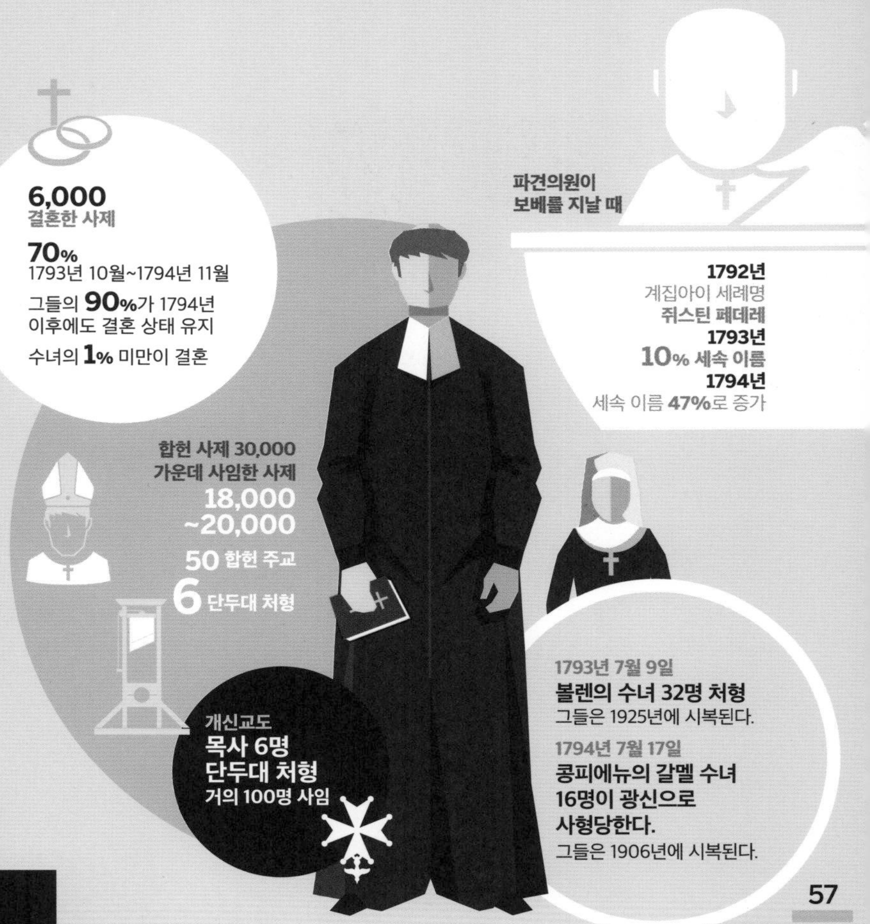

로베스피에르와 종교
원래 제안과 오해

최고존재의 발기인
막시밀리엥 로베스피에르
1758-1794
1793년 12월 6일, 종교행위의 자유를 주장했다. 나아가 푸셰가 박해한 리옹 애국자들도 보호한다. 바라와 비알라를 공화국을 위한 희생자로 추천하고(테르미도르 10일 추모식 예정), 최고존재와 영혼의 불멸성을 인정하게 만들었다. 또한 축일의 목록도 제안했다. 그중에는 '불행'에 바치는 축제도 있었다. 공화력 2년 플로레알 18일(1794년 5월 7일)의 법으로 축전의 주제를 다음과 같이 정했다.

- 최고존재와 자연
- 인류
- 프랑스 인민
- 인류의 수혜자
- 자유의 희생자
- 자유와 평등
- 폭군과 반역자에 대한 미움
- 인내
- 부부애
- 젊음
- 씩씩한 나이
- 늙음
- 불행
- 조상
- 후손
- 행복

공화력 2년 프레리알 20일의 제전
로베스피에르의 전성기와 쇠퇴

로베스피에르는 시민종교를 집전하는 대사제가 되어 30만~40만 명의 관중과 참여자가 모인 축전을 주재했다. 그러나 이 사건은 오해의 원인이 된다.

경로
참여자들은 튈르리 정원의 둥근 연못 주위에 모인다. 그곳에 무신론이라는 괴물을 상징하는 금자탑을 쌓고, 그 주변을 야망, 이기주의, 거짓 소박함으로 장식했다. 로베스피에르는 푸른 옷을 입고 삼색 현장을 두른 채 꽃과 이삭의 다발을 들고 나타나 무신론과 이기주의에 불을 붙였다. 금자탑이 타면서 슬기의 상이 나타났다. 로베스피에르는 국민공회 의장이었으므로 의원들을 이끌고 샹드마르스로 행진했다. 군중은 혁명시인 테오도르 데조르그가 쓰고 고섹이 작곡한 최고존재 송가를 불렀다.

1795 | 1796 | 1797 | 1798 | 1799

국가의 귀환

테르미도르 이튿날, 로베스피에르를 이긴 자들은 모든 종교, 특히 가톨릭교에 적대적인 정책을 실시했다. 그러나 그들은 로마 가톨릭교에 충성하는 다수와 합헌교회에 호의적인 소수파를 염두에 둬야 했다. 국민공회의 마지막 해, 그리고 총재정부의 5년 동안, 그들은 가톨릭교 숭배를 억제하려 노력하고, 그래서 종교인을 다시 박해하고, 총재 중 한 명인 레벨리에르 레포Révellière-Lépeaux가 지지하던 공화주의 종교, 경신박애교와 공화력의 나날에 해당하는 시민예배를 조장했다. 그러나 성공하지는 못했다. 그들의 실패는 보나파르트가 정복한 이탈리아로 확장되었지만 지속적인 종교 갈등으로 넘어갔고, 결국 교황을 가두고 추방하는 일까지 일어났다. 합병한 벨기에에서도 종교전쟁이 일어났고, 슈앙파 반란이 서부 전역으로 번져 체제를 약하게 만들었다.
보나파르트는 정변에 성공하고 정교협약을 성사시키면서 로마 가톨릭교와 화해했다. 국가에 아주 우호적인 협약을 교황과 체결한 보나파르트는 가톨릭교계 전체를 통제하고, 개신교·유대교·프리메이슨도 장악해나갔다. 혁명이 촉발한 종교적 투쟁이 이렇게 끝났을 때, 국가와 연결된 모든 감정은 박해의 추억을 간직했다.

정교**분리**

1794년 9월 18일
공화국은 어떠한 종교활동도 지원하지 않는다.

1794년 12월 21일
그레구아르 주교는 선언한다. "예배의 자유는 터키에 존재하지만, 프랑스에는 존재하지 않는다. 프랑스 인민은 전제국가의 인민도 누리는 권리를 빼앗겼다."

1795년 2월 21일(공화력 3년 방토즈 3일)
예배의 자유를 방데에 허용한다. 예배의 자유를 사적 공간에 허용하지만, 어떠한 사제에게도 봉급을 주지 않는다.

1795년 5월 30일(공화력 3년 프레리알 11일)
모든 주민이 스스로 관리하는 조건으로 예배장소를 자유롭게 이용할 수 있다.

1795년 봄
즉시 종교생활을 다시 시작한다.

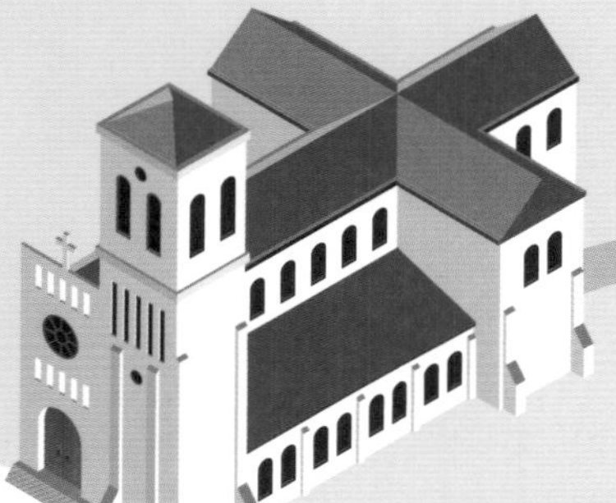

로마 가톨릭교

가톨릭교도는 당시 큰 혜택을 받았다.
1797년 선거 결과는 그들에게 아주 유리했다.
프랑스에는 주교가 단 한 명 있었고 나머지는 망명 중이었지만, 반란을 일으킨 지방은 비선서 사제들에게 여전히 충성하고, 전국적으로 조직적 선교활동을 벌이고 있었다. 파리에 구마다 교회 하나씩 돌려주었고 수많은 사립학교를 운영했다.
그러나 종교인들은 다음과 같이 맹세해야 했다. (공화력 4년 방데미에르 7일, 1795년 9월 29일) "나는 일반 시민들이 주권자임을 맹세하고, 공화국의 법에 충성할 것을 약속합니다."

로마 가톨릭교회는 숨어 지내는 비선서 사제들의 조직과 선교활동으로 생명을 유지했고, 성지순례가 다시 태어났으며, 애덕수녀회나 신도회도 생겼다.

가톨릭식 이름도 다시 나타났다.

1796년에 **박해가 다시 시작되고** 1797년과 1799년에도 마찬가지였다. 외르 에 루아르 도에서는 금요일에 생선을 팔지 못했다.
1797년 10월부터 1798년 10월까지 2,000명 이상의 사제가 올레롱 섬에 억류당했다. 교황 비오 6세는 감금되었다가 프랑스로 유배된 뒤 1799년에 81세로 사망했다. 1799년 7월 12일에 '유배할 만한' 사제나 살인자 집단의 두목을 체포하는 데 공을 세운 사람에게 보상하는 인질법을 제정했다.

4,000
1799년에 활동한 가톨릭 사제

합헌교회

국가의 보조를 받지 못하는 수많은 사제를 잃었음에도 합헌교회는 **1795년부터 활동을 다시 시작했다.**
1797년 8월 31일의 공의회에서 그레구아르 주교를 중심으로 31명의 주교를 임명했다.

2,000
사제

데카디 예배

공화력 4년 제르미날 14일(1793년 4월 3일) 제정
반기독교주의 성격
'데카디'는 한 주의 제10일이며 일요일을 대신한다.
데카디마다 모든 상점을 닫되, 일요일에는 연다.
결혼식과 시민의 예식은 데카디에 거행해야 한다.
시민의 축제에는 국민주권, 부부 같은 주제도 있다.
데카디 숭배는 1799년 여름부터 사라진다.

19
파리 소재 교회

경신박애교

종교적 감정, 세속적 인류애와 도덕을 조장
종교인들은 아름다운 흰색 제의를 입어야 한다.
총재 라 레벨리에르 레포의 지도 아래
1797년과 1799년 사이에
주로 대도시에서 활기를 띠었다.

개신교

150명이나 200명의 목사를 잃었지만 개신교 **예배를 다시 시작했다.**
반대 폭동이 일어났다. 보나파르트가 이집트 원정을 떠났을 때, 프랑스인들은 팔레스티나에 유대국가를 세우고 싶어 했다.

유대교

알자스 지방에 반유대주의가 있었지만, **유대인들은 프랑스 군대가 점령한 모든 나라에서 해방되고 시민으로 인정받았다.**
그들 때문에 사회적 동요가 커졌고, 1797년에 로마에서 유대인 반대 폭동이 일어났다. 보나파르트가 이집트 원정을 떠났을 때, 프랑스인들은 팔레스티나에 유대국가를 세우고 싶어 했다.

1788 1789 1790 1791 1792 1793

가톨릭의 **저항**

리옹의 평신도들이 비밀협회를 세웠다.
그들이 참고한 본보기는 1788년에 설립하고 나중에 샤를로트 협회가 된 미혼여성협회 또는 (신학교의 속인 졸업생의) AA[친구들의 모임] 또는 생사크르망[성사] 신도회였다.

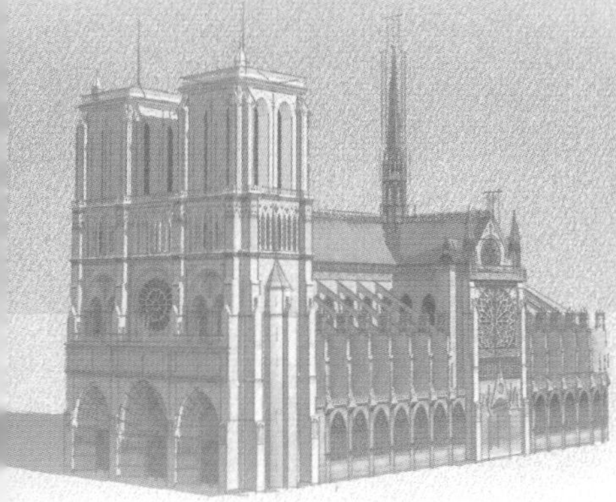

억압받는 종교인

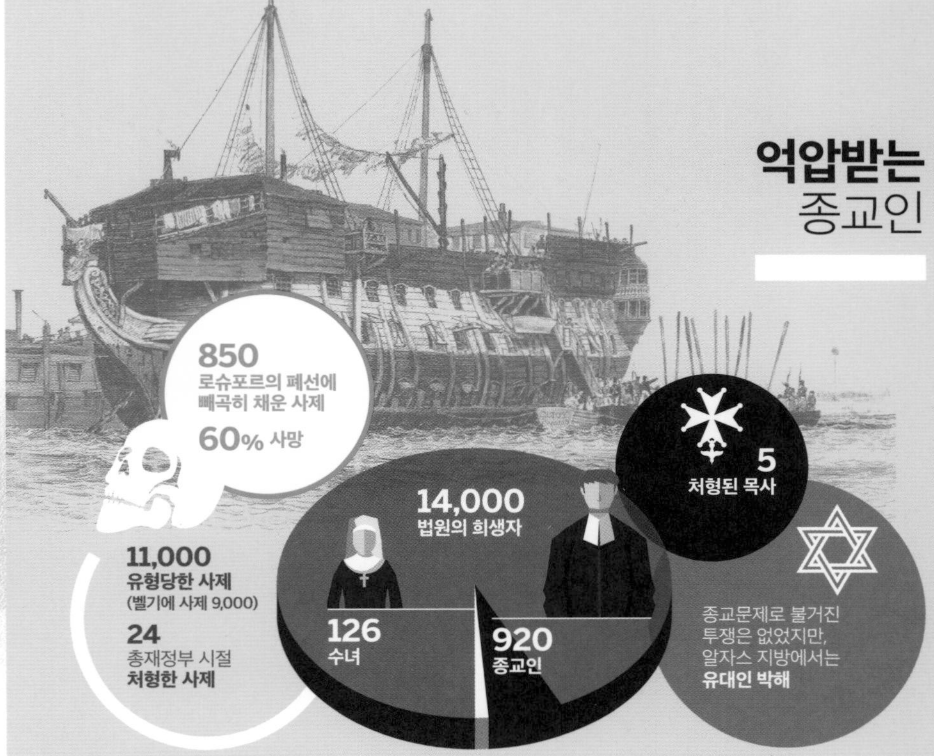

파리 노트르담 대성당의 주목할 만한 사례

1789년 5월 4일
전국신분회 개최를 위해 〈베니 크레아토르(성령이여 오소서)〉 미사 봉헌

1789년 7월 15일
평화 회복을 위해 〈테 데움(주님을 찬양하나이다)〉 미사 봉헌

1789년 9월 15일
파리 국민방위군 깃발 축복

1789년 10월
대주교 망명

1789년 11월
연봉 70만 리브르 손실

1790년 2월 10일
루이 16세와 왕비의 방문 시 평平미사 봉헌

1791년 5월
고벨이 센 도의 합헌주교로 미사 봉헌

1792~1802년
교회 종소리가 없다.

1793년 11월 7일
고벨의 사임과 종교직 포기

1793년 11월 10일
이성의 축제를 거행할 때, 노트르담 대성당은 북부군의 포도주 창고가 된다.

1794년 4월 13일
고벨을 무신론자로 처형

1795년 8월 15일
합헌주교 그레구아르는 합헌가톨릭 예배, 데카디 예배, 경신박애교 행사를 위해 문을 연 대성당과 화해한다.

1797년
합헌가톨릭 공의회 개최

1802년
예배를 다시 시작

1802년 6월 24일
합헌주교가 6만 명 앞에서 〈테 데움〉 미사 봉헌

혁명의 사건은 **기억을 지속적으로 남긴다**

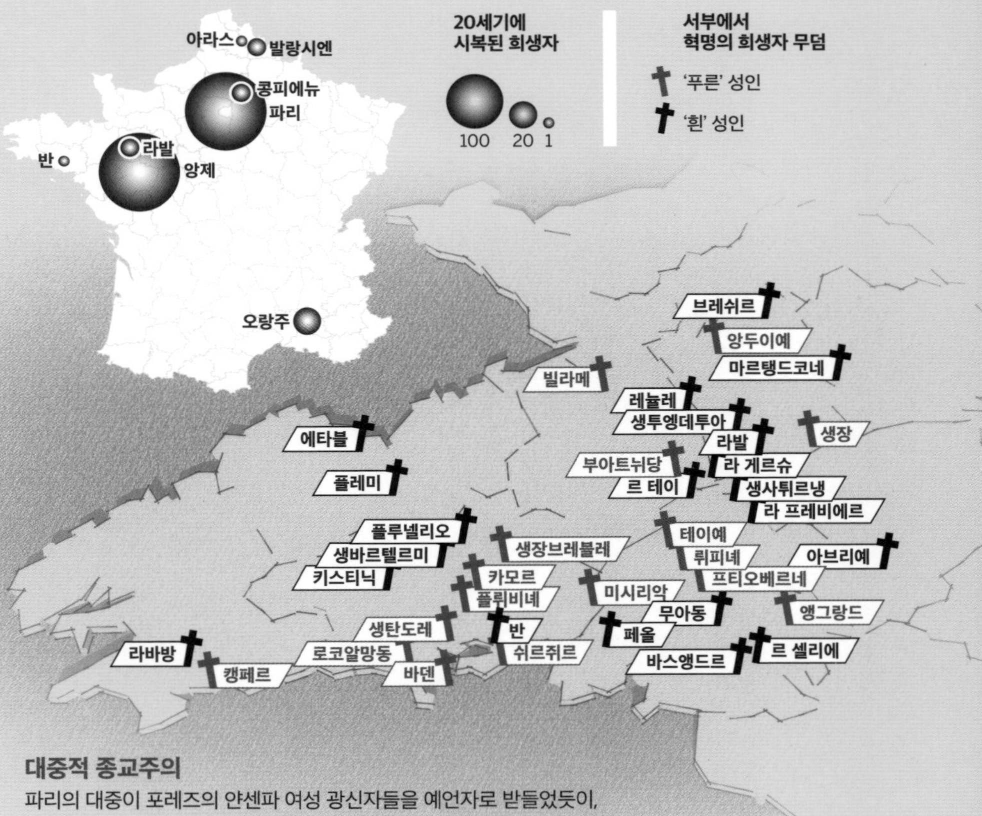

대중적 종교주의

파리의 대중이 포레즈의 얀센파 여성 광신자들을 예언자로 받들었듯이, 사르트에서도 슈앙파 반란자들에게 살해당한 젊은 여성 '공화주의 성인' 마리 마르탱과 페린 뒤게의 무덤을 대중이 참배하기 시작했다.

1795 1796 1797 1798 1799

부동산 혁명

8월 4일 밤, 혁명의 한계

바스티유 요새를 정복한 뒤, 소요 사태가 전국으로 번지고 '대공포'라는 농민시위가 일어나자 의원들은 8월 4일 밤, 특히 농촌공동체를 짓누르던 세금을 다수 폐지했다. 이 유명한 밤에 의원들은 왕국의 재생에 어울리지 않는 부당한 특권과 권리를 공식적으로 폐지하는 법을 제정했다. 그리고 그 법의 첫머리에 "국민의회는 봉건제를 완전히 폐지한다"라는 문구를 넣었다. 프로뱅스와 도시가 누리던 이익을 폐지하는 데 그치지 않고, 우리의 기억에 남아 있던 봉건성마저 파괴했다.

1789년 의원들이 '봉건제'라는 말을 썼지만, 오래전 왕들이 귀족을 통제하고 길들이면서 현실적으로 공허한 말로 만들어버렸기 때문에 더는 존재하지 않는 제도라는 사실을 모르는 사람은 없었다. 그러나 영주제 원칙은 남아 있었다. 각지에서, 각각의 소교구에서, 영주(귀족, 종교인 또는 평민)는 경작할 토지를 소유하고, 농촌공동체의 토지가 누구의 소유든 세금을 거두는 권리를 행사했다. '봉건' 시대부터 내려온 관습법적 권리인 경우(교회가 걷은 십일조 포함) 무조건 폐지하고, 상호계약으로 인정한 권리라면 보상금을 내는 조건으로 폐지했다. 국민공회가 1793년 7월 17일에 모든 권리를 무조건 폐지하게 될 때까지 농민은 거의 모든 부과금을 납부하지 않았다.

부동산 임대료 외에도 국가가 부동산과 개발에 대해 부과한 세금과 요금이 있었다. 8월 4일 밤, 부동산 소유자는 과거로부터 내려온 속박에서 일부 벗어나게 되었다. 그러나 공동체 재산은 여전히 보호를 받았고, 국가는 요구사항을 유지했다. 특권의 폐지가 영국식 자유주의를 도입하는 것은 아니었다. 평등사회를 수립한다는 뜻은 더더욱 아니었다.

1789년 이전의 농촌사회

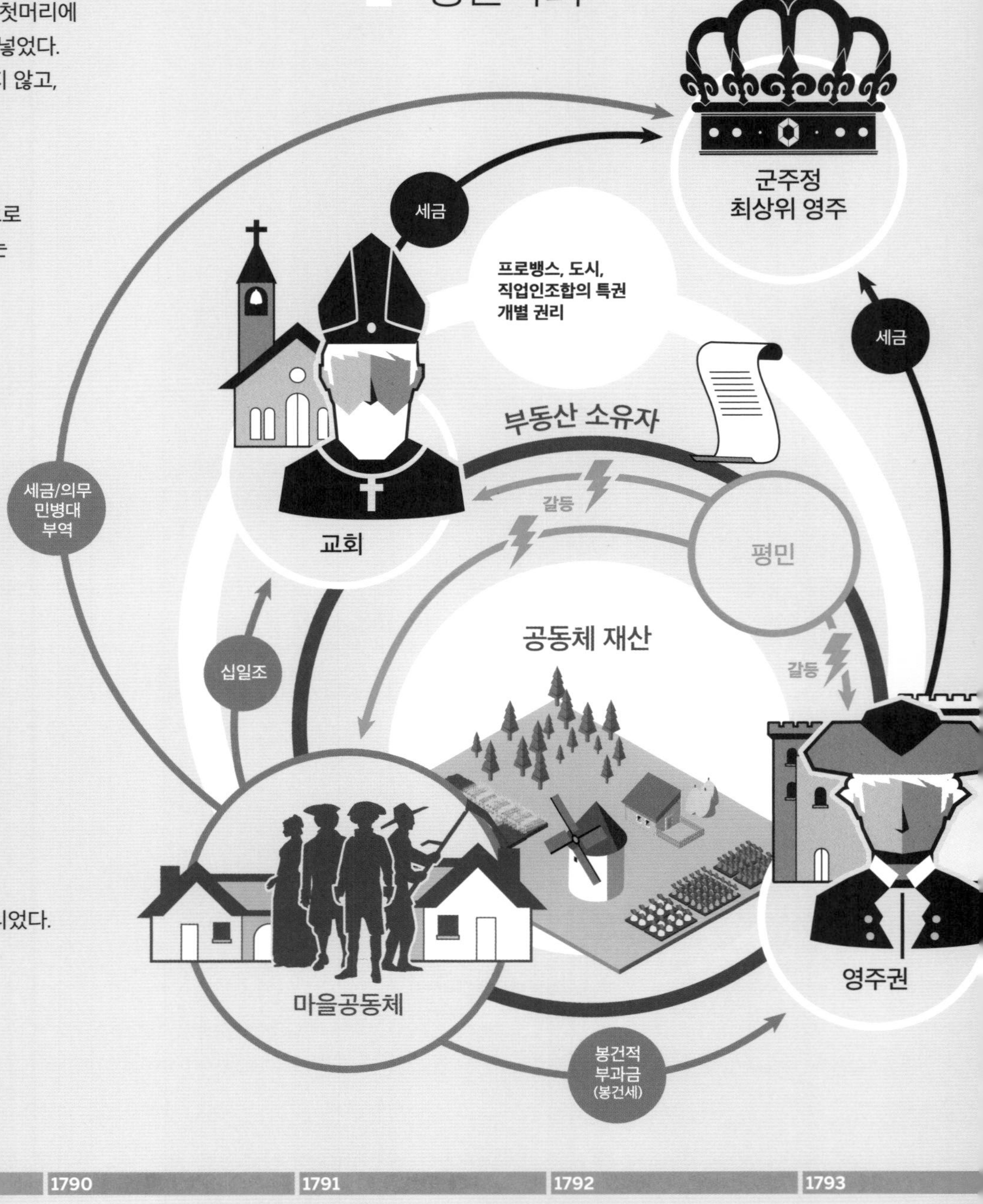

1789-1793, 단절과 연속

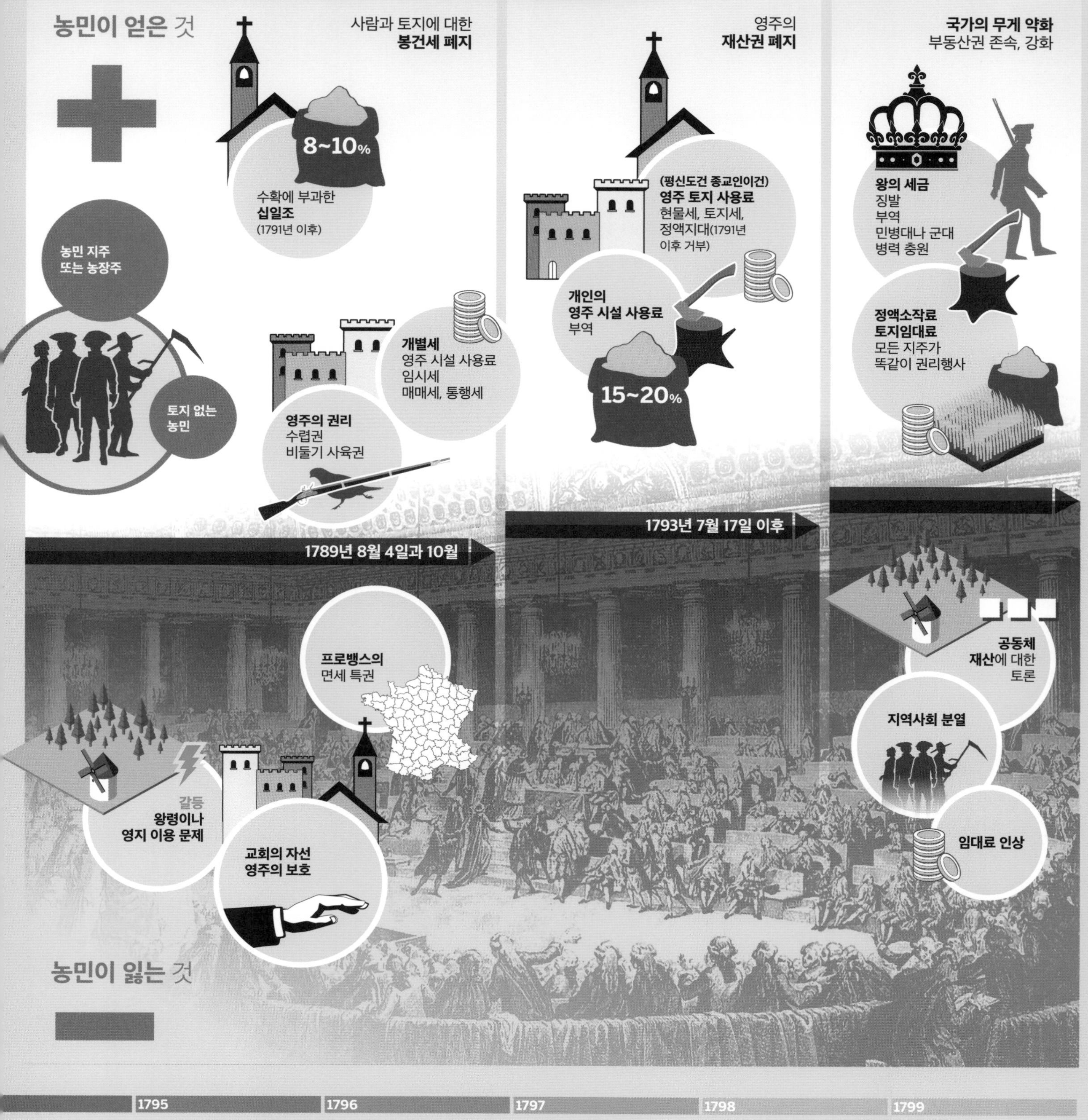
농민이 얻은 것
사람과 토지에 대한
봉건세 폐지
영주의
재산권 폐지
국가의 무게 약화
부동산권 존속, 강화
8~10%
수확에 부과한
십일조
(1791년 이후)
농민 지주
또는 농장주
토지 없는
농민
개별세
영주 시설 사용료
임시세
매매세, 통행세
영주의 권리
수렵권
비둘기 사육권
(평신도건 종교인이건)
영주 토지 사용료
현물세, 토지세,
정액지대(1791년
이후 거부)
개인의
영주 시설 사용료
부역
15~20%
왕의 세금
징발
부역
민병대나 군대
병력 충원
정액소작료
토지임대료
모든 지주가
똑같이 권리행사
1789년 8월 4일과 10월
1793년 7월 17일 이후
프로뱅스의
면세 특권
갈등
왕령이나
영지 이용 문제
교회의 자선
영주의 보호
공동체
재산에 대한
토론
지역사회 분열
임대료 인상
농민이 잃는 것
1795
1796
1797
1798
1799

국유재산 매각

국유재산 매각은 혁명의 가장 중요한 사건이었던가?
몇 년 안에 프랑스 국토의 10분의 1의 주인이 바뀌고, 그중 3분의 2가 교회 소유였으며, 3분의 1은 주로 귀족 망명자와 반혁명 혐의자 소유였다. 매매토지의 면적은 작았지만, 최소 50만 명이 토지를 샀고, 주로 도시민(부르주아)이 혜택을 입었다.
그러나 부유한 농민과 중간층 농민도 수혜자였다.
20년 후에 보니, 이미 정확한 뜻을 잃은 말을 다시 쓰기는 불편하지만, 귀족들은 완전히 힘을 잃지 않았다.
그들은 분명히 힘이 빠지긴 했으나, 뒤늦게나마 보상을 받아 농업보다 산업경제에 투자할 수 있었다. 또 귀족은 확고한 반혁명 세력이 되었지만, 그들도 국유재산을 취득했다는 사실을 기억해야 한다.
국유재산 매각으로 받은 아시냐의 가치가 떨어져 이익을 갉아먹었기 때문에 국가의 소득은 보잘것없었다. 그러나 전쟁을 수행할 막대한 자금 외에도 국유재산 매각은 구매자와 혁명의 운명을 묶어놓았다.
1815년 이후, 왕정복고 후에도 이 거래를 원상태로 되돌릴 수 없었다.
프랑스는 근본적으로 바뀌었기 때문이다. 더욱이 도시건 농촌이건 빈민은 매각의 수혜자가 되지 못했다. 태어나고 있던 사회는 점점 더 집단 재산의 소유와 관습을 제한하고 공동체의 결속력을 약화했다.
1789~1799년의 힘의 관계에 대응하려고 여러 가지 정책을 채택하던 혁명가들도 이러한 긴장을 무시할 수 없었다.

샤를 모리스 드 탈레랑 페리고르
1754-1838
진정한 의미의 정치적 동물.
신체 결함으로 생긴 별명이 '절름발이 악마'.
루이 16세, 총재정부, 제국, 샤를 10세까지 체제가 바뀌어도 계속 공직을 수행했다.

왕국의 재생

1782년
교회 재산 몰수 소문이 돈다.

1786~1787년
칼론은 종교인의 부동산 채권, 수렵권과 재판권의 매각을 고려한다.

1788년 5월
종교인은 국가가 재산을 박탈할까 봐 두렵다.

개혁의 시기

9월 19일
교회 재산 담보로 '환어음'을 발행하자는 첫 제안

10월 10일
탈레랑은 종교인 재산을 국가가 처분하자고 제안

12월 19~21일
비상금고Caisse de l'extraordinaire 조성

11월 2~3일
종교인 재산을 국가가 처분 가능

7월 9일
종교인의 모든 재산 매각 가능

아시냐 12억 리브르 발행 강제 유통

사회혁명

망명자 재산을 가난한 농민에게 매각

1793년 3월 18일
농지법 위반자 사형

1793년 11월 23일
매각을 위해 토지 분할

1794년 2월 26일~3월 3일
방토즈 법 제정
반혁명 혐의자의 토지를 극빈자에게 분배

1795년 5월 3일
큰 단위 토지의 매각 가속화
투기업자와 대농장주에게 재판매

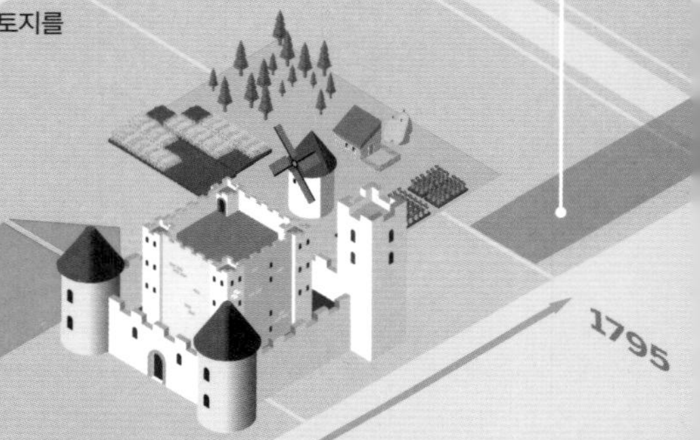

퐁투아즈의 농민 토마생 가문의
200년 전통

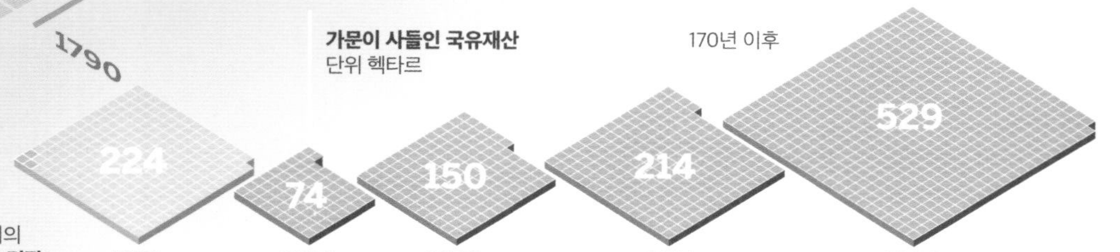

가문은 소교구 토지의 40%인 **단 3헥타르 경작**

1788 | 1789 | 1790 | 1791 | 1792 | 1793

● 실은 1825년 4월 27일이다.

부동산 **재분배**

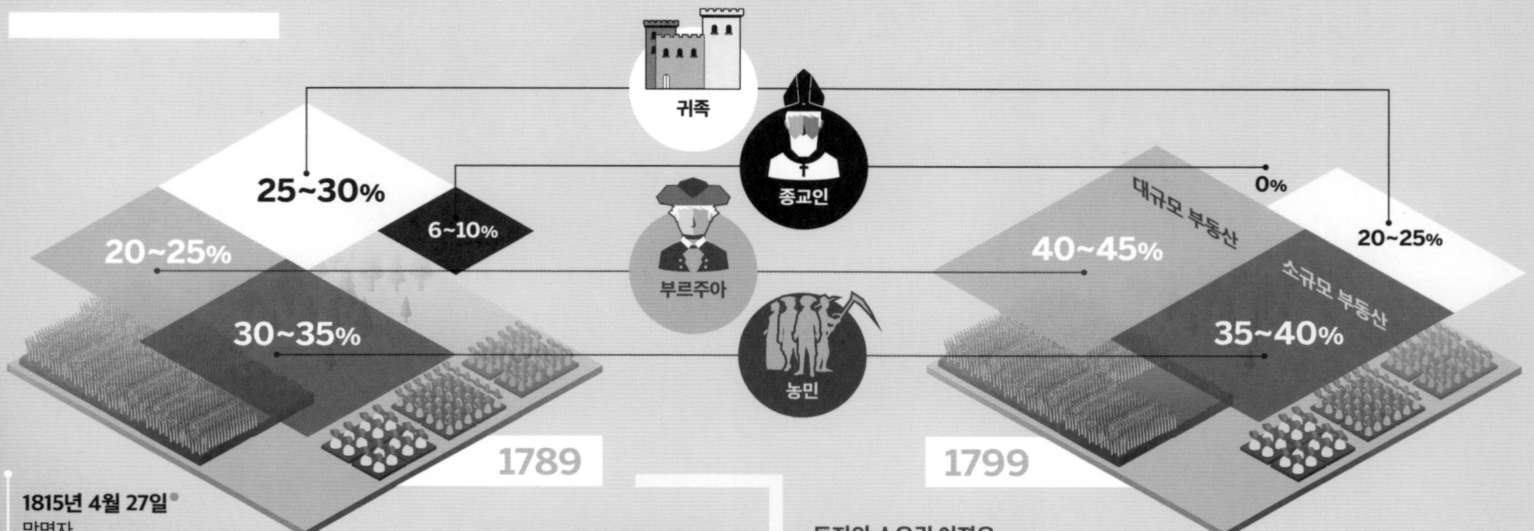

1815년 4월 27일●
망명자
10억 프랑
배상법 제정

1815

평가는 아주 불확실하고 순전히 지표만 제시한다. 몇 가지 연구가 있긴 해도 아직 종합한 결과가 나오지 않았다. 단지 지역마다 현실이 근본적으로 달랐다는 사실만 얘기하자(예를 들어 1789년 이전의 귀족은 앙주의 모주에서 토지 절반 이상을 소유했고, 노르 지방에서는 3분의 1을 소유했다). 귀족, 부르주아, 농민은 아주 엄밀한 분류라 하기 어렵다.

토지의 소유권 이전은 단 10%

재산권의 승리

재산권은 신성불가침의 권리이므로, 법적으로 확증한 공공의 필요성에 근거해서 미리 정당하게 보상해주는 조건으로 명백히 요청하지 않는다면 조금도 포기할 이유가 없다.

1789년,
『인간과 시민의 권리 선언』 17조

재산권은
"시민이 재산과 소득, 노동과 노력의 결실에 대해 갖는 권리"다.

1793년 6월 24일 헌법
('몽타뉴파' 헌법), 인권선언 16조

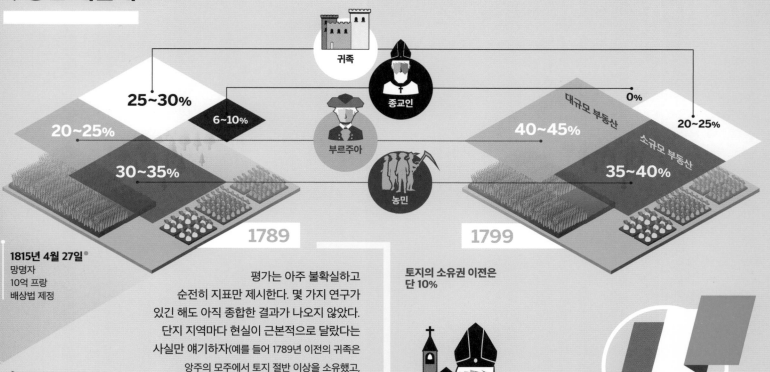

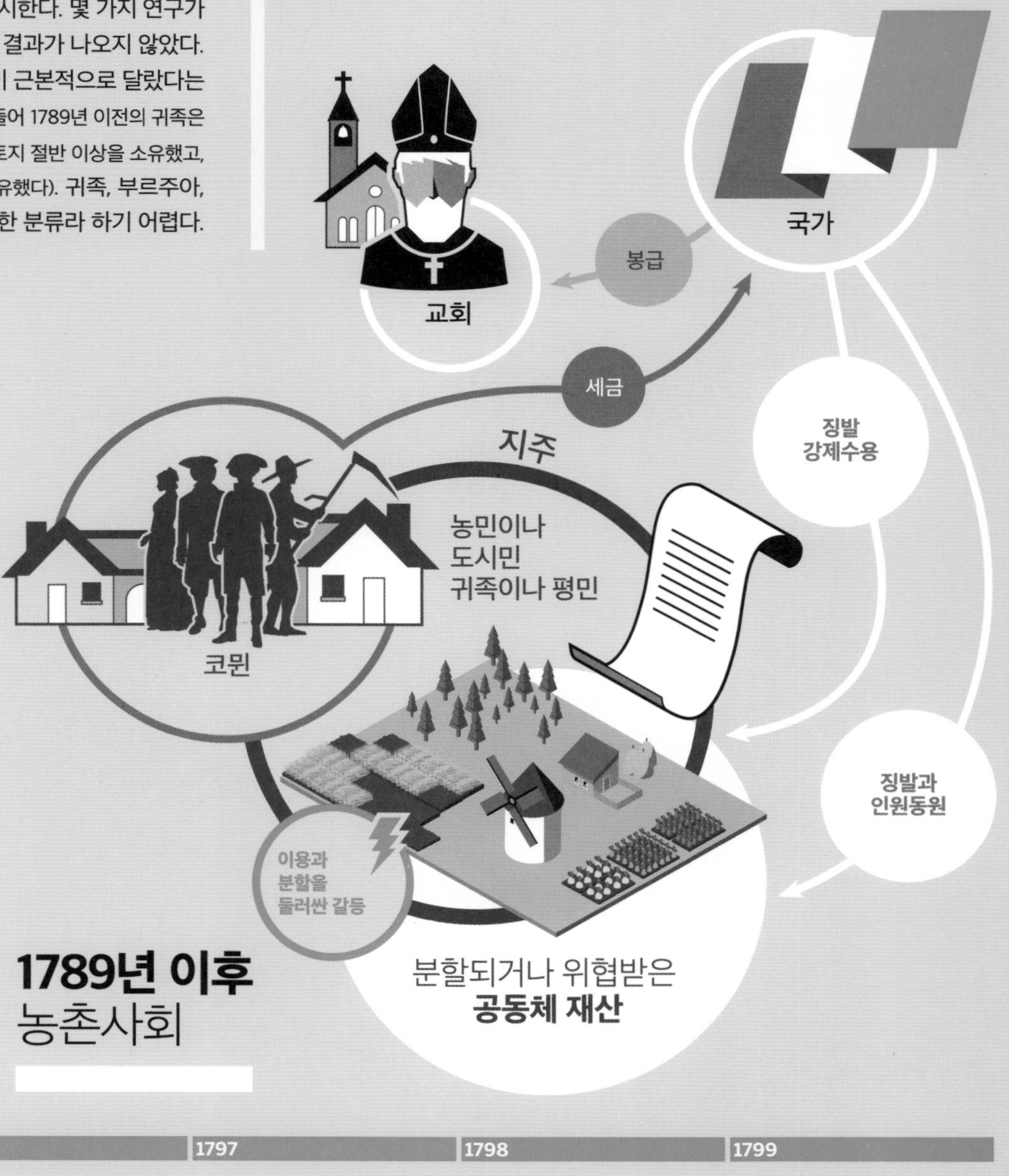

1789년 이후 농촌사회

1795 | 1796 | 1797 | 1798 | 1799

아시냐와 화폐 혁명

아시냐는 혁명의 발명품이 아니다. 유산의 지불이나 어떤 의무 이행에 쓰이는 재산을 지목하는 말이다. 제헌의원들이 1789년 12월에 그 말을 쓸 때, 아시냐는 비상금고 4억 리브르를 마련하기 위해 발행한 1,000리브르짜리 채권을 뜻했다.
국유화한 교회 재산을 현금으로 산 국가의 채권자들이나 투기자들에게 지불하기 위해 발행한 것이다. 이 채권이 세금도 받는 비상금고로 들어가면, 반드시 파기해서 통화팽창을 막아야 했다.
아시냐는 돈으로 여겨지지 않았으며 이자까지 발생했다.
모든 상황이 급격히 나빠졌다. 이제 그것은 채권이 아니라 지폐가 되었고, 국가는 빚을 갚으려고 발행했다. 국가는 군주정 시대의 관직 보유자들에게 이자를 갚고, 국민과 혁명을 결속하는 데 돈이 필요했기 때문에 6억~7억 리브르가 있어야 숨통이 트였다. 전쟁을 선포했을 때처럼 돈을 쓸 곳이 늘어날 때마다 아시냐를 잇따라 발행한 이유다.

아시냐는 수많은 통화가 경쟁하는 공개 경제체제에 편입됐다.
거래 시 지폐를 교환하려면 단순히 명목가치만 부여해서는 안 된다.
아시냐는 급격히 명목가치보다 낮게 통용되었다.
통화팽창이 악화되었기 때문이다. 정화/금속화폐가 안전한 가치의 피난처가 되었고, 시중에서 자취를 감추었다. 구매자가 아시냐로 지불하고자 할 때면 물가가 치솟았다. 아시냐는 어쩔 수 없이 가난한 사람들만 쓰는 화폐로 전락했다.
국가는 1792년부터 1794년까지 군사적 패배의 위험에 직면했을 때 경제를 통제해야 문제를 해결할 수 있었다. 1794년 여름 군사적 승리를 거둔 뒤, 사람들은 이 체제를 견디지 못해 휩쓸어버렸고, 로베스피에르를 단두대로 보냈다.
그 후 몇 달 동안 아시냐는 급속히 가치를 잃고 1796년에 사라지게 되었다.
토지 환어음 제도가 실패한 뒤 금속화폐로 돌아가면서 공공의 재무상태가 건전해졌고, 정복한 나라에서 세금을 거둬 재정을 강화했다.
금리생활자와 봉급생활자가 손해를 봤고, 지주들은 재산을 늘렸으며, 가장 진취적인 사람들이 재산을 증식했다.

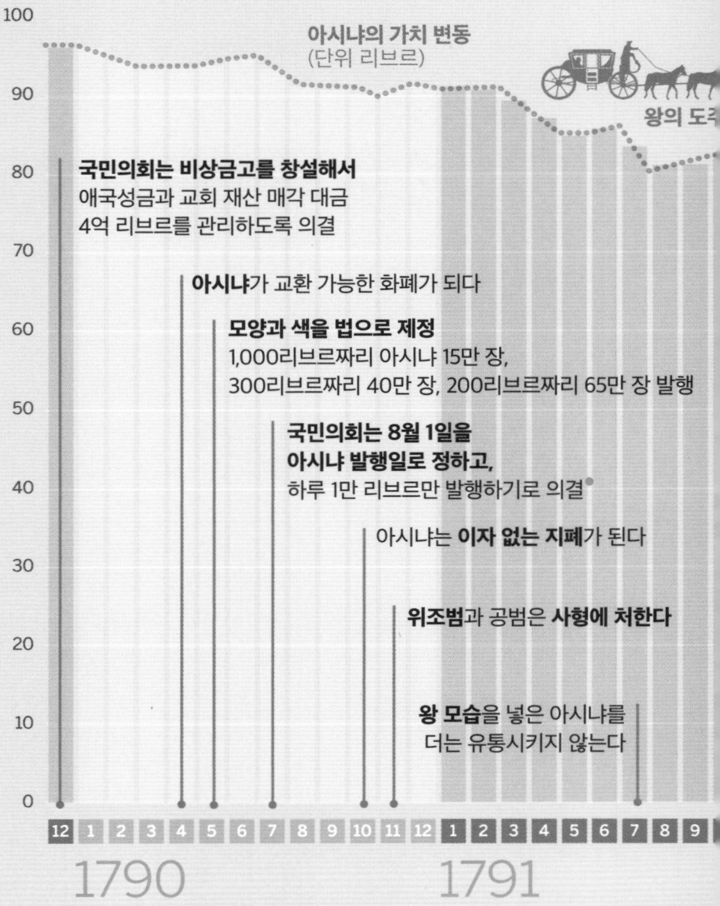

아시냐 발행량
(10억 리브르)

경쟁 통화

외국에서 구국위원회는 언제나 정화로 지불했다.
전비의 3분의 2는 이처럼 정화로 결제했다.
적대적이고 경쟁적인 화폐가 유통되고 있었는데, 금속화폐는 자취를 감추었다.
19세기 중반까지 모든 화폐를 썼다.

금화
프랑스에서 주조
(왕의 모습을 담은 것과 담지 않은 것)
에스파냐의 피아스터

은화
에퀴, 프랑
동화와 청동화
드니에, 수
아주 적은 금액

- 본문의 내용과 달리 1790년 7월 29일의 법 2조에서는 1,000리브르, 300리브르, 200리브르 상관없이 날마다 총 1만 장까지 발행한다고 했다.
- •• 공화력 4년 방토즈 28일(1796년 3월 18일), 토지 환어음 24억 리브르 발행.

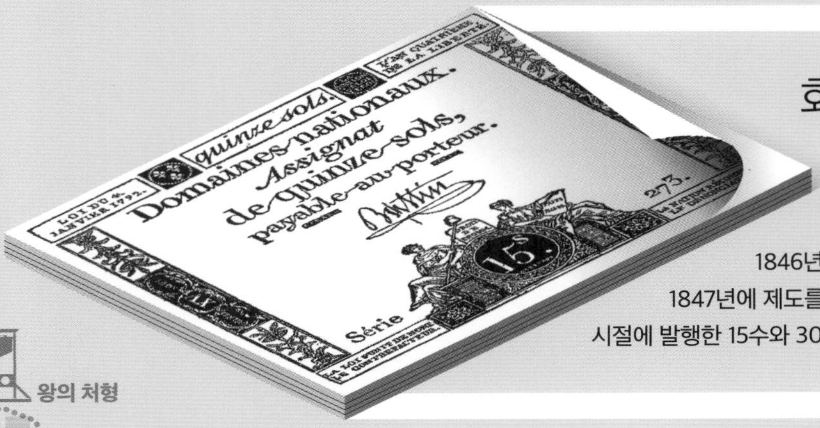

화폐의 **장기적 기억**

아시냐는 화폐가
무질서와 부패의 원인이라는
끔찍한 추억을 남기고 사라졌다.
1846년까지 조금씩 조금씩 유통량을 줄이고
1847년에 제도를 전반적으로 재정비했지만, 제헌의회
시절에 발행한 15수와 30수 소액권은 1914년까지 통용되었다.

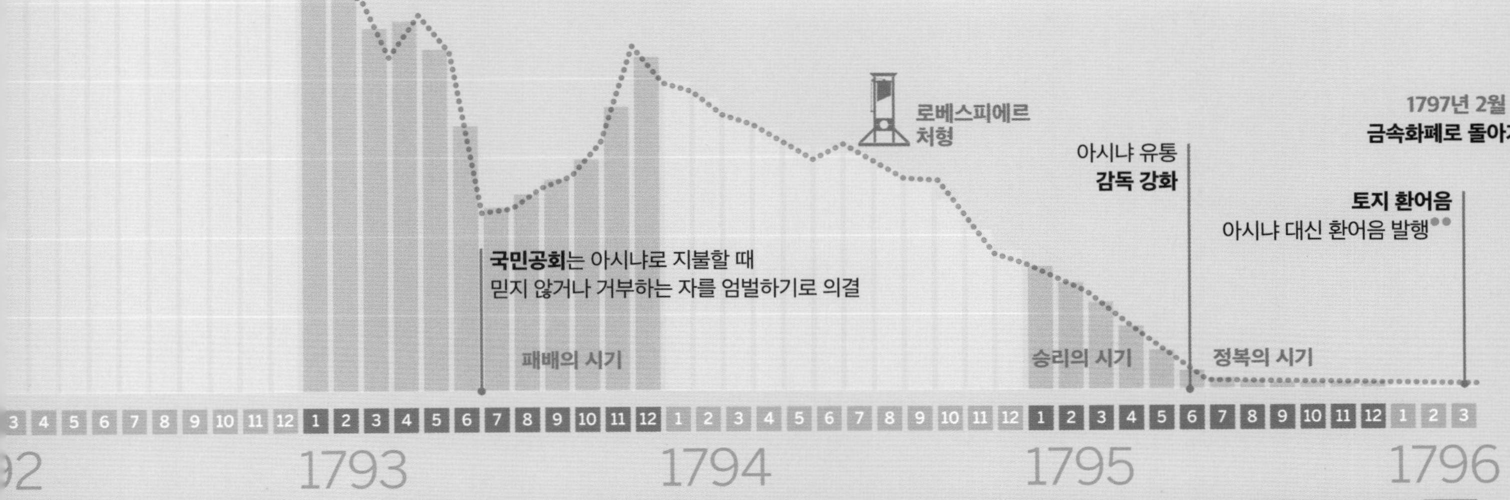

1792년 여름부터 교회 종까지 녹여서 쓴다.
1792~1794년에 1수, 2수 화폐(총 3억 개)를 1,900만 리브르어치 발행한다.

1789년 할인은행은 5억 리브르 정도의 **상업어음을 발행했다.**

어음은 자유롭게 유통된다.
1791년 12월 이후 1,000개 이상의 기관이 **'신용어음**billets de confiance**'** 또는 '애국어음'을 발행했지만, 1792년 10월부터 사용을 금지했다.

제빵업자의 '칼자국'(바게트 빵에 넣는 무늬)과 모든 종류의 국채를 판매할 수 있게 되었다. 왕이 발행한 **아시냐와 위조채권**도 끼어들었다.

1795 1796 1797 1798 1799

식민지와 **노예제** 폐지

혁명과 식민지

1789년 프랑스 왕국은 에스파냐, 포르투갈, 그리고 특히 영국과 경쟁하는 식민지 대국이었다. 해군은 흑인 무역에 참여하고 일상생활에 꼭 필요해진 설탕, 커피, 면을 모국으로 실어 날랐다. 그렇게 창출한 부로 눈부신 경제성장을 이루어 결국 사회를 근본적으로 변화시키고 프랑스 혁명의 길을 열었다. 1789년부터 식민지도 혁명의 역사에 좀 더 직접적으로 참여했다. 시민의 자격과 노예제도 문제를 제기하고, 나라를 아주 격렬한 전쟁으로 몰아갔으며, 잊지 못할 추억을 남겼다.

흑인 노예 탐험

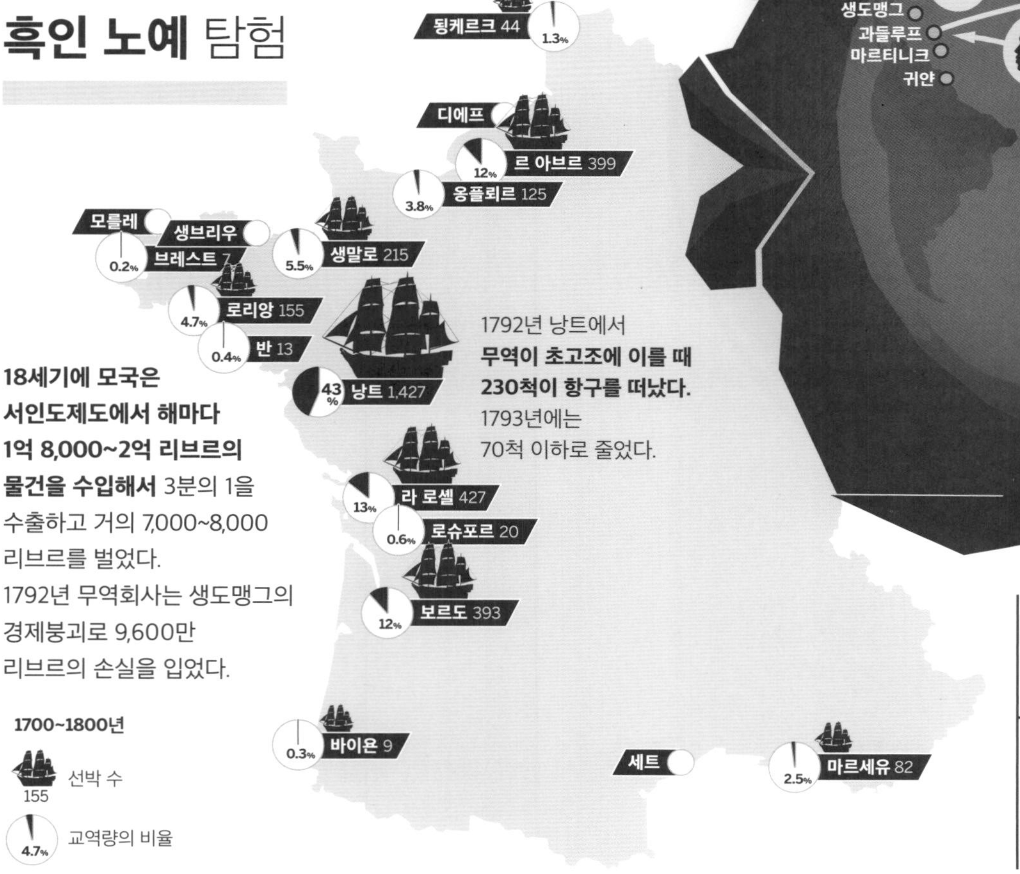

1788 | 1789 | 1790 | 1791 | 1792 | 1793

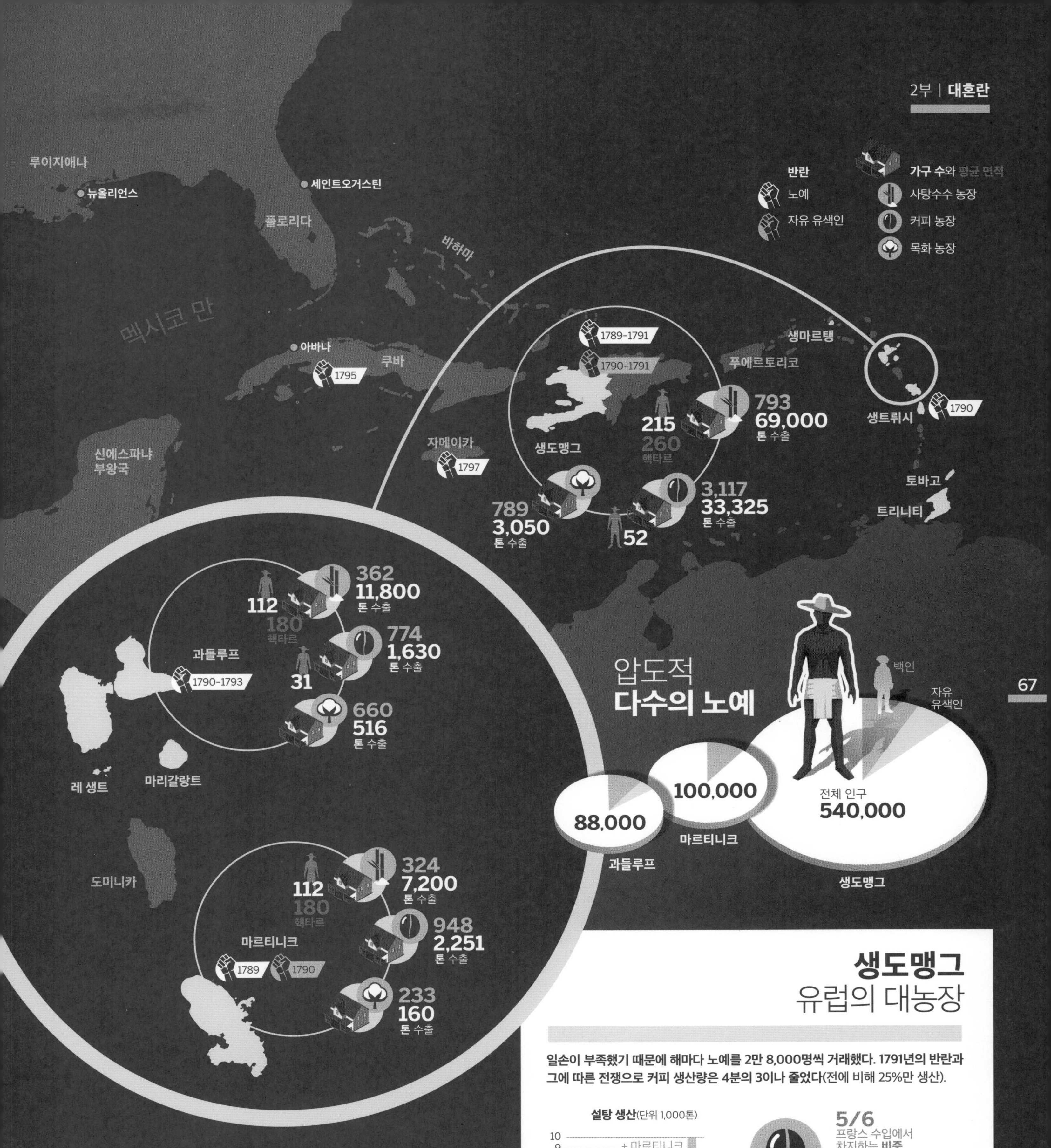

생도맹그
유럽의 대농장

일손이 부족했기 때문에 해마다 노예를 2만 8,000명씩 거래했다. 1791년의 반란과 그에 따른 전쟁으로 커피 생산량은 4분의 3이나 줄었다(전에 비해 25%만 생산).

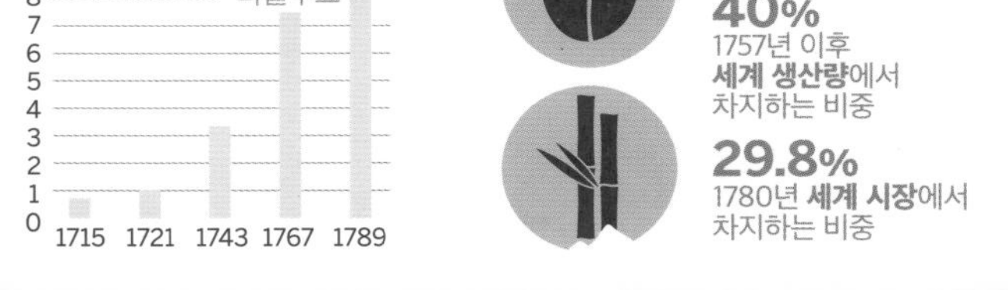

"자메이카, 그라나다, 영국의 모든 식민지에서 설탕값은 언제나 생도맹그 시세보다 15~20% 비쌌다. 영국 식민지의 토양이 더 척박하고, 영국인들은 흑인 노예에게 노동을 덜 부과하는 동시에 식비도 더 많이 썼기 때문이다. [⋯] 그들은 음식과 절인 생선을 먹였다."
미셸 르네 일리아르 도베르퇴이,
『생도맹그의 프랑스 식민지의 현 상황 고찰』, 1776.

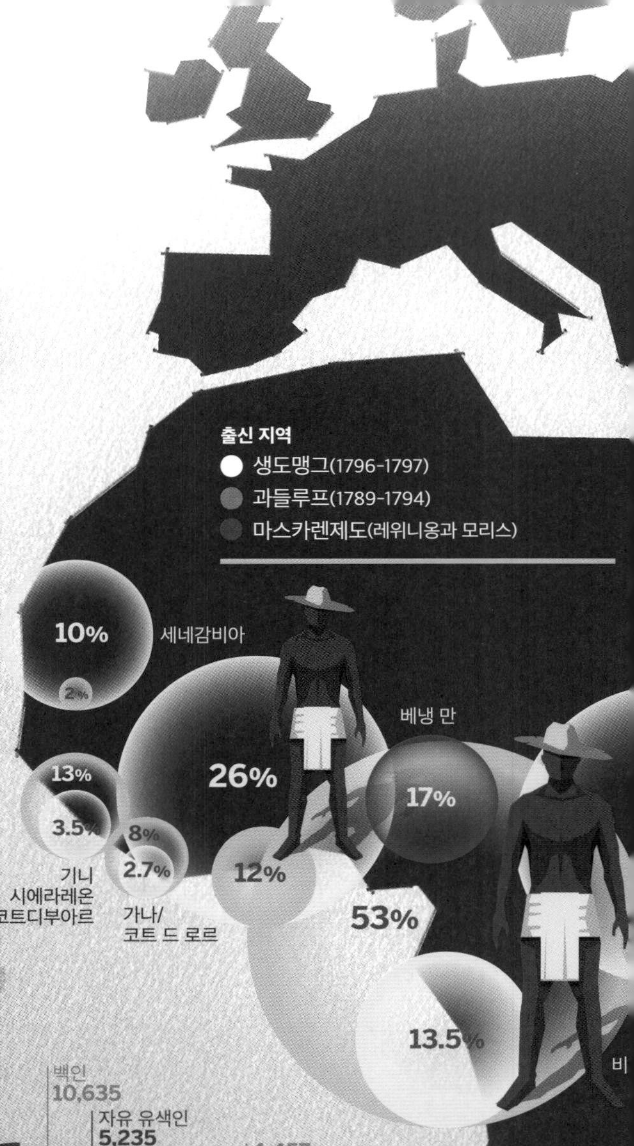

갈등을 빚는 주민들 비교

식민지 건설은 복잡한 결과를 낳았다. 주민의 구성이 다양했다. 모국에서 온 백인이나 현지에서 태어난 백인 크레올, 해방노예나 자유롭게 태어난 자유 유색인, 아프리카에서 데려간 흑인 노예가 자발적이건 강제로건 함께 살았다. 수많은 혼혈인이 이러한 범주의 경계를 희미하게 만들었고, 특히 18세기 말에는 경쟁관계를 만들었다. 피부색의 편견이 새로운 긴장을 조성했다. 특히 대농장에 고용된 공예가, 하급 관리자인 '작은 백인', 부유한 지주이며 노예를 소유한 자유 유색인이 경쟁했다.
1785년, 베냉 왕국의 왕자는 노예무역으로 번 돈을 가지고 파리에 가서 비단옷을 입고 붉은 뒤축의 구두를 신고 살롱을 드나들며 환영받았다.● 피부색 편견은 혁명기에도 생도맹그의 급진적 투쟁이 전쟁으로 발달해서 1804년 아이티의 흑인 공화국 독립으로 이어질 때까지 사그라지지 않았다.

노예의 비중

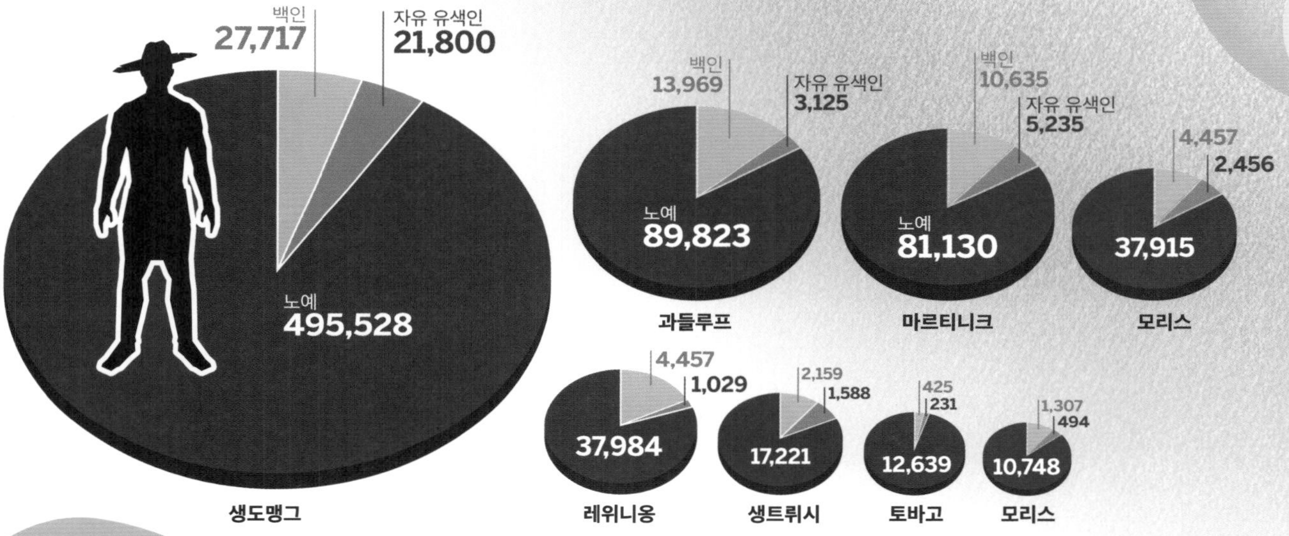

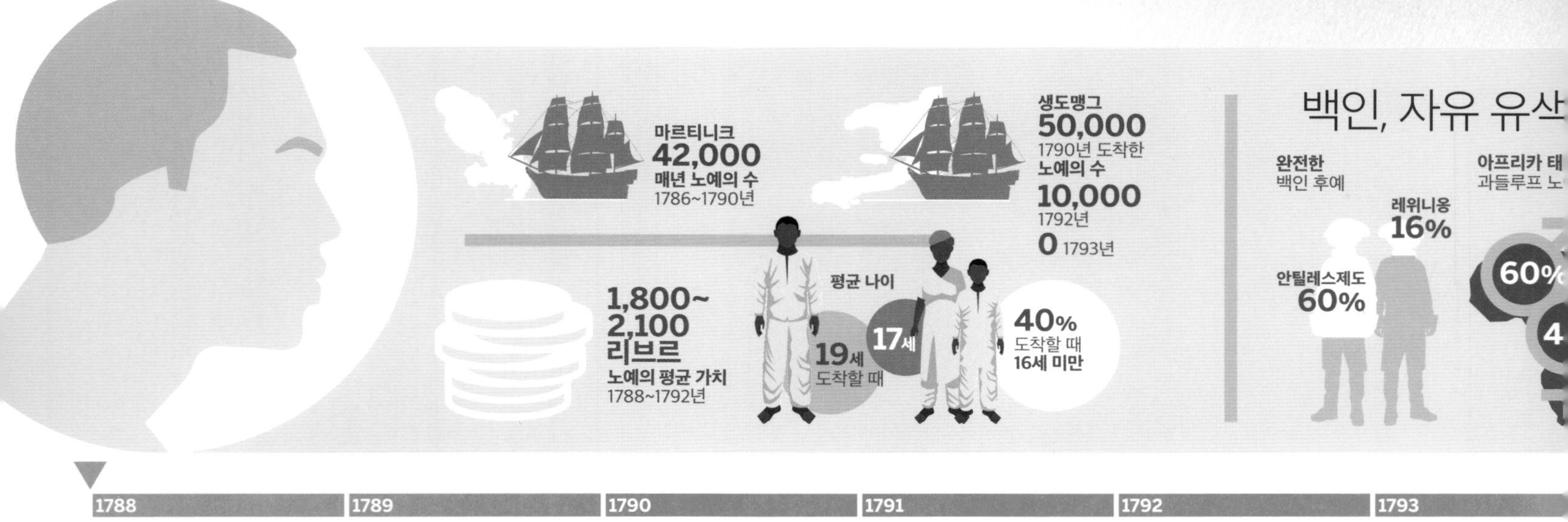

흑백 혼혈여성 솔리튀드
1772-1802
델그레 근처에서 탈주노예가 되었다.
1802년 11월 29일,
아기를 낳은 이튿날에
교수형을 당했다.
프랑스인은 그때부터 그를 기억한다.

투생 드 브레다, 일명 루베르튀르
1743-1803
노예의 아들이다. 아버지는 아라다스족의 왕(베냉)의 둘째 아들로 태어나 노예가 되었다. 그는 마부가 되었고 1776년에 해방되었다. 이후 커피 농장을 개발하고 노예 열세 명을 부렸다. 1791년 반란을 일으키고 1794년까지 프랑스에 저항했다. 모든 권력을 장악하고 사실상 생도맹그 총독 노릇을 했다. 보나파르트에게 붙잡혀 프랑스로 유배된 루베르튀르는 두Doubs에 있는 주Joux 요새에 갇혔다가 죽었다.

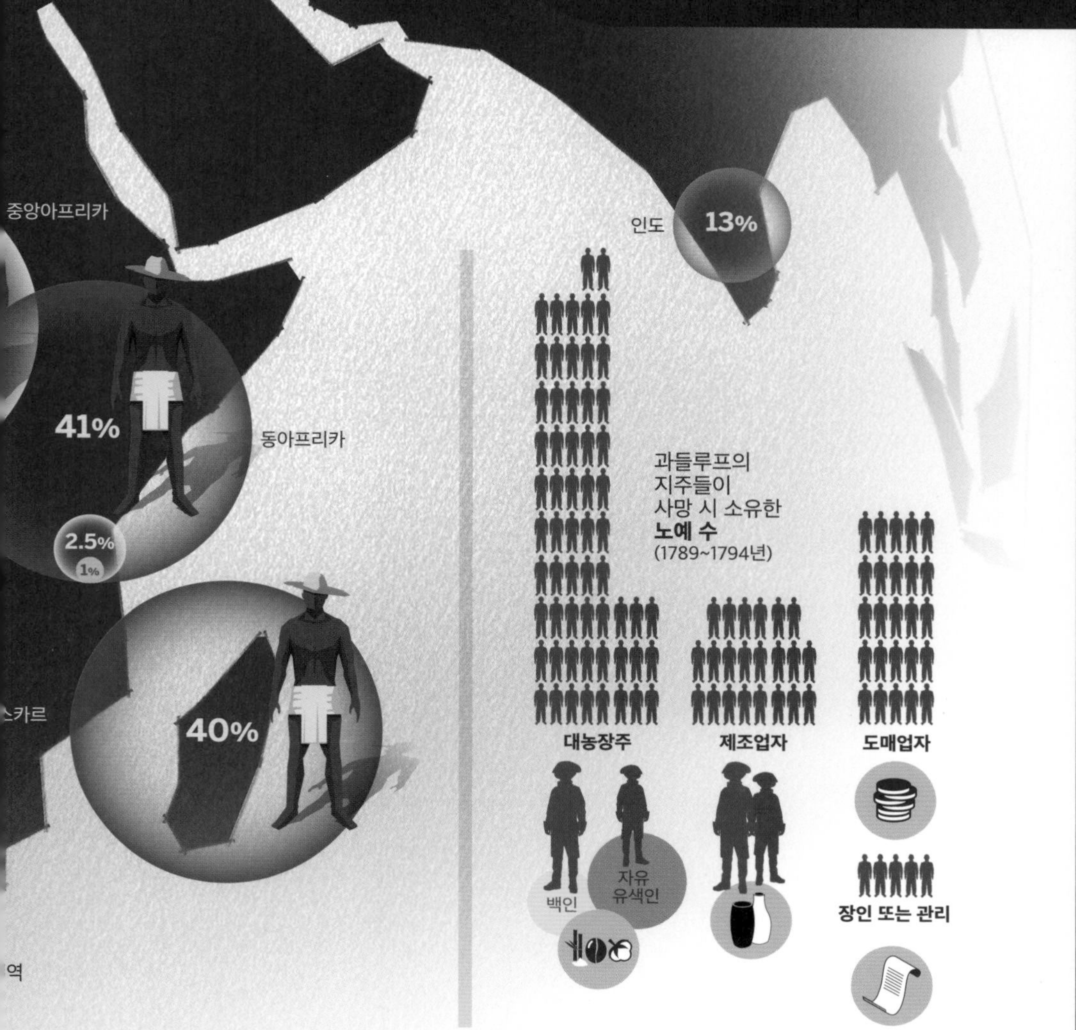

자모르
1763?-1820
아주 어릴 때 노예로 팔렸다가
뒤바리 공작부인에게 팔렸다. 읽고 쓸 줄 안 덕에
혁명기 베르사유에서 일자리를 얻었다.
1793년에 옛 주인의 혐의에 대해 증언했다.

조제프 볼로뉴
1745-1799
루이 15세 궁중에 '슈발리에 드 생조르주'라는
칭호를 받고 들어간다. 음악가, 저명한 합주단
지휘자, 칼 솜씨로도 유명한 그는 아메리카인들의
자유군단을 지휘하여 군사적 공을 세웠다.

세의 혼혈인

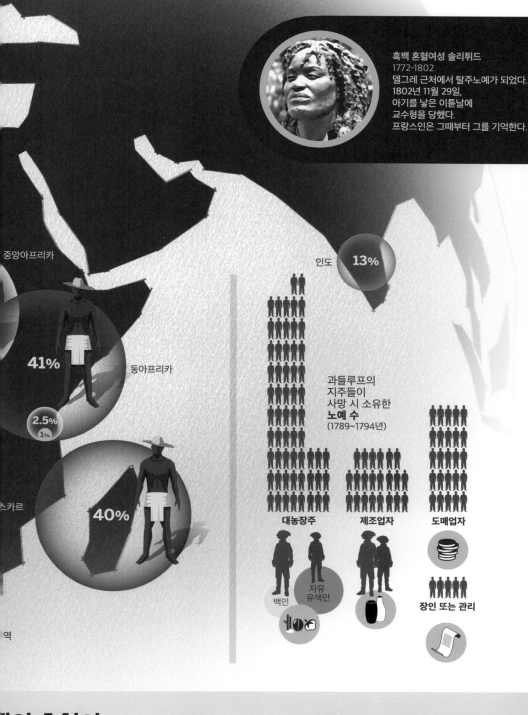

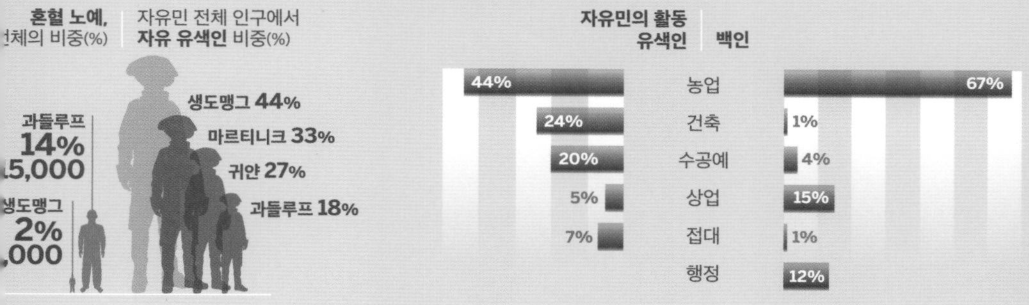

토마 알렉상드르 다비 드 라 파이유트리
1762-1806
생도맹그 흑백 혼혈, 소설가 알렉상드르 뒤마의 아버지,
1792년 프랑스 군대의 장성이 되었다. 유명하고
유능한 군인이었다. 흑인 병사들을 소외시키던
보나파르트의 적대감의 표적이 되어 죽었다.

1795 1796 1797 1798 1799

노예제 **폐지의 현실**

18세기 말경 자연법의 이름으로 노예제를 비판하고, 사람을 사고파는 일을 없애자는 주장이 특히 영국의 경제학자들 사이에 관심을 끌기 시작했다. 이들은 임금노동이 돈도 덜 들고 더 많은 이익을 돌려준다고 평가했다. 노예제 폐지론자(콩도르세, 그레구아르, 브리소)는 경제를 망치거나 반란을 일으키는 일을 피하기 위해 점진적으로 폐지해야 한다고 생각했다. 1788년에 흑인의 친구 협회가 첫걸음을 뗄 때의 생각이었다. 이것은 최초의 회원들이 귀족들과 생도맹그 농장의 노예 소유자 가운데 나올 수 있었다는 사실을 설명해준다. 그러나 정치적인 상황이 이러한 전망을 뒤흔들었다. 이민자들은 국가의 통제를 제한하기를 바라고, '작은 백인'은 사회적 지위를 개선하고, 경우에 따라 노예를 소유하기를 바라며, 자유 유색인은 백인과 동등한 권리를 얻고 싶어 했다. 발언권이 없는 노예 중 일부는 반란을 일으켜 주인 편에 서고 다수는 노예제 폐지를 추진하는 공화국 편에 서서 중요한 역할을 할 것이다.

1794년 2월 4일에 국민공회의 일부 좌파 의원들이 반대했지만 당통은 노예제 폐지를 관철시켰다. 그러나 혁명기 내내 피부색의 편견을 없애지는 못했다. 혁명의 군대에서 유색인 장교를 소외하거나 배제했다. 노예제 폐지도 식민지마다 달랐다. 마르티니크 같은 식민지가 1794년 2월 6일에 영국군에 점령당했을 때나 아무도 폐지를 원치 않았던 인도양의 섬들에서 노예제를 폐지하기란 불가능했다. 과들루프에서는 국민공회가 파견한 특사가 폐지를 선언한 후에도 일부만 폐지했다. 생도맹그에서는 투생 루베르튀르 때문에 노예제가 다소 왜곡되었다. 그럼에도 1794년 노예제 폐지 선언은 19세기에 전면 폐지를 준비하는 역사적 전환점이 되었다.

1794년 2월 4일
(공화력 2년 플뤼비오즈 16일) **법**

"모든 식민지에서 흑인들의 노예제도를 폐지한다. 모든 흑인은 자유다."

1793년 8월 29일 법으로 생도맹그에서 처음으로 노예가 해방되었다. 그것을 1794년 2월 4일(공화력 2년 플뤼비오즈 16일) 법으로 강화하면서, 원칙적으로 프랑스 식민지 모든 곳에서 노예제를 폐지했다.

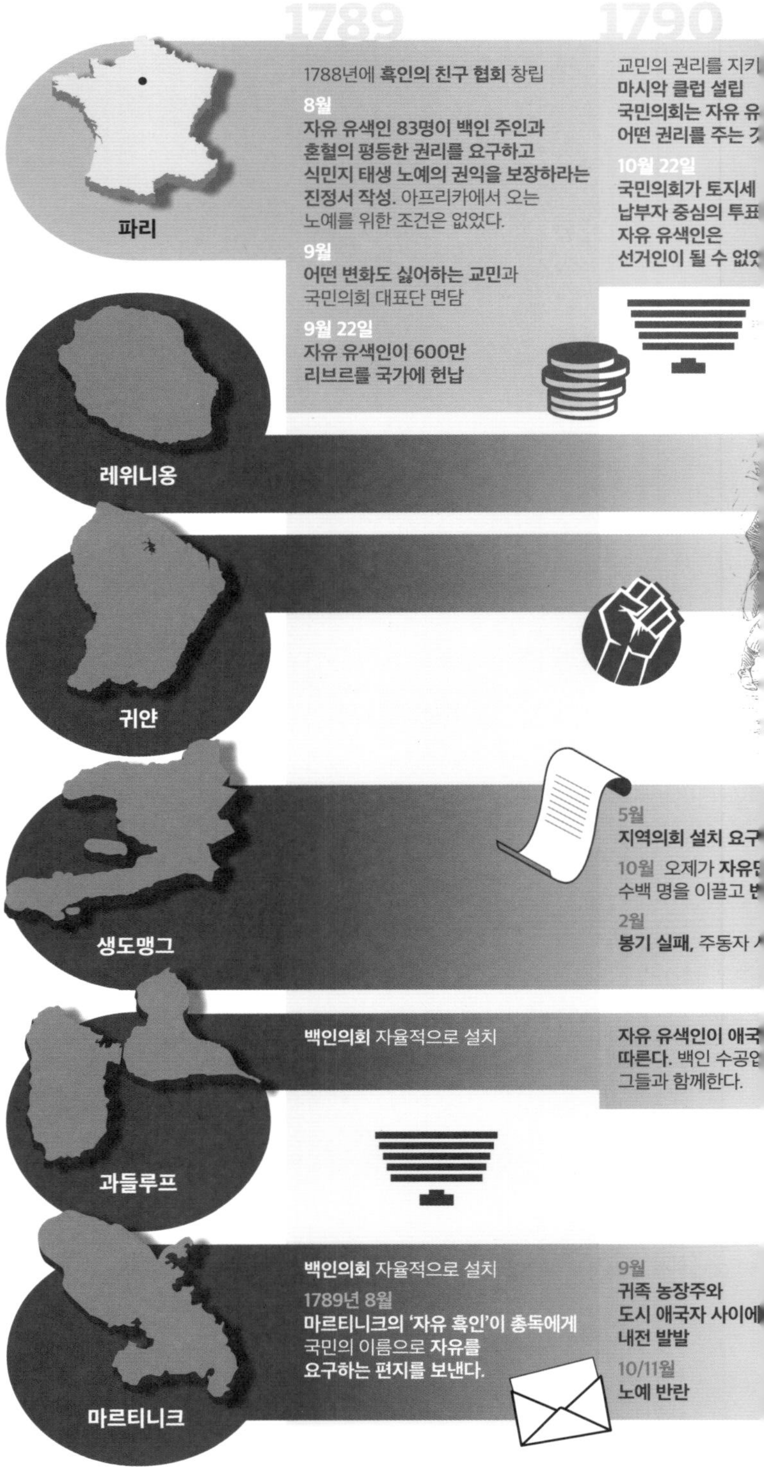

1789
1790
파리
1788년에 **흑인의 친구 협회** 창립
8월
자유 유색인 83명이 백인 주인과 혼혈의 평등한 권리를 요구하고 식민지 태생 노예의 권익을 보장하라는 진정서 작성. 아프리카에서 오는 노예를 위한 조건은 없었다.
9월
어떤 변화도 싫어하는 교민과 국민의회 대표단 면담
9월 22일
자유 유색인이 600만 리브르를 국가에 헌납
교민의 권리를 지키
마시악 클럽 설립
국민의회는 자유 유
어떤 권리를 주는
10월 22일
국민의회가 토지세
납부자 중심의 투표
자유 유색인은
선거인이 될 수 없
레위니옹
귀얀
생도맹그
5월
지역의회 설치 요구
10월 오제가 자유
수백 명을 이끌고
2월
봉기 실패, 주동자
과들루프
백인의회 자율적으로 설치
자유 유색인이 애국
따른다. 백인 수공
그들과 함께한다.
마르티니크
백인의회 자율적으로 설치
1789년 8월
마르티니크의 '자유 흑인'이 총독에게 국민의 이름으로 자유를 요구하는 편지를 보낸다.
9월
귀족 농장주와
도시 애국자 사이에
내전 발발
10/11월
노예 반란

흑인의 친구 협회

식민지 백인·자유 유색인의 평등과 노예무역 즉각 금지를 목적으로 자크 피에르 브리소, 에티엔 클라비에르, 그레구아르 신부가 세운 협회

- 공화력 3년 프뤽티도르 5일(1795년 8월 22일) 헌법을 적용해서 1797년에 해외식민지를 프랑스의 도로 편입했다. 공화력 8년 프리메르 22일(1799년 12월 13일) 헌법 91조에서 "프랑스 식민지 체제는 특별법으로 결정한다"고 명시했다.

1791	1792	1793	1794	1795
월 15일 자유 유색인의 부모가 자유인이라면 권리 인정 / 월 23일 국민의회가 평등을 폐지하다.	4월 4일 자유 유색인과 백인의 권리평등법으로 브리소파의 노예제 폐지 주장을 거부	6월 4일 국민공회는 잔 오도가 이끄는 유색인 시민협회에 회의참관 허용 114세의 노예가 평등의 깃발을 제시한다. 삼색기의 푸른색 바탕에 흑인, 흰색 바탕에 백인, 빨간색 바탕에 혼혈인 (이름은 빨간색을 뜻하는 루즈) 한 명씩을 세웠다. 헌법 18조 "모든 인간은 남을 위해 힘과 시간을 제공할 수 있지만, 자신을 팔지 못하고, 남에게 팔려서는 안 된다. 그의 신체는 양도할 수 있는 재산이 아니다."	2월 4일 벨레, 밀스, 뒤페가 노예제 폐지에 찬성	공화력 8년 헌법에서 식민지는 '특별법'을 갖게 되었다. 이에 따라 공화력 6년 니보즈 12일(1798년 1월 1일), 식민지를 도département로 편입한 공화국 체제가 종식되었다.*
			일 부르봉은 일 드 라 레위니옹으로 개명 / 6월 노예제 폐지	섬은 노예제 폐지를 거부하지만, 좀 더 유연한 체제 도입
월 22~23일 노예 대반란 발생 가을부터 진정한 전쟁에 돌입 각 진영이 노예로 병사 충원 반란군들이 왕당파 표시를 단다.	반란은 제한적으로 지속되었고, 노예들은 인권선언의 이름으로 완전한 자유를 요구한다. 9월 12일 송토나와 폴브렐이 공화주의 권력을 세우다. 평등의 군단 창설 노예 해방	노예들이 에스파냐와 영국의 지원을 받았으나 산악지방에서 격퇴당하다. 6월 20일 프랑스령 갈보Galbaud 도착 프랑스령 카프 도시 파괴, 수천 명 사망 23일 송토나와 폴브렐 프랑스령 카프를 점령하고 노예 해방. 그러나 노예 1만 2,000명은 주인을 따른다. 8월 29일 노예제 폐지, 국민공회 의원 세 명 선출: 벨레, 밀스, 뒤페 9월 영국군 상륙	통제 경제 부활 5월 18일 투생의 합류로 사태 전환 12월 섬을 사실상 다시 점령	섬을 장악하는 데 성공하고 나서 '평생 총독'이 된 투생에 저항하는 봉기 발생
	9월 로샹보가 도착했으나 반혁명 세력이 된 대농장주들이 거부	1월 공화국으로 되돌아가다. 가을 노예 해방 섬의 일부는 반혁명 세력으로 남는다.	4월 상황이 절망적이다. 영국군이 상륙해 섬을 점령하다. 6월 대표 위그HUGUES가 도착해서 섬을 해방시키다.	1798년까지 위그는 독재정을 실시하고, 리슈팡스는 노예제를 되살린다.
전쟁이 끝났으나 노예는 무장을 해제하지 않는다.	9월 로샹보가 도착했으나 반혁명 세력이 된 대농장주들이 거부 한편 자유 유색인은 로샹보 지지	1월 공화국으로 되돌아가다. 가을 노예 해방 섬의 일부는 반혁명 세력으로 남는다. 자유 유색인은 공화국 선택	2월 영국인이 섬을 지배하다.	공화국이 섬을 탈환 노예 8,000명이 주인들과 함께 떠난다.

프랑스 개입

영국 개입

프랑스 국내의 흑인

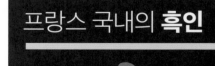

775
파리에 거주한 흑인과 자유 유색인의 수
1789년

3/4
남성의 비율, 다수는 자유인이며 장인, 여성은 하녀 또는 세탁부

1795 | 1796 | 1797 | 1798 | 1799

군대의 혁명

10년간의 전투

혁명의 역사에서 전쟁은 중요한 자리를 차지했다. 그것은 혁명을 촉진하고 급진화하고 변화시켜 국민의 운명과 같이하는 요소가 되었다. 그 덕에 프랑스인은 나폴레옹 원정을 준비할 수 있었고, 먼 훗날 제3공화국이 1914년에 1794년의 추억을 동원할 수 있었다. 사실 전쟁과 혁명은 더 깊이 연결되었다. 18세기 후반부터 유럽과 아메리카 대륙은 아메리카 독립전쟁으로 갈등을 빚으며 혼란스러웠는데, 당시 프랑스는 중요한 역할을 했다. 1789년 직전, 러시아와 오스트리아는 오스만 제국과 대립하고, 1787년에 네덜란드에서 혁명을 저지한 프로이센과 함께 폴란드를 나눠 가졌다.

처음에 프랑스는 1790년부터 진정한 의미의 내전이 일어나 나라를 뒤흔들 때 국내의 적들을 진압하기 위해 군대를 동원했다. 1792년에 오스트리아에 선전포고한 것은 이미 '의용군'에 활력을 불어넣고 있던 호전적 충동의 발로였다. 그러나 혁명을 겪는 프랑스는 유럽 모든 군주를 급격히 적으로 돌리고, 이제 승리가 아니면 죽음이라는 절박한 상황에 직면해서 새로운 형태의 전쟁에 돌입했다. 대외 전쟁과 국내 전쟁이 1794년까지 밀접하게 얽혔다. 군대의 구성, 전술, 군사적 목표는 정치투쟁의 향방에 따라 결정되었다. 국가는 통치자의 활력과 피치자의 지지를 동원해 총력을 쏟았다.

전쟁 초기 불확실하고 급변하는 상황을 겪었지만, 혁명이 유럽의 열강들을 상대로 승리했다. 특히 보나파르트가 이탈리아 원정에 성공한 덕택이었다. 보나파르트는 이집트 원정을 시도했지만 완전히 실패했다. 1799년 프랑스 군대는 서부와 남서부의 왕당파까지 가세한 유럽 동맹과 싸워 다시 승리했고, 혁명으로 탄생한 군대를 중심으로 국민통합을 이루었다.

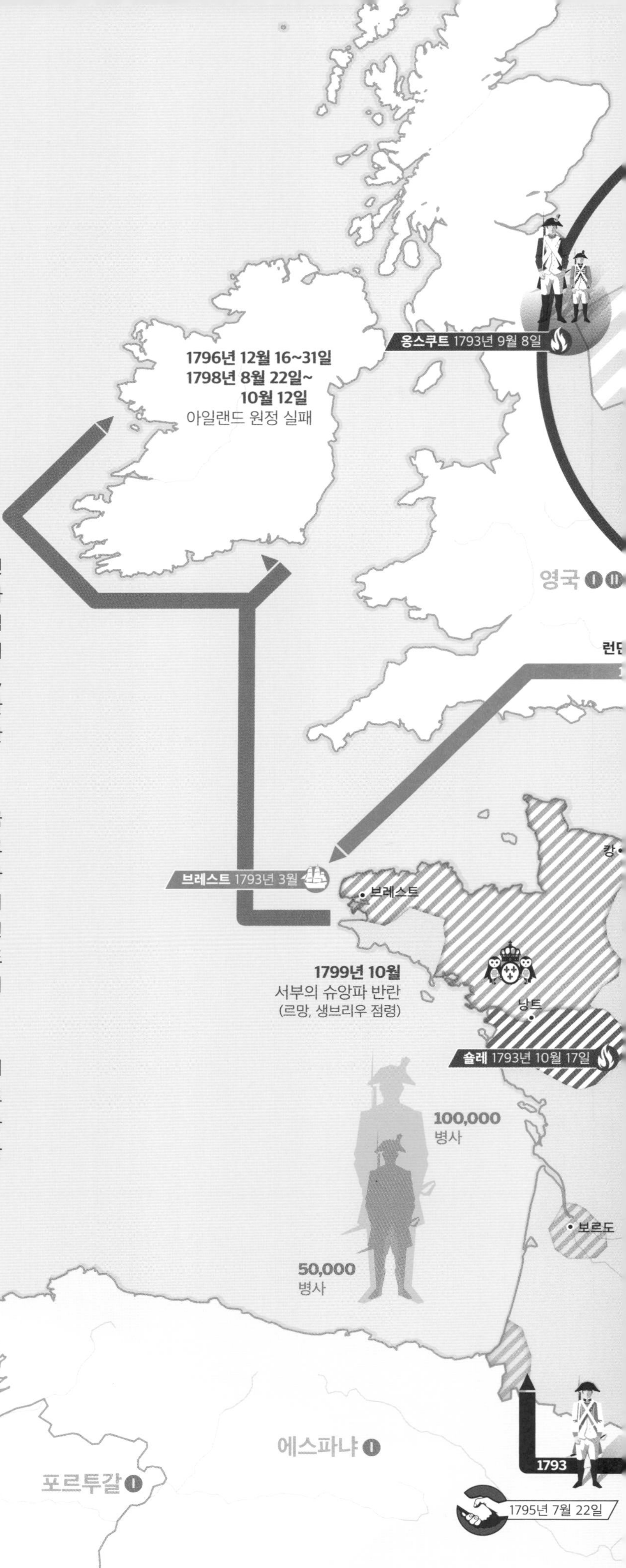

프랑스 승리
연합군 승리
영국 해군의 승리
정전 또는 평화협정
I 제1차 연합국(1792~1797년)
II 제2차 연합국(1798~1801년)
반혁명 세력과 '연방주의자' 반란

1788	1789	1790	1791	1792	1793

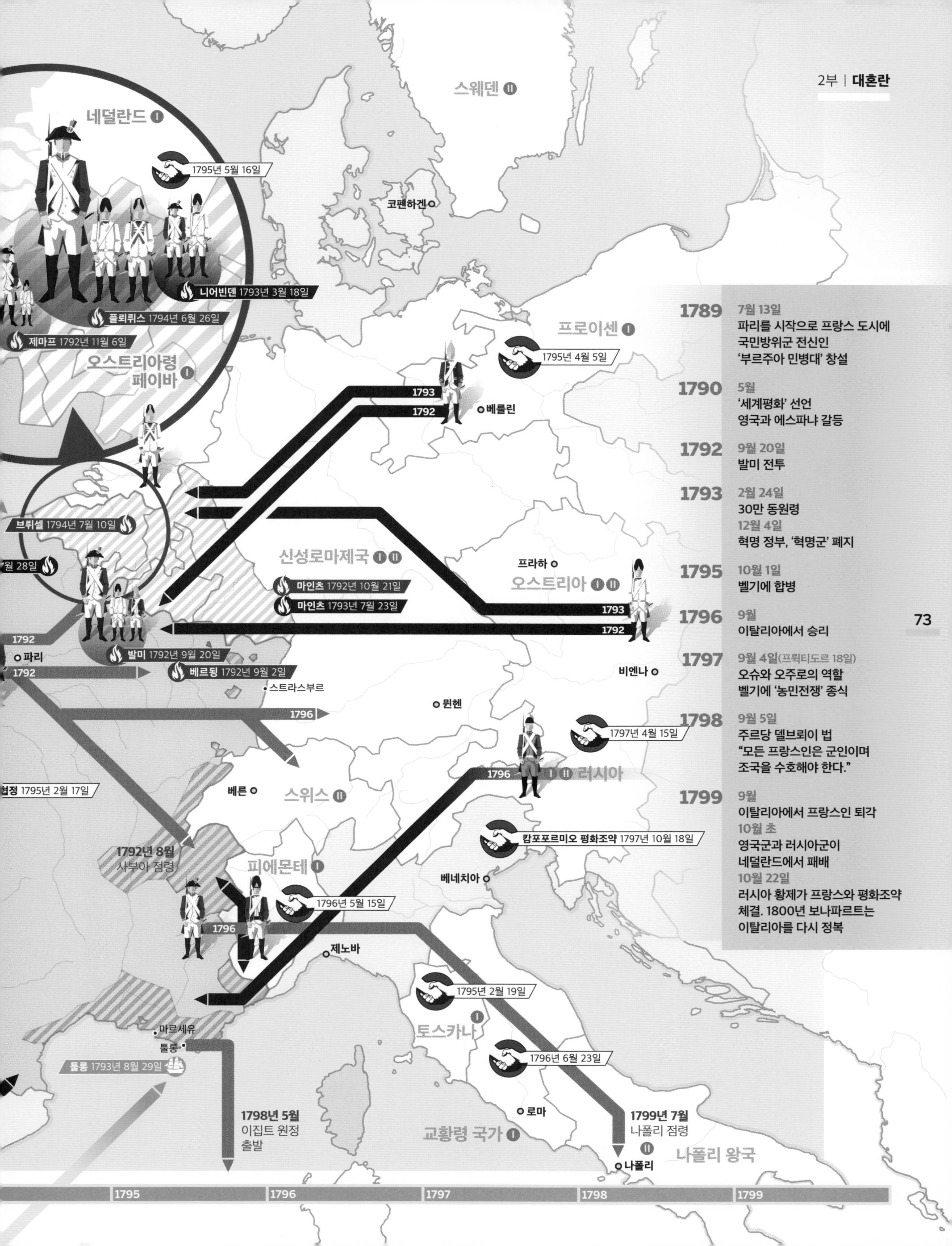

1789 7월 13일
파리를 시작으로 프랑스 도시에 국민방위군 전신인 '부르주아 민병대' 창설

1790 5월
'세계평화' 선언
영국과 에스파냐 갈등

1792 9월 20일
발미 전투

1793 2월 24일
30만 동원령
12월 4일
혁명 정부, '혁명군' 폐지

1795 10월 1일
벨기에 합병

1796 9월
이탈리아에서 승리

1797 9월 4일(프뤽티도르 18일)
오슈와 오주로의 역할
벨기에 '농민전쟁' 종식

1798 9월 5일
주르당 델브뢰이 법
"모든 프랑스인은 군인이며 조국을 수호해야 한다."

1799 9월
이탈리아에서 프랑스인 퇴각
10월 초
영국군과 러시아군이 네덜란드에서 패배
10월 22일
러시아 황제가 프랑스와 평화조약 체결. 1800년 보나파르트는 이탈리아를 다시 정복

• 드미 브리가드demi-brigade[여단의 절반]에만 해당하는 3분의 1은 선임자순, 대대에만 해당하는 3분의 1은 선출, 모든 드미 브리가드에서 3분의 1은 국회가 임명한다. 또 기병대는 선임자순, 선출, 임명 방식을 모두 적용한다.

1789

왕정 시대의 병사들로 최전선 보병부대 편성
파리 국민방위군 정원 4만 8,000명, 실제로 부르주아 민병대 3만 명으로 편성

1790

2월 28일~6월 19일
모든 프랑스인은 군대의 모든 직책을 수행할 수 있다. 국민방위군은 정규군과 함께 질서 유지

7월 14일
국민방위군 5만 명의 행진

1791

6월 13일
의용군 10만 명 동원 (일부는 국민방위군에서 차출)

1792

7월 12일
전방군대 5만 명, 의용군 3만 6,000명 새로 동원

1792년 안으로 이들은 20만 명이 되고, 이듬해 초까지 29만 명이 되었다가 결국 35만 명으로 늘어난다.
연맹군은 2만 명, 전방군대 13만 명

1793

2월
외국인 비정규군 7개 군단 창설, 추격부대

5월 '혁명군' 창설

8월 23일 인구 총동원령 포고:
기혼자는 무기를 버리고, 아낙은 천막이나 옷을 짓고, 아동은 붕대를 만들고, 노인은 전쟁을 독려한다.

9월 2일
샤를 필리프 롱생이 파리 '혁명군' 사령관이 된다.
투사들로 구성한 '혁명군'은 일시적인 개념이며 가을이 끝날 때 사라진다.

1794

여름
병력 3만 명 징

무장한 국민에서 장성의 군대로

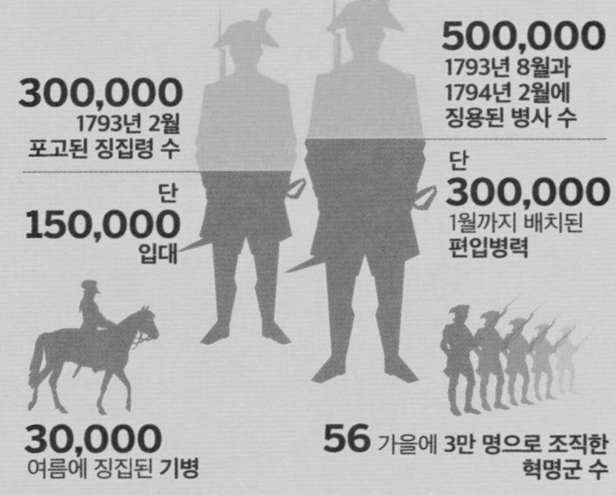

1792년 프랑스는 혁명으로 말미암아 수많은 장애를 가진 채 전쟁에 뛰어든다. 프랑스는 장교 수천 명이 망명하고 적군으로 넘어갔기 때문에 군주정 시대 군대의 일부만 물려받아 수적으로 훨씬 우세하고 조직력도 뛰어난 적군과 싸워야 했다. 그러나 1793년부터 동원과 징발로 전에는 볼 수 없을 만큼 많은 병력(옛 정규군, 의용군, 징용)을 모아 어떻게든 통합시켜 국민의 군대로 탄생시켰다. 프로이센 왕은 이미 이런 식으로 군대를 양성했다. 혁명기의 프랑스는 늦었지만 더욱 훌륭한 군대로 변화시켜 앞으로 1세기 이상 존속할 수 있게 했다.

70만 명의 병력을 보유했지만 100만 명까지 동원하는 일은 힘겨웠다. 여러 차례 징집을 통해서 숫자를 채워야 했지만, 이제부터 작전을 수행하는 병사들의 지나칠 정도로 정치적인 요구를 피하기 위해 1794년 이후에는 징집하지 않았다. 1795년 이후, 장성 지휘관들은 군대를 전문화하고 원정에 데리고 나갈 때 승진과 부를 축적할 기회를 제공하면서 복종하게 만들었다.

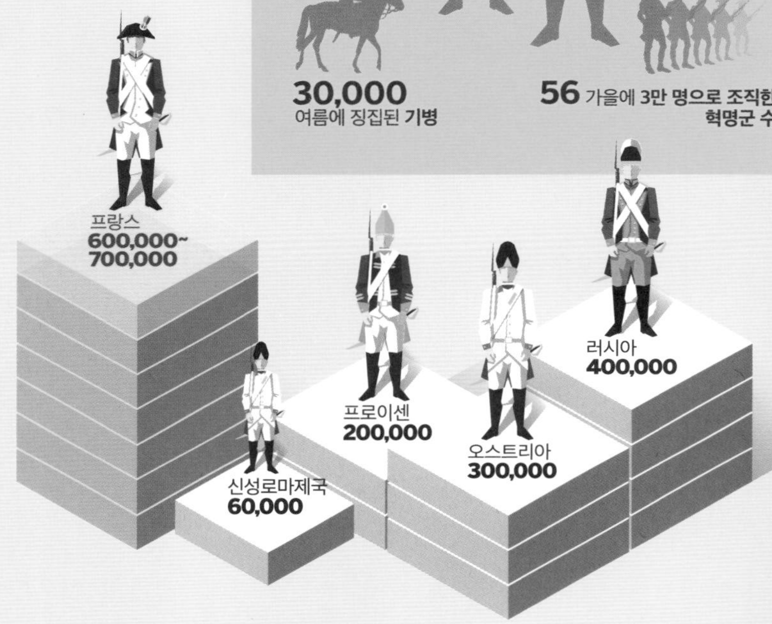

1793/1794년 **각국 병력 비교**

군대의 **나이와 출신**

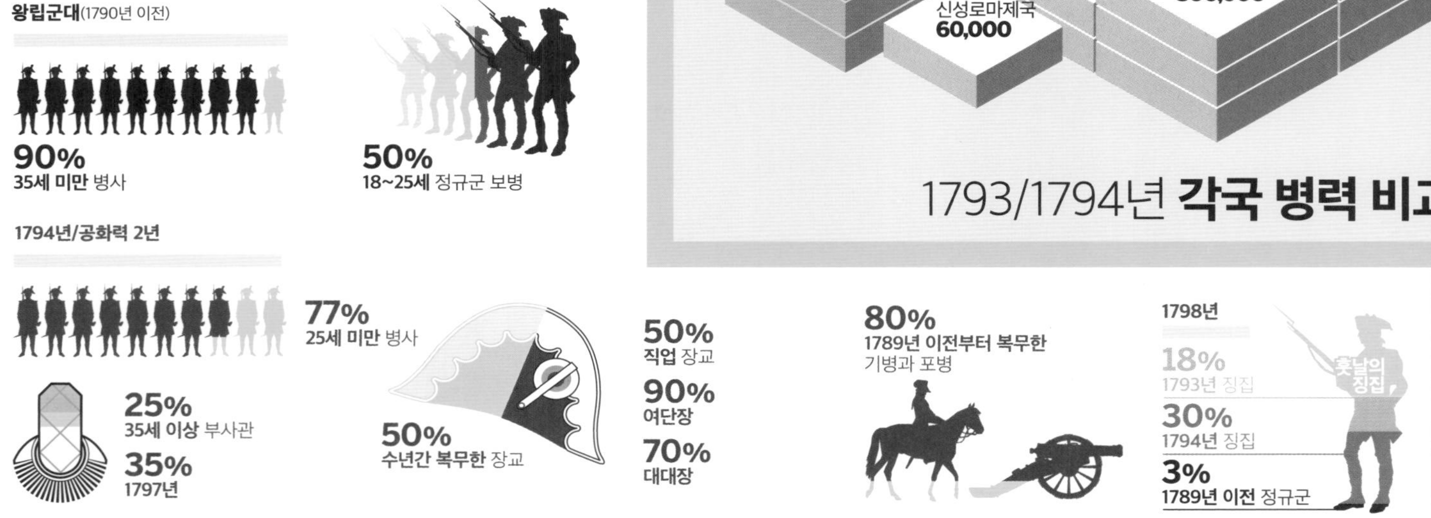

●● 프랑스 해군의 전투력이 급격히 약해지고, 나폴레옹이 해전에서 영국에 패배하고, 영국을 침공하지 못한 이유다.
●●● 2월 21일의 법에서 드미 브리가드는 196개이며, 병력은 47만 7,000명으로 확정했다. 따라서 여단은 모두 98개였다. 사단은 보병 2개 여단과 기병 1개 여단에 포병 1개 연대 병력이다. 병력은 전쟁을 수행하는 동안 계속 늘어난다.

1795

4월 3일/공화력 3년 제르미날 14일
오브리AUBRY 법● **으로 군대의 선출제도를 없애고 진급을 선임순으로 재편해서 지나치게 많은 장교의 수를 자연스럽게 줄여나간다.**

여름 **3만 명 징집**

1796

1월
국민방위군을 법무부 소속으로 편성

여름
3만 명 징집

1797

여름
2만 2,000명 징집

1798

여름 **2만 2,000명 징집**

9월 5일
주르당 델브뢰이 징집법
20만 3,000명 징집
10만 명 출발
7만 명 각 부대 도착

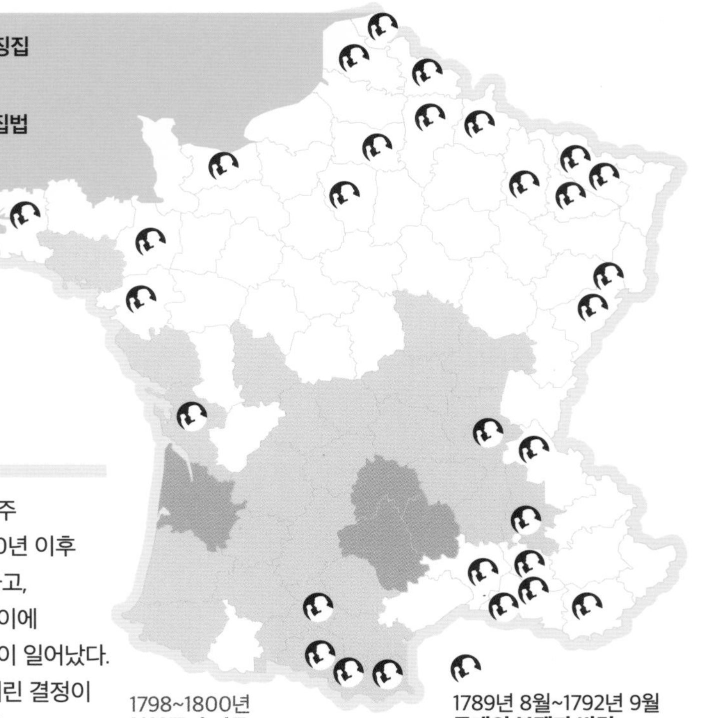

1798~1800년
불복종의 비중

1789년 8월~1792년 9월
군대의 분쟁과 반란

거부, 망명과 반란

1792년 중엽

3/4
1789년 육군장교의 **망명**

2/3
해군장교의 **망명**●●

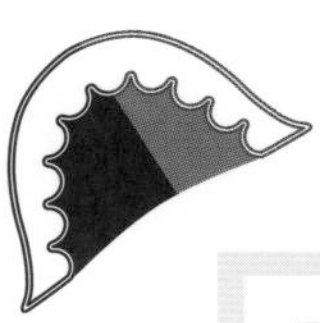

4,700
장교가 망명자들과 합류했으나…
4,000
혁명군에 들어간다

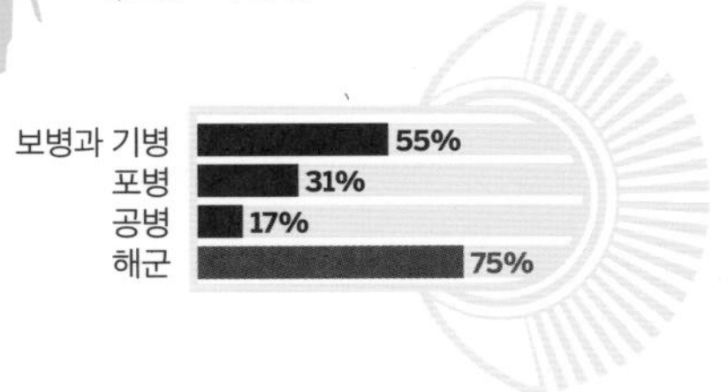

군대는 불만투성이였고 반란이 자주 일어났다. 처음에는 장교들이 1790년 이후 꺼림칙한 조치를 취하는 데 반대하고, 다음에는 상퀼로트와 지롱드파 사이에 정치적 적대관계가 생기면서 반란이 일어났다. 이러한 현실을 보면서 장교들이 내린 결정이 얼마나 잔인했는지 이해할 수 있다.

합병, 사단, 혁신

1793년 2월 21일, 군대를 하나로 통합하기 위해 의용군과 전선 보병을 '합병'해서 체계적 통일을 이룩했다. 이론상 드미 브리가드 병력은 3,300명이고 2개 의용군에 1개 정규군으로 구성했으며, 거기에 6문의 대포를 가진 포병중대 하나를 더하기로 했다.●●● 그러나 현실적으로 6월까지 이 기준을 적용할 수 없었다. 1794년 1월 8일의 여단편성법은 1796년까지 실현하지 못했다. 그러나 혁명의 군대는 1795년 이후 동질성을 갖추기 시작했다.

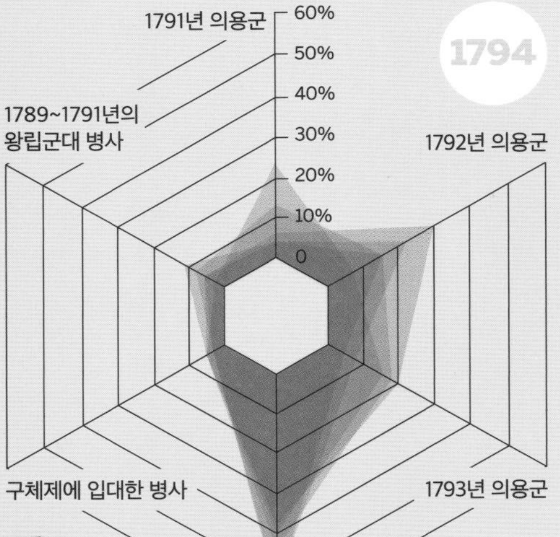

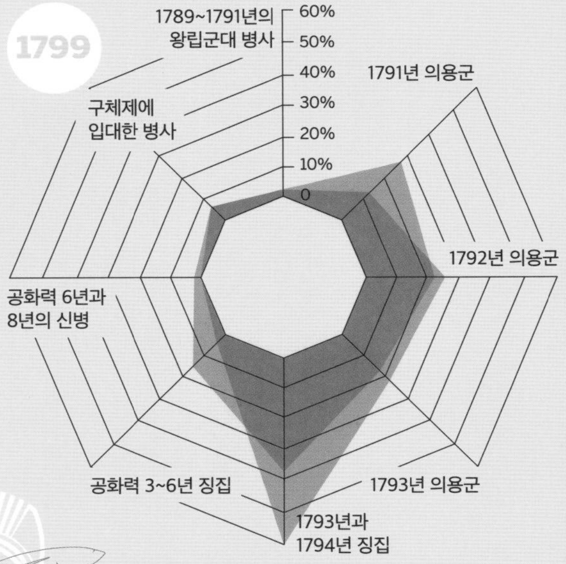

1/3
왕립군대에 복무한 부사관

1794년 2월 15일부터 시작해서
모든 계급은 읽고 쓸 줄 알아야 한다.

사단

자율적 단위인 사단은 이질적 병사들을 합병하고 포병과 기병을 갖추면서 중요한 역할을 했고 오늘날까지 적용할 수 있는 전술상의 혁신을 가져왔다. 보나파르트는 필시 모리스 드 나소Maurice de Nassau가 17세기에 창안한 사단체제의 효율성을 극대화했다.

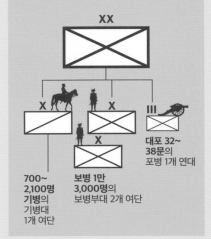

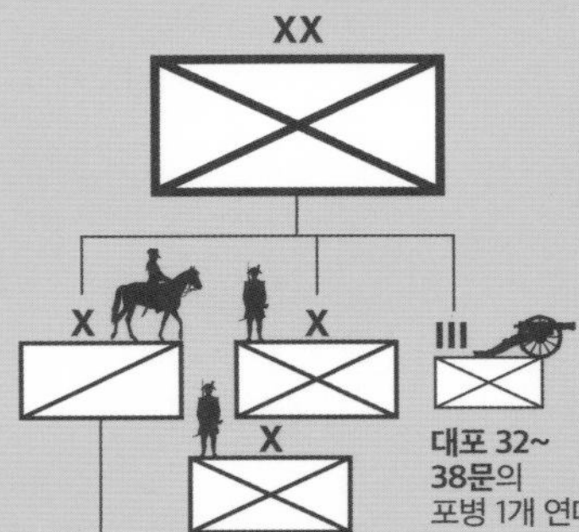

새로운 전쟁

공화력 2년의 병사들은 우리의 기억에 남는다. 형편없는 무기, 남루한 의복, 헤진 신발에도 공화국을 지켰고 유럽의 군주들에게 승리했다. 그 모습을 완전히 잘못 묘사하지는 않았지만 수정할 필요는 있다. 상당히 많은 병사가 경험도 풍부했고, 국민공회는 계속 병력을 징집하고 조직적으로 물자 보급에 힘쓰고, 무기를 개발하고, 도로와 병원의 조직도 개선하면서 전쟁에 총력을 쏟았다. 이러한 관점에서 특별했던 이탈리아와 이집트 원정에서 보나파르트는 주목할 만한 전략을 구사했을 뿐 아니라 병사들의 경제문제를 효율적으로 관리했다.

"군대는 **배불리 먹어야** 행군한다."

보나파르트가 남긴 유명한 이 말은
혁명기 군대 병참의 중요성을 적시한다.

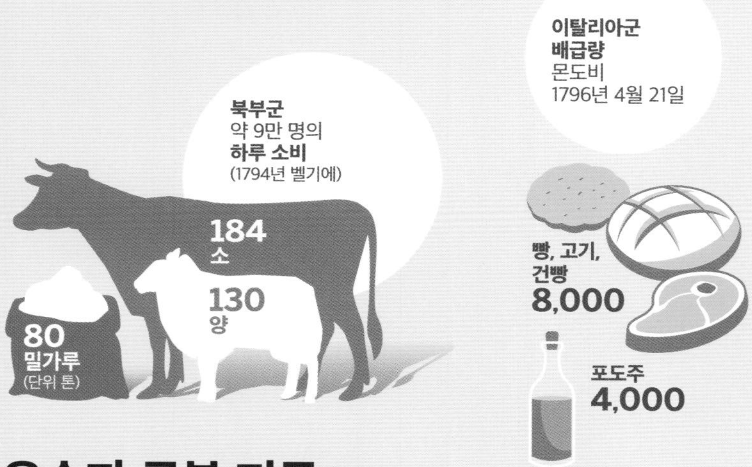

운송과 군복 지급

무기 공급

그리보발의 표준화 덕에 말의 힘으로 기동력을 높인 이동포대를 편성하고 적진에 가장 가까이 접근해서 병력을 지원할 수 있었다.

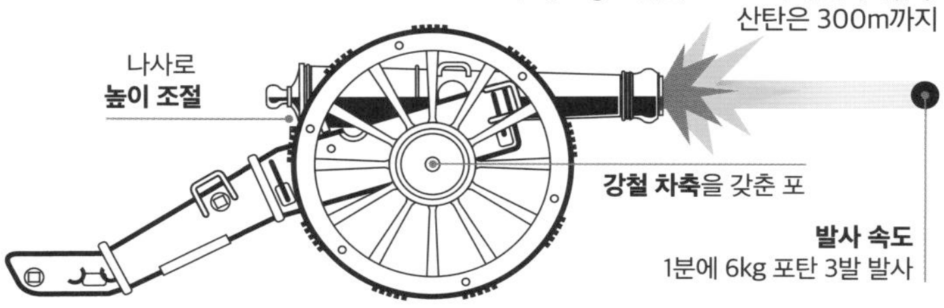

장 바티스트 바케트 드 그리보발
1715-1789
공병장교, 포병술을 근본적으로 개혁해서
프랑스군의 공격력을 높였다.

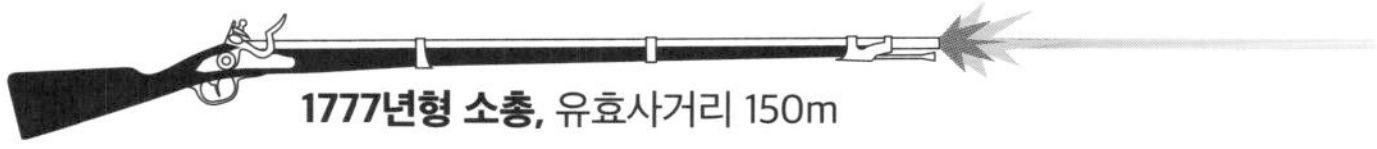

클로드 샤프
1763-1805

샤프의 신호기
우선 파리에서 릴 사이에 설치했으며, 통신 속도를 상당히 높였다. 1794년 8월 17일, 국민공회는 케누아의 점령 사실을 이렇게 알았다.

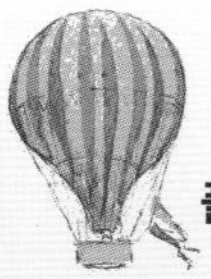

플뢰뤼스에 첫 번째로 설치한 계류기구 조종사들이 모젤군에 정보를 제공했다.

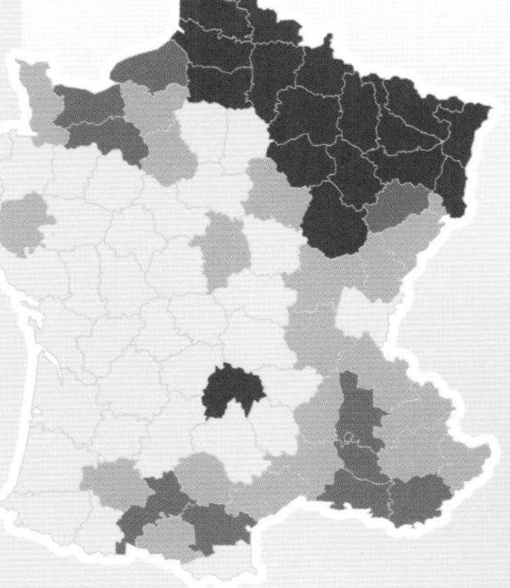

전비 **마련**

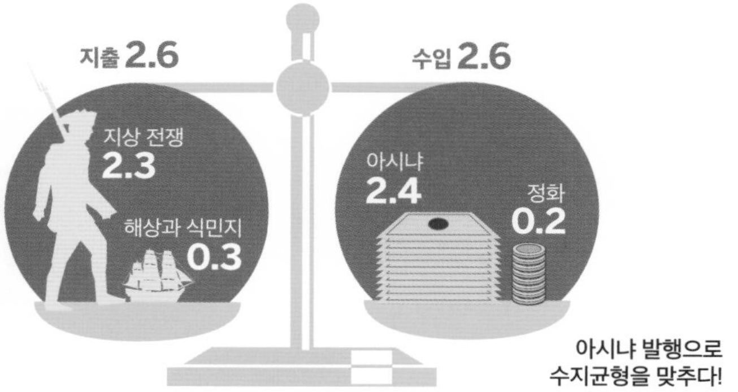

1796년 **국가 예산**

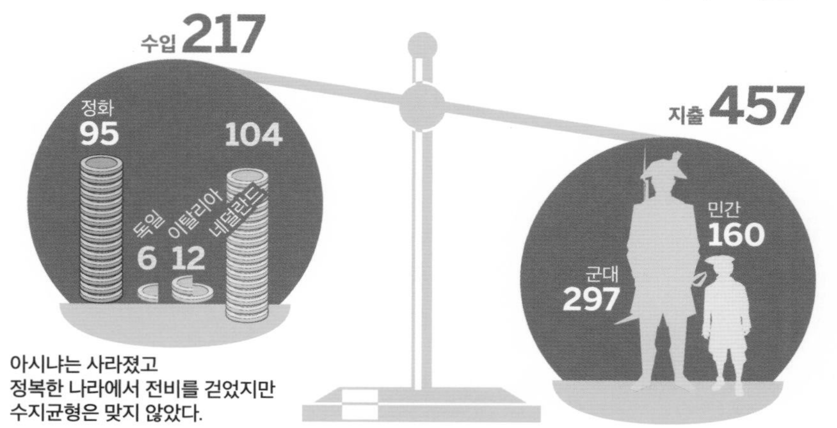

전쟁의 **힘**

프랑스는 적보다 여러모로 유리했다. 인구가 많고 젊으며 중앙집권국가에 사는 데 익숙했다. 특별한 계획을 세우지 않고서도 국유재산을 매각하고 아시냐를 계속 발행해서 거의 무한정의 유동자산을 활용할 수 있었다. 전비가 많이 들었기 때문이다.

전쟁 초기, 예외적인 노력을 기울여 아시냐로 병참과 모든 비용과 봉급을 지불했다. 그 덕에 군수물자를 생산하는 노동자의 임금을 높여주었지만, 한편으로 금리생활자가 망했다. 나라 경제의 중심인 상업 유통망과 함께 암시장이 발달했다. 1795년부터 정복으로 전비를 충당하기 시작했다. 프랑스가 정복한 나라들로부터 상당한 액수를 공제했다. 물론 그중에서 장성 지휘관들과 정치가들이 한몫 단단히 챙겼다. 이러한 점에서 이탈리아 원정은 아주 중요했다.

이집트 원정, 대차대조표

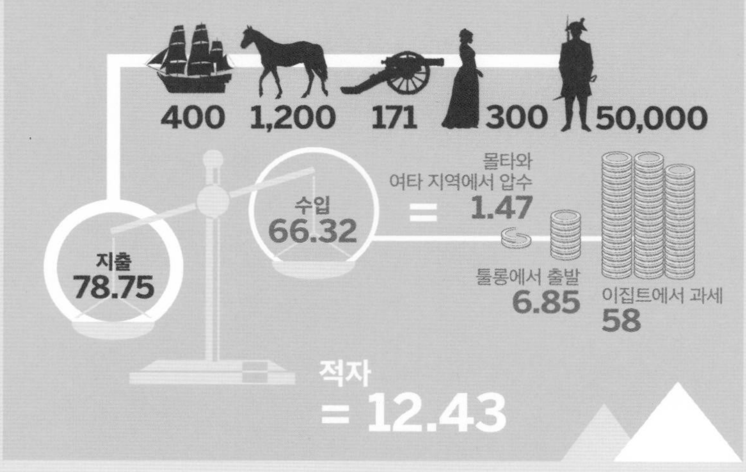

피정복자 **약탈**

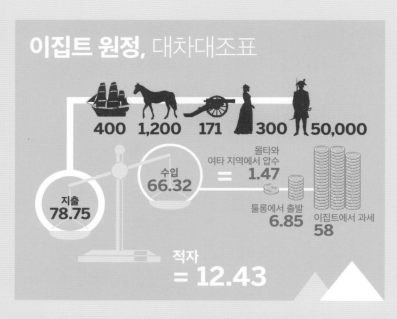

1795 | 1796 | 1797 | 1798 | 1799

전면전인가, 아니면 **정치적 전쟁**인가?

19세기 초, 클라우제비츠Clausewitz는 혁명전쟁으로 불거진 단절을 강조하면서 '절대적 전쟁'에 대해 말했다. 그러나 이러한 관념은 모호하고 이념적인 요소를 담고 있으므로 마구 써서는 안 된다. 몇십 년 동안 혁명기 10년간에 일어난 새로운 형태의 전쟁에 '잔인'과 '전면전'의 개념을 적용했다. 한편 1930년대 이후에는 혁명의 군대를 소련 군대의 선구자로 여기기 시작했다. 여기서는 우리가 고려해야 할 사실로서 단지 혁명기 이전에 일어났던 종교전쟁이나 유럽의 전쟁, 또는 아메리카 식민지나 일본의 사무라이 전쟁과 혁명전쟁을 비교해보기로 한다. 18세기 중엽 이후 영국은 전투 중에 적국의 함대와 장비를 체계적으로 파괴하면서 전쟁의 기술을 분명히 바꿔놓았다. 이러한 정보는 병사들을 짓누른 상당한 제약과 선전의 영향력을 보여준다. 호전적이고 파괴적인 연설은 전장의 현실과 정확히 일치하지 않았을 뿐 아니라 모든 나라에서 여성이 군대에 나가지 않았기 때문에 국민을 총동원하지도 않았다. 끝으로, 특히 방데의 난에서 보았던 것같이 가장 극단적인 행위는 일시적이었다. 그것은 정부 내부의 정치적 위기와 일치했다.

혁명전쟁은 전에 없이 강도가 높았다는 이유보다는 전에 볼 수 없을 만큼 이념적인 성격이 짙기 때문에 최초의 전면전이라 할 수 있다. 공화국은 유럽에 공화국 원리를 강요하고 무력으로 그 체제를 심기만을 원했으며, 그 이유만으로 유럽과 전쟁을 벌였던 것이다.

군대에 파견한 **국민공회 의원**의 임무

1793년 4월 9일

전쟁 관련 발언

초토화 전쟁, 총력전, 전면전, 절대전?

1793년 4월 5일
바레르: "국민공회는 만장일치로 당신들과 함께 죽든지, 음모자·폭군·추종자들을 끝장내든지 하겠다고 맹세합니다."

1794년 2월 12일
바레르가 방데에서 "야만스러운 방법으로 과장해서 법을 집행"한다고 고발했다.

1794년 6월 25일
샤를루아에서 생쥐스트가 수비대 사령관과 협상하기를 거부하고 "당신과 우리는 공통점이라고는 하나도 없습니다"라고 말했다.

선전의 역할

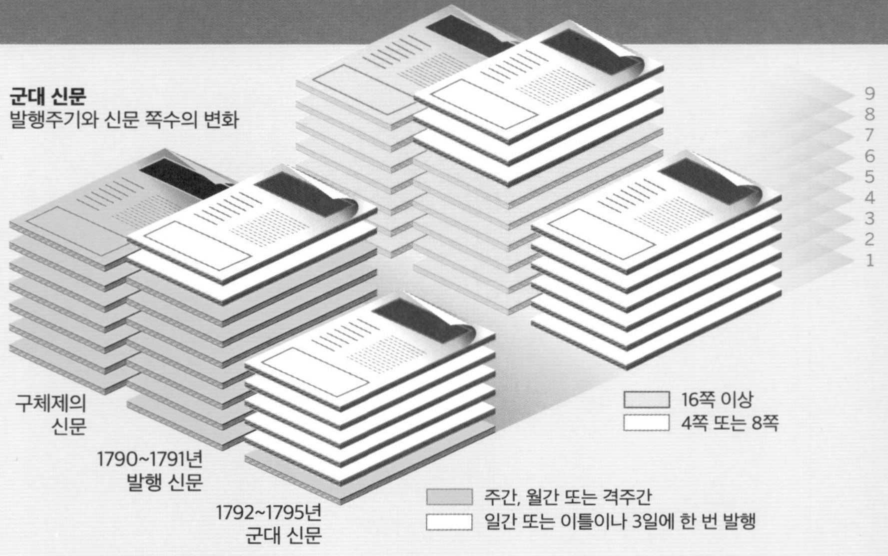

1788 | 1789 | 1790 | 1791 | 1792 | 1793

혁명과 **정복**

'위대한 국민국가'

1792년 11월, 아일랜드 '애국자들'은 국민공회에 "여러분의 위대한 국민국가가 유럽에 자유를 주는 것을 보면서 기뻐했다"라는 편지를 보냈다. 5년 후, 이러한 감정이 널리 퍼졌는지 의심스럽다. 그 당시 혁명은 칼끝으로 세력을 넓히고 있었고, 1797년 8월 「이탈리아군 소식Courrier de l'armée d'Italie」에서 보듯이 정복자는 성공을 자축하고 있었다. "위대한 국민국가가 내딛는 걸음마다 선행으로 빛난다! 거기에 참여하는 시민이여, 행복할진저." 무력으로 병합한 영토와 보호국 사이에서 혁명은 근본적으로 정책을 수정했다. 혁명정부는 이웃 나라들이 스스로 해방할 수 없으며, 그 나라 '애국자들'도 자기 나라를 이끌 수 없다고 생각했을 뿐 아니라 군대가 호전적인 민족주의의 이름으로 침략하고 정복한 국민을 통제하고 약탈하고 탄압하도록 허용했다.

1791~1793년 합병
1794~1799년 합병한 영토
점령지

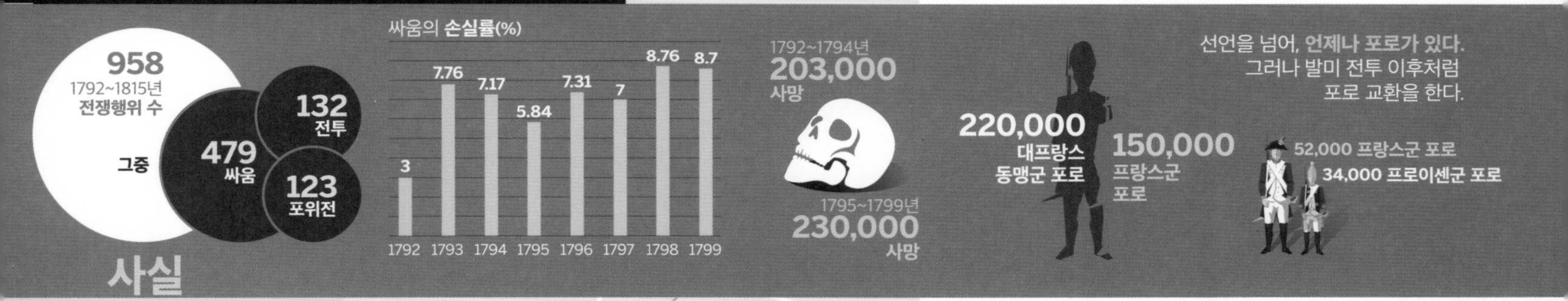

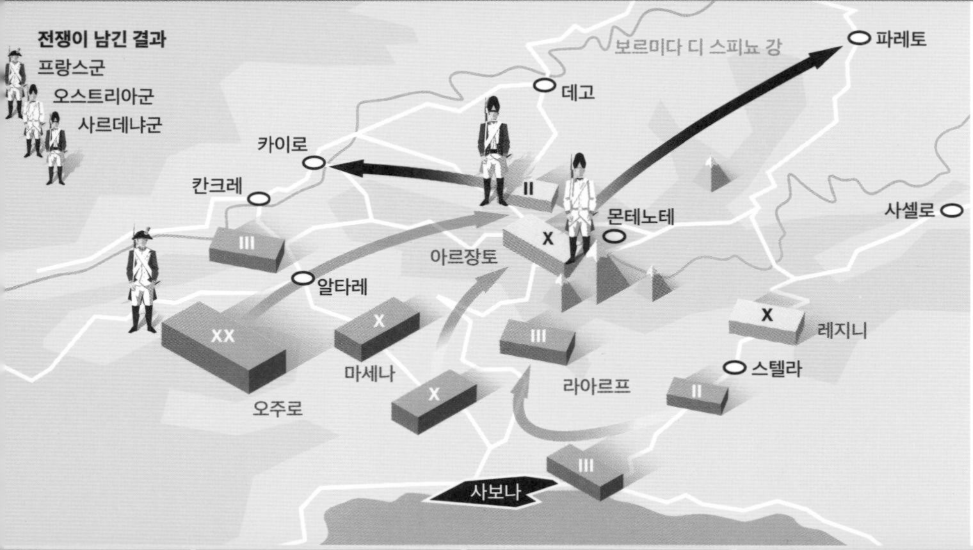

몬테노테 새로운 전술

프랑스 2개 대대가 사보나와 제노아 해안도로를 지켰다. 1개 대대는 스텔라를 지키도록 하고, 라아르프의 주력부대는 아르장토를 주시하게 했다. 아르장토는 부대를 종대로 편성해서 고지를 향해 올려 보냈다. 4월 12일 아침, 짙은 안개가 걷힌 뒤 적군을 거의 포위했다. 적군은 파레토 쪽으로 힘겹게 물러났다. 프랑스군이 기동성을 발휘해서 단절작전을 성공시키고, 사르데냐군과 오스트리아 동맹군의 사이를 끊어버렸다.

1795 1796 1797 1798 1799

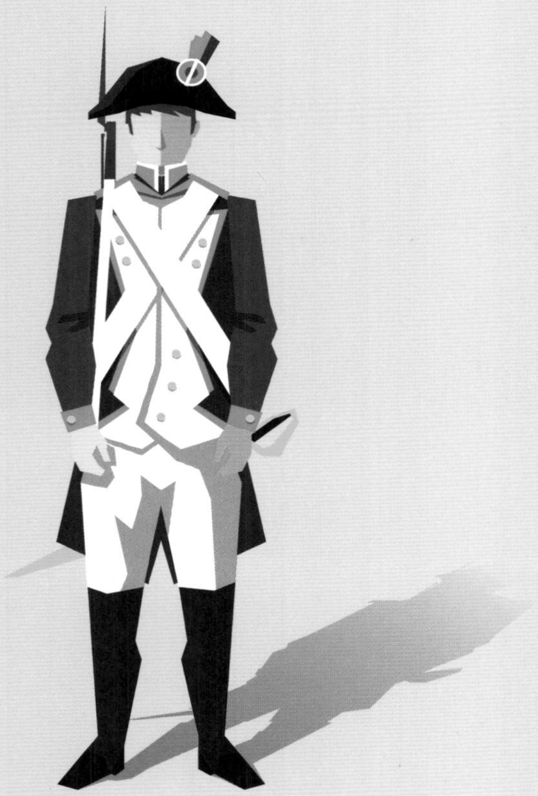

3

적대관계와 경쟁관계

RIVALITÉS ET CONCURRENCES

공포정이라고 말씀하셨나요?

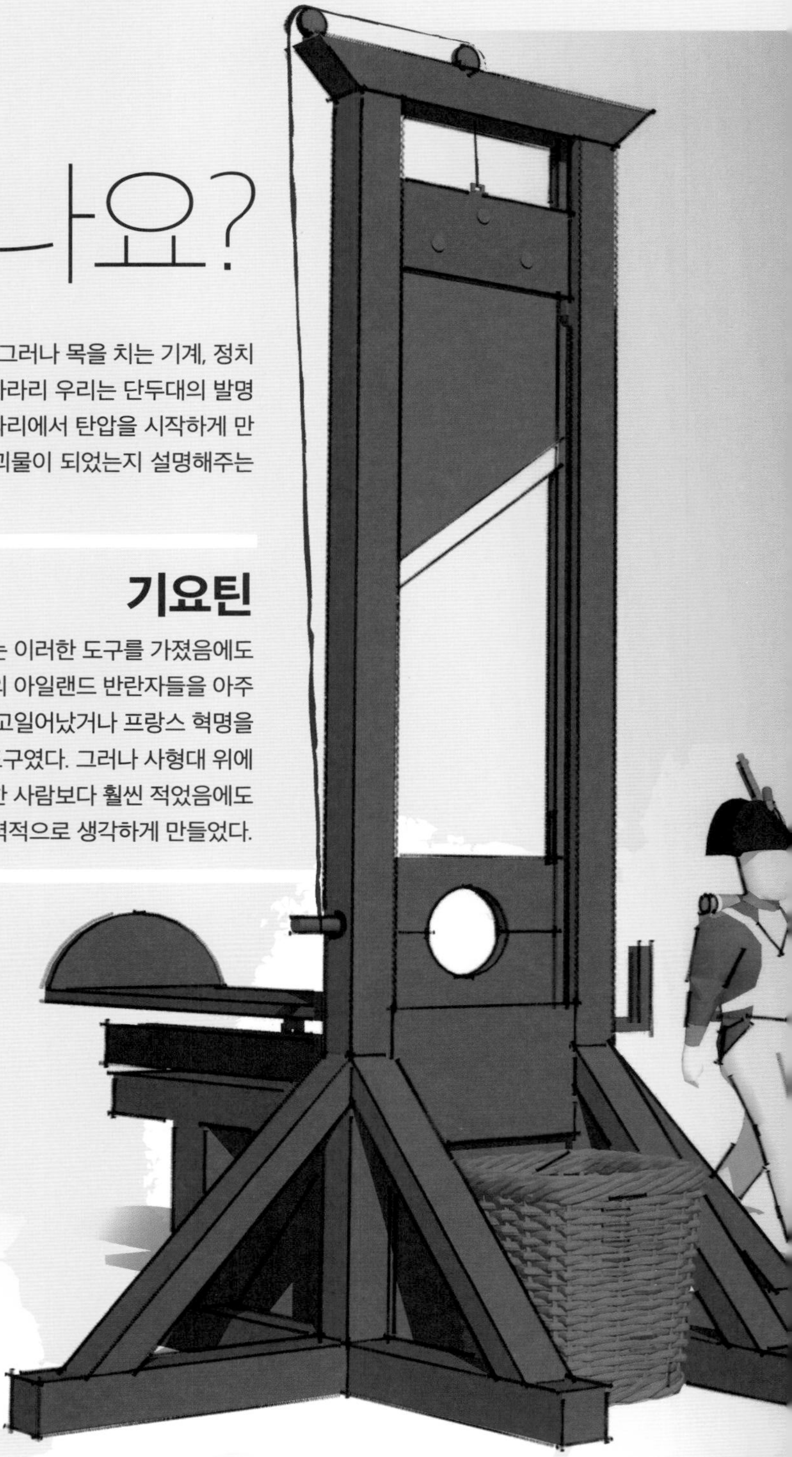

로베스피에르, 공포정, 단두대(또는 기요틴)는 혁명의 성격을 말해주는 세 요소다. 그러나 목을 치는 기계, 정치적 폭력, 본보기가 될 만한 혁명가의 모습으로 혁명을 요약하기란 불가능하다. 차라리 우리는 단두대의 발명을 시대적 맥락에 놓고, 혁명가들의 정치적 적대관계가 어떻게 전국에서, 특히 파리에서 탄압을 시작하게 만들고 그 위험성을 극대화했는지, 또 로베스피에르가 어떻게 '공포정'을 발명한 괴물이 되었는지 설명해주는 사실로 돌아갈 필요가 있다.

기요틴

피비린내 나는 혁명의 더할 나위 없는 상징이다. 그러나 혁명기 프랑스는 이러한 도구를 가졌음에도 만행을 독점하지 않았다. 영국인은 이 같은 도구가 없어도 1798~1799년의 아일랜드 반란자들을 아주 전통적인 방식으로 탄압했다. 이 가톨릭교도들은 더욱이 프랑스의 도움으로 들고일어났거나 프랑스 혁명을 지지한 사람들이었다. 기요틴은 무엇보다도 고통을 덜어주려는 목적을 가진 도구였다. 그러나 사형대 위에 설치한 뒤부터 사형은 구경거리가 되었다. 단두대 희생자가 수장이나 총살당한 사람보다 훨씬 적었음에도 그것이 마치 혁명의 정의를 실현하는 기계인 것처럼 왜곡되었고, 폭력을 매력적으로 생각하게 만들었다.

유럽의 처형

다양한 처형 방법

- 장작불에 화형
- 차형
- 교수형
- 참수형
- 능지처참형
- 죽을 때까지 태형
- 죽은 뒤 신체 절단, 1772년 덴마크 대신 슈트루엔제가 받은 형벌

1789년까지 18세기 사형의 기소 건수

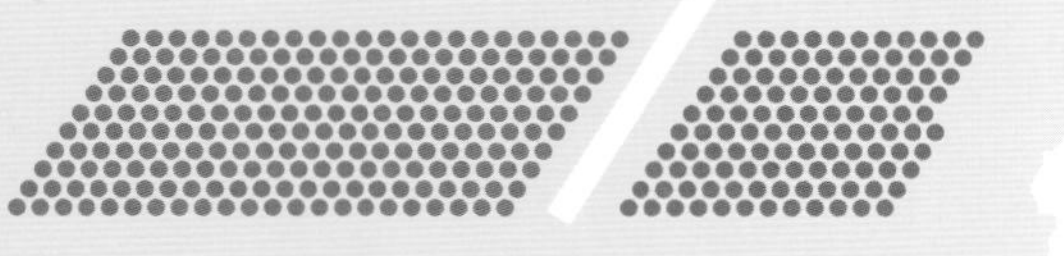

사형을 폐지하거나 제한한 국가

오스트리아
1781년 이후 황제 (마리 앙투아네트의 오빠)가 체계적으로 사형을 특별사면

러시아
1741년부터 1762년 사이, 황제 예카테리나의 지시로 사형제 폐지

토스카나
1786

1788 | 1789 | 1790 | 1791 | 1792 | 1793

토론

1789년 12월 1일
국민의회 의원 기요탱이 사형 절차를 개혁하자고 제안하고 기계로 참수하는 안을 옹호한다.

1791년 5월 30일부터 6월 1일
제헌의회에서 사형제 폐지론자와 반대자들이 토론한다. 페티옹은 사형을 빈번히 실시하는 일본과 사형을 폐지한 토스카나의 예를 든다. 로베스피에르와 뒤포르도 사형을 반대하고, 브리소도 원외에서 그들을 지지한다. 결국 사형을 받을 만한 죄목으로 32명이 기소되면서 고문을 받지 않는 사형제를 유지한다.

1791년 10월 6일
형법에서 이렇게 규정한다.
"사형은 유죄판결을 받은 자를 어떠한 방식으로든 고문하지 않고 단지 생명만 거두는 일을 뜻한다." 그리고 "모든 사형수는 머리를 잘린다."

전례

유럽의 다른 나라에도 이탈리아의 마나이아, 영국의 할리팩스 지벳, 스코틀랜드의 메이든을 본떠서 똑같은 일을 수행하는 기계가 있었다.

제작

1792년 3월 7일
의사 루이가 입법의회에 정당한 이유를 달아 의견을 제시한다.

1792년 3월 20일
국회가 목을 치는 기계를 승인하는 법을 통과시킨다.

1792년 4월 17일
960리브르의 예산으로 토비아스 슈미트가 최초의 기계를 제작하고 파리의 비세트르 병원 마당에서 시체로 성능을 실험한다.

1792년 4월 25일
한 대당 880리브르짜리 기계를 각 도에 나눠준다. 이렇게 해서 도마다 집행인 한 명이 다수를 처형할 수 있는 길을 연다. 1793년에 앙제의 집행인은 한 명을 처형하는 비용으로 50리브르를 요구한다.

예기치 않은 변화

사형수를 수레에 싣고 기요틴을 설치한 장소로 가는 모습은 구경거리가 된다.
나중에는 남녀노소 구경꾼을 '기요틴의 피핥기들'이라 부른다.

1789년 이전의 **프랑스**

개혁의 길

루소는 『사회계약론』에서 이렇게 썼다.
"사회적 권리를 공격하는 자는 조국을 배반하는 중죄를 지은 역적이다. 국가를 보존하는 동시에 그를 살려둘 수 있는 길은 없으므로, 둘 중 하나는 사라져야 한다. 죄인을 죽여야 할 때, 시민이 아니라 적으로 죽여야 한다." 그를 본받아 사형제를 폐지하기보다는 제한하는 쪽으로 변화하기 시작했다.

처형에서 **기요틴의 역할**

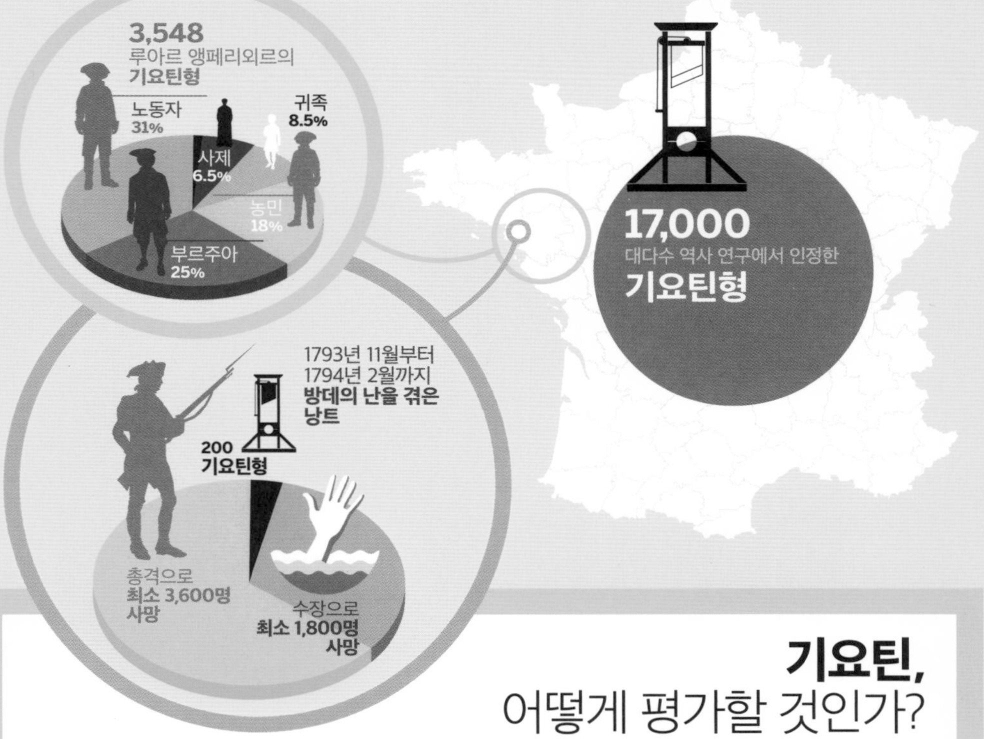

기요틴, 어떻게 평가할 것인가?

➕ **계몽주의의 산물로서** 순식간에 민주적이고 평등하게 죽일 수 있다.

➕ 고통을 주지 않는 효율적인 기계로서 **산업화 시대의 시작을 알려준다.**

➖ **사형대 위에 설치한 모습이** 두려움을 불러일으키는 동시에 '국민의 면도칼' 또는 '애국의 지름길'이라는 농담도 생긴다.

➖ 사형수를 형장으로 데려가는 동안 **여론에 영향을 미쳤다.** 사형수를 만날 때 억눌렸던 감정을 해소하는 사람이 많았다.

➖ 기요틴을 '신성한 기요틴', '붉은 미사', '평등의 낫', '자유의 검'으로 **신성시하는 풍조가 생긴다.**

1795 1796 1797 1798 1799

예외적 상황, 1792-1794

1792년부터 1794년 사이에 무슨 일이 있었던가? 200년이 지난 오늘날에도 여러 가지 해석이 화해할 줄 모른다. 혁명의 적인 왕당파나 지롱드파, 알자스·바스크·방데 지방민에게 행사한 폭력은 국민공회의 작품이었으며, '공포정'이었던가? 아니면 전국을 동원해야 할 예외적 상황에서 일부 의원들과 상퀼로트 지도층 인사들이 국가를 황폐하게 만드는 과정을 국회가 통제하지 못한 채 그릇된 방향으로 표류한 결과인가? 정확한 평가를 내리려면 모든 사실을 재검토하고, 특히 파리에서 시작해 전국으로 정치투쟁이 확산되면서 탄압의 조건을 형성한 과정을 살펴야 한다. 또 여러 집단과 주요 인물들이 상퀼로트가 촉구한 '공포정'을 어떻게 생각했는지 밝혀야 한다. 물론 간단히 해결할 수 있는 문제는 아니다. 로베스피에르의 뜻과 달리 가장 격렬하게 탄압한 사람들 가운데 로베스피에르가 '공포정'의 원흉이라고 주장하는 사람들이 있었기 때문이다.

그러므로 모든 사람에게 상처를 남긴 1792년 9월의 학살 이후, 최전방과 방데에서 위협을 받고 '공포정'을 실시하라고 촉구한 상퀼로트에게 의지하게 될 1793년 여름까지 정책과 망설임을 구별할 필요가 있다. '공포정'이라는 말은 아주 모호하며, 분명한 영역을 포함하지 않는다. 국민공회 의원들은 1793년 9월에 '공포정을 의사일정'에 포함시키기를 거부했지만, 일부는 과격하고 효과 없는 탄압을 실시했다. 이처럼 전쟁장관은 상퀼로트 뱅상의 통제를 받아 방데로 군대를 파견했다. 1793년 가을부터 1794년 초까지 수천 명이 여러 방식으로 처형당했다. 1794년 3~4월부터 국민공회는 군대를 통제하고 파리로 사법절차를 집중화하고 지방의 처형을 제한했다. 이렇게 해서 수도는 처형의 중심지가 되었다.

탄압의 여러 형태

1792

5월 모든 영토가 침략을 당한다고 선언하는 방법을 단순화한다.
7월 11일 "조국이 위험하다"라고 선언하면 모든 징발과 감시 조치를 취할 수 있다.

1793

3월 8~9일 **민간권력이 모든 권력을 장악한다.**
3월 10일 의원들에게 모든 권한을 주어 각지로 파견한다.
3월 18일 특별형사법원을 설립한다.
3월 19일 재산 분할을 요구하면 사형이다. 누구라도 반혁명의 죄를 지으면 사형이다.

5월 31일~6월 2일 **상퀼로트가 공포정을 촉구한다.**
8월 30일 국민공회가 지롱드파 의원을 숙청한다.
9월 4~5일 루아예가 공포정을 의사일정으로 올리라고 요구한다. 상퀼로트가 국민공회에서 행진한다. 압박을 받은 국민공회는 공포정을 피하면서 혁명군을 창설하지만 기요틴을 주지 않는다.• 상퀼로트는 자율성을 잃는다.

지방에서는 더욱 과격하게 탄압을 실시한다. 상퀼로트는 방데에도 있다. 과격한 의원들은 리옹·마르세유·툴롱·보르도·낭트·생테티엔에서 두각을 나타내고, 각 군에서 군사위원회는 반혁명 분자를 약식 처형한다.

12월 4일 **국민공회가 모든 탄압을 통제한다.** 국민공회와 원내 위원회들이 권력을 집중하고 파견의원들의 권력을 회수한다.
파리만 빼고 모든 혁명군을 폐지한다.
파리의 혁명법원(오랑주와 아라스의 혁명법원)을 제외하고 모든 혁명법원을 폐지한다. 상퀼로트 지도자들을 처형하면서 3월과 4월의 처형이 증가한다.

1794

프레리알 22일(6월 10일) **로베스피에르와 친구들이 자기주장을 관철시키고 정적들의 불만을 산다.** 의원들을 위협하는 법을 통과시킨다. 감옥의 음모가 발생한다. 반대자들이 재판을 휘두른다.

테르미도르 9~10일 **로베스피에르가 유죄판결을 받고 처형된다.**

군사위원회

장교 몇 명으로 구성한 군사위원회가 긴급 상황 시 법정을 열어 포로나 죄수를 재판하고 반혁명 분자를 처형한다.
앙제에서 파견의원인 부를로트·탈리엥·튀로가 1793년 7월 10일에 군사위원회를 설치하고 피에르 마티외 파렝에게 위원회를 이끌도록 한다.

1788 1789 1790 1791 1792 1793

- 그날 파리 코뮌을 대표해서 쇼메트는 파리와 전국 각지에 혁명군을 창설하고, 혁명군에 군사법원과 강제수단인 기요틴을 설치하게 해달라고 요구했다. 그러나 국민공회는 혁명군만 창설하고 다른 요구는 들어주지 않았다.

낭트의 카리에, 희생양

카리에는 혁명위원회를 이끌면서 여러 가지 경험을 쌓는다. 혁명법원 판사로서 르누아르가 이끄는 위원회, 비농의 보호를 받는 군사위원회를 선정한다. 마라 일당이 실제로 체포를 담당하고, '아메리카 기병Hussards américains'과 '몽타뉴 척후병Éclaireurs de la Montagne'이 주로 시골에서 잔인한 탄압을 일삼고 수감자들을 처형한다 [그러나 모든 책임은 카리에가 진다].

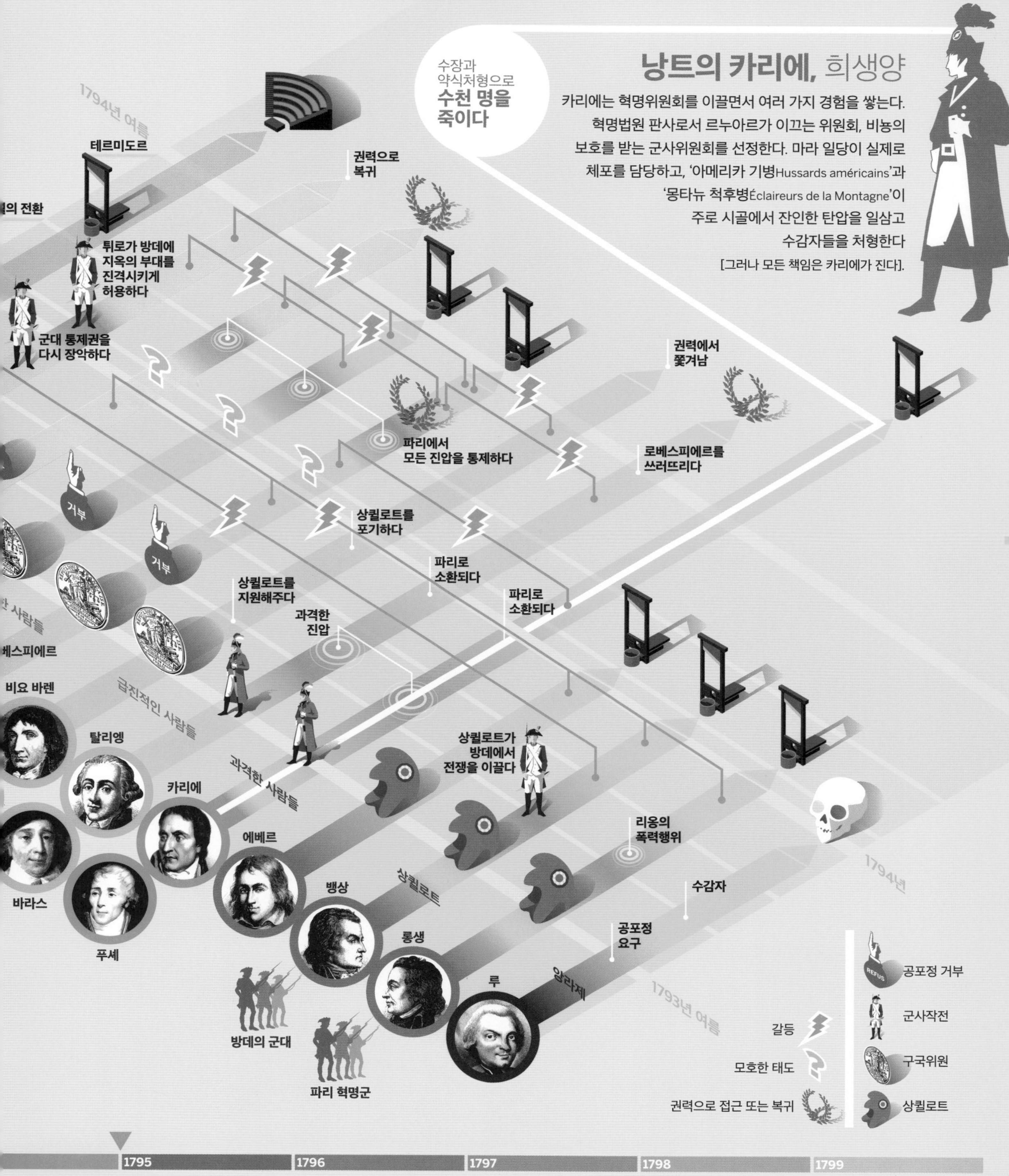

공포정치가 로베스피에르

프랑스 혁명사에서 로베스피에르의 처형을 중요한 전환점이라고 생각하는 이유는 무엇인가? 가장 막강한 인간을 어떻게 아침에 고소하고, 저녁에 옥에 가두고, 이튿날 처형할 수 있었을까? 1794년 7월 27일, 공화력 2년 테르미도르 9일에 적대진영이 분명히 구축되지 않은 상태에서 의원들은 막연히 맞서다가 우연히 전환점을 맞이했다. 한 달 뒤부터 로베스피에르가 '공포정'을 실시했다고 비난하기 시작했고, 모든 역사는 그것을 받아 적었으며, 그렇게 해서 공포정치가 로베스피에르의 암울한 전설이 생겼다. 당시 로베스피에르는 프랑스에 '공포정'을 실시했다는 혐의를 받았고, 그의 적들, 이른바 '테르미도르 반동파'는 로베스피에르를 괴물로 만들면서 보르도·리옹·마르세유 같은 곳에서 자행한 학살의 책임을 벗어버렸다. 게다가 우리는 로베스피에르가 추진한 정책이 이러한 상황을 허용한 이유가 무엇인지도 이해해야 한다. 그의 정책은 의도를 알 수 없을 만큼 복잡하게 발전했다. 그는 상퀼로트와 당통파를 제거하는 과정에서 충격적인 역할을 맡았고, 그와 친구들이 권력을 손아귀에 넣으면서 사람들에게 걱정거리를 안겨주었다. 국민공회의 다수 의원들은 로베스피에르의 야망과 목표 때문에 더 큰 원한과 두려움을 키웠다. 그래서 그들은 에베르와 당통을 제거했듯이 로베스피에르도 제거했다. 탈리엥은 로베스피에르가 1792~1794년 공포정의 원흉이라고 비난했고 놀라운 성공을 거두었다는 사실도 추가해야 한다. 우리는 줄곧 이러한 유산에 기대어 살고 있다.

브리소의 뒤를 이어 뒤포르와 페티옹이 **사형제 폐지를 요구한다.**

종교 예배의 자유를 옹호하고, 탈기독교 운동과 함께 푸셰와 콜로가 리옹에서 내린 조치에 반대한다.

바레르는 "자유의 희생자들의 곁에 선" **바라BARA라는 말을 처음 썼다.**

바레르의 주장에 동조해서 공포정을 의제로 올리는 일을 피하고, 또 지롱드파 의원 73명의 생명을 지켜준다.

'앙라제'의 지도자 **자크 루에 반대한다.**

'공포정'과 '덕'은 모든 위원회 구성원에게 폭력을 동원하는 일을 맡긴다. 카리에를 파리로 소환하고, 그가 낭트에서 한 활동에 반대한다.

혁명법원을 구국위원회가 감독하도록 한다.

어떤 형식으로든 '공포 **실시하라는 요청**을 두 번 거부한다.

1791 1792 1793 1794

로베스피에르와 폭력
복잡한 진화

9월 **학살 승인**

재판을 하지 않고 **왕을 처형하라고 요구**

"누구라도 우리의 적과 타협하자고 제안하는 자"를 **사형시키자고 제안**

브르타뉴 지방의 반혁명 분자 두 명을 **즉시 처형하라고 승인**

당통과 친구들의 **처형에 한몫한**

상퀼로트 지도자들의 **처형에 한몫한**

'비상'시국에 직면해서 **'인민의 적들'을 죽이고** 선량한 시민들을 '보호'하라고 촉구한다.

리옹에서 활동하는 파견의원들에게 "우리가 보내는 구국의 법을 **가차 없이 준엄하게 시행" 하라고 요구한다.**

프레리알 22일 법
구국위원회가 이미 받아들인 명령을 재확인해서 권력을 집중화하고 모든 위원회를 감독하는 권한을 강화하지만, '공포정'을 실시하지 않는 척했다. 의원들은 언제나 '공포정'이라는 말을 달가워하지 않았기 때문이다. 반대파 의원들이 보기에 로베스피에르는 터무니없이 중요한 위치를 차지한다. 얼마 후 바디에가 개인적인 적들을 단두대에 세우면서 그 법의 본래 취지를 왜곡한다.

로베스피에르의 **무리**

단호한 **반대자들**

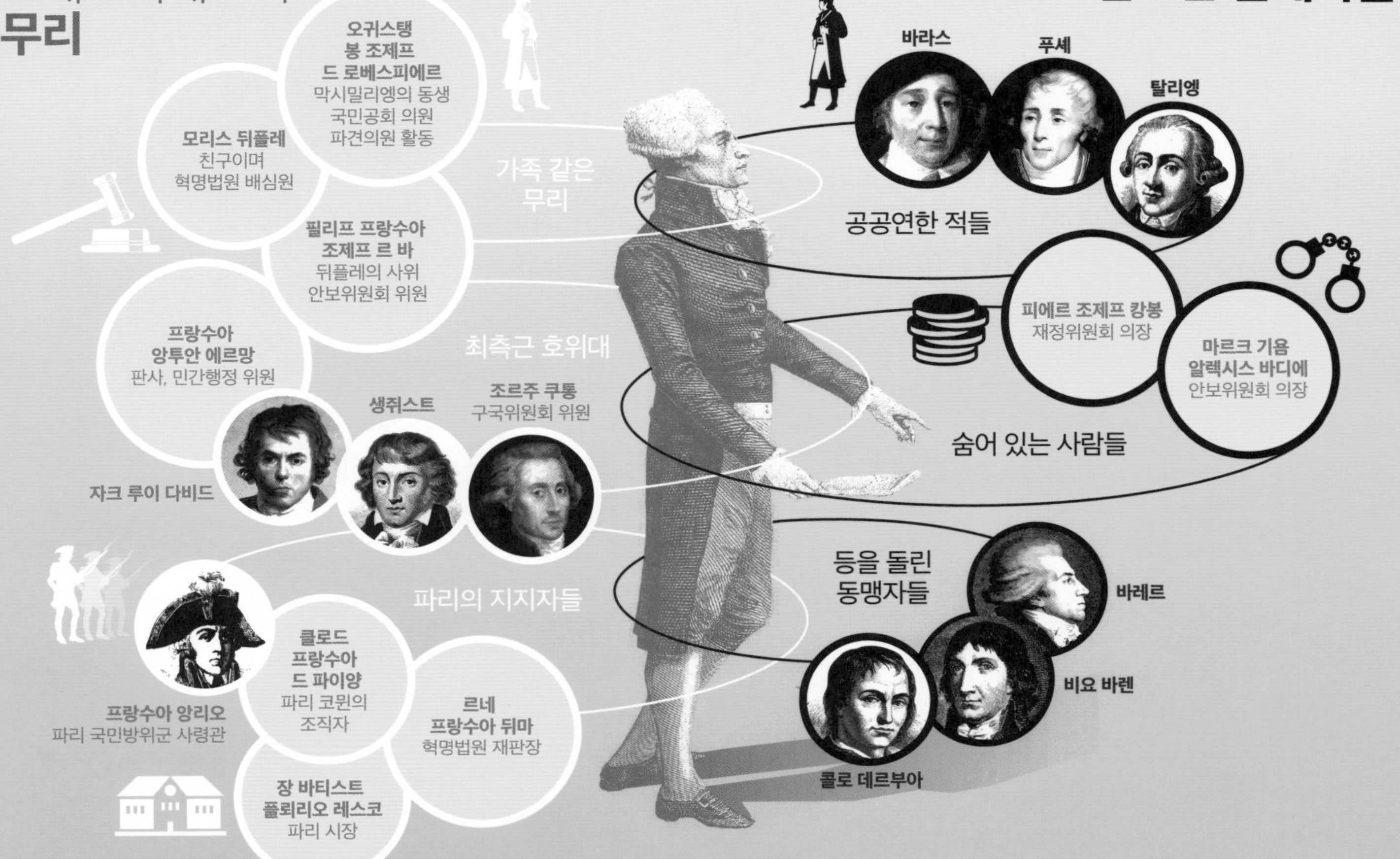

프랑스 역사를 **바꾼 3일**

테르미도르 8일

11시
국민공회 앞에서 로베스피에르가 인민에게 '사기꾼들 동맹'을 제거하라고 촉구하면서 재정위원회 의장으로 막강한 권력자인 캉봉을 지목한다. 캉봉은 로베스피에르가 "국민공회의 의지를 마비시킨다"고 비난한다.

21시
탈리엥과 푸셰가 로베스피에르에 맞서기 위해 동지를 구한다. 캉봉은 이렇게 쓴다. "내일, 로베스피에르나 나, 둘 중 하나가 죽는다." 구국위원회에서 생쥐스트가 화해문을 작성한다.

테르미도르 9일

8시
카르노와 바레르가 파리 국민방위군 사령관 앙리오 장군을 해임한다. 그들은 군사학교를 통제한다. 한 시간 뒤 플뢰리오와 파이양이 합동위원회에 소환된다.

11시
국민공회에서 생쥐스트가 연설문을 읽자마자 저지당한다. 로베스피에르의 발언도 방해받는다. 곧 정오가 되고, 바레르가 뒤마와 앙리오를 체포하라는 명령을 통과시킨다. 로베스피에르·쿠통·르 바·생쥐스트·오귀스탱의 체포영장을 발부한다.

15시
시청에서 파이양·플뢰리오·앙리오가 국민방위군을 소집해서 국민공회를 공격하고 파리의 모든 울타리를 폐쇄할 계획을 세운다. 48개 구에서 단지 3분의 1만 소집에 응한다.

17시
로베스피에르가 함께 기소된 동료들과 함께 안보위원회로 끌려간다. 앙리오가 시청을 출발해서 그들을 구출하러 가다 붙잡힌다.

20시
뤽상부르 궁의 감옥에서 로베스피에르를 거부하자 시테 섬[일 드 라 시테]의 시청 소속 장소로 되돌려 보낸다.

21시
시청에 모인 파리 코뮌은 아무런 활동도 하지 않는다. 두 시간 뒤 로베스피에르는 시청에 도착한다. 그러나 파리 코뮌에서 반란의 명령을 내리지 않는다. 국민공회가 로베스피에르를 무법자로 선언한다.

테르미도르 10일

2시
국민공회가 바라스와 부르동을 대표로 뽑는다. 그들은 상퀼로트로 구성한 국민방위군 부대의 호위를 받으면서 시청으로 간다. 로베스피에르는 부상을 입고 친구들과 붙잡힌다.

4시
수레 두 대가 사형수 22명을 나눠 태우고 혁명광장의 단두대로 향한다.

6시 30분
로베스피에르가 끝에서 두 번째로 처형당한다. 시신들을 곧바로 에랑시 공동묘지로 가져다 묻는다. 이튿날 바레르가 로베스피에르를 '폭군', '독재자'로 규정한다.

예외적인 방데, 공공의 적 1호

1793년 2~3월, 프랑스의 **반혁명**

1793년 2월, 국민공회는 '30만 명을 징집'하기로 결정한다. 코뮌마다 전선에서 적과 싸울 젊은이를 할당받은 수만큼 보내야 한다. 그 결정에 반발해서 전국의 4분의 1이 들고일어난다. 반란을 대부분 진압하지만, 특히 마르세 장군이 무능한 데다 병력도 부족하기 때문에 루아르 강 이남을 진압하지 못했다. 국민공회는 '방데의 전쟁'이 거기서 시작했다고 보았고, 몽타뉴파는 지롱드파를 반역자라고 비난했다. 두 파의 적대관계는 정규군과 의용군을 공공의 적 1호가 된 '방데'로 무질서하게 파견할 때 드러났다. 지롱드파·몽타뉴파·상퀼로트의 분열에 더해 일부 부대의 무능도 문제였다. 그들은 약탈과 도둑질에 한눈을 파는 경우가 있었기 때문에 가톨릭교도 왕당파 군대(혁명군에 맞서는 방데)가 1793년 9월까지 넓은 지역을 통제할 수 있었다. 이 때문에 국민공회의 급진파는 여름 내내 '방데의 도적떼'를 토벌하라고 연설했다.

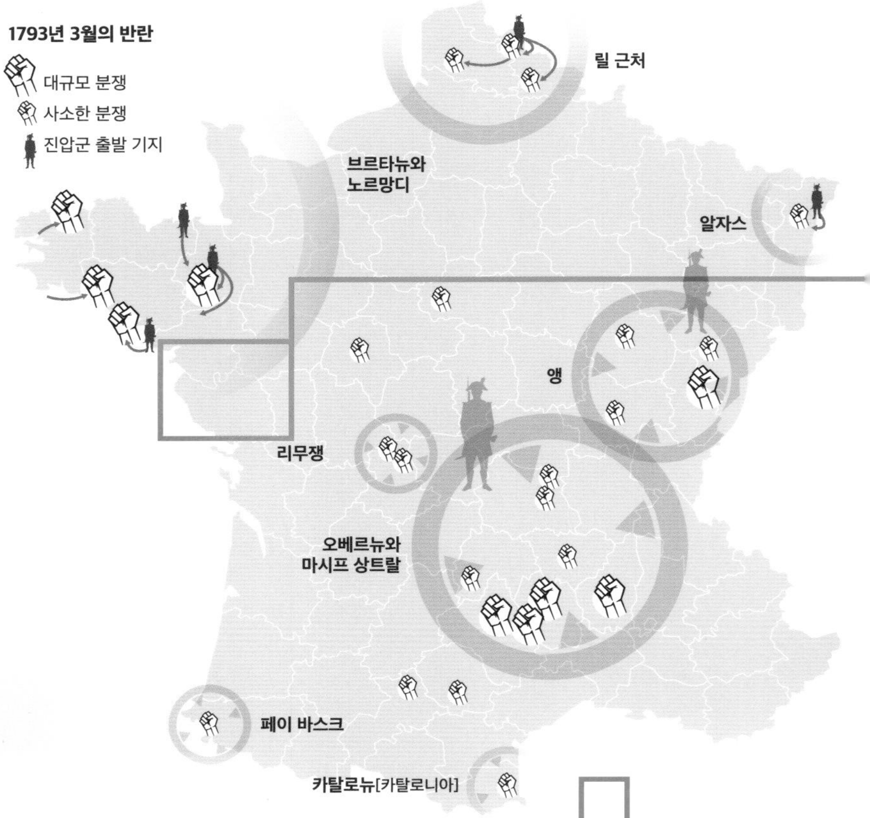
1793년 3월의 반란
대규모 분쟁
사소한 분쟁
진압군 출발 기지
릴 근처
브르타뉴와
노르망디
알자스
앵
리무쟁
오베르뉴와
마시프 상트랄
페이 바스크
카탈로뉴[카탈로니아]

가톨릭교도 왕당파 군대

최고사령부
1793년 5~8월에 샤티용에 설립, 명령권 행사

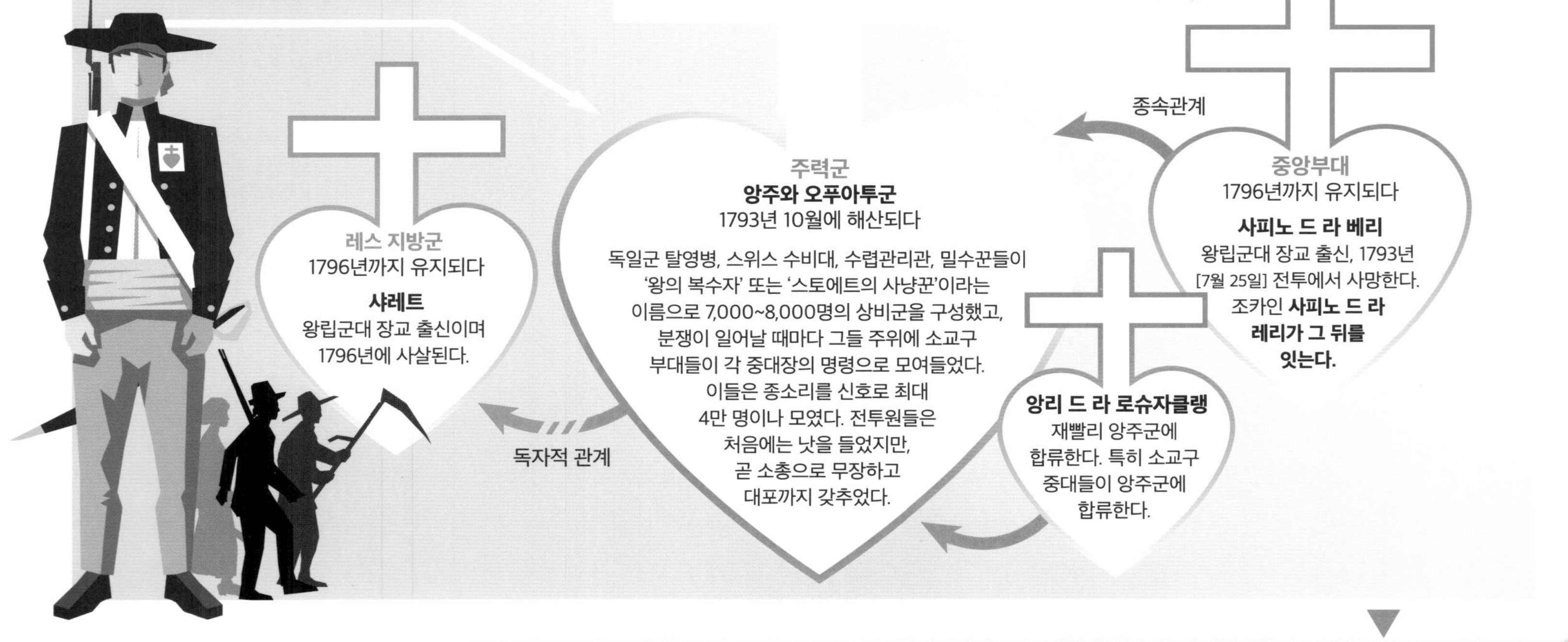
레스 지방군
1796년까지 유지되다
샤레트
왕립군대 장교 출신이며
1796년에 사살된다.
독자적 관계
주력군
앙주와 오푸아투군
1793년 10월에 해산되다
독일군 탈영병, 스위스 수비대, 수렵관리관, 밀수꾼들이 '왕의 복수자' 또는 '스토에트의 사냥꾼'이라는 이름으로 7,000~8,000명의 상비군을 구성했고, 분쟁이 일어날 때마다 그들 주위에 소교구 부대들이 각 중대장의 명령으로 모여들었다. 이들은 종소리를 신호로 최대 4만 명이나 모였다. 전투원들은 처음에는 낫을 들었지만, 곧 소총으로 무장하고 대포까지 갖추었다.
종속관계
중앙부대
1796년까지 유지되다
사피노 드 라 베리
왕립군대 장교 출신, 1793년 [7월 25일] 전투에서 사망한다. 조카인 사피노 드 라 레리가 그 뒤를 잇는다.
앙리 드 라 로슈자클랭
재빨리 앙주군에 합류한다. 특히 소교구 중대들이 앙주군에 합류한다.

1788 1789 1790 1791 1792 1793

반혁명 지방의 탄생과 전성기

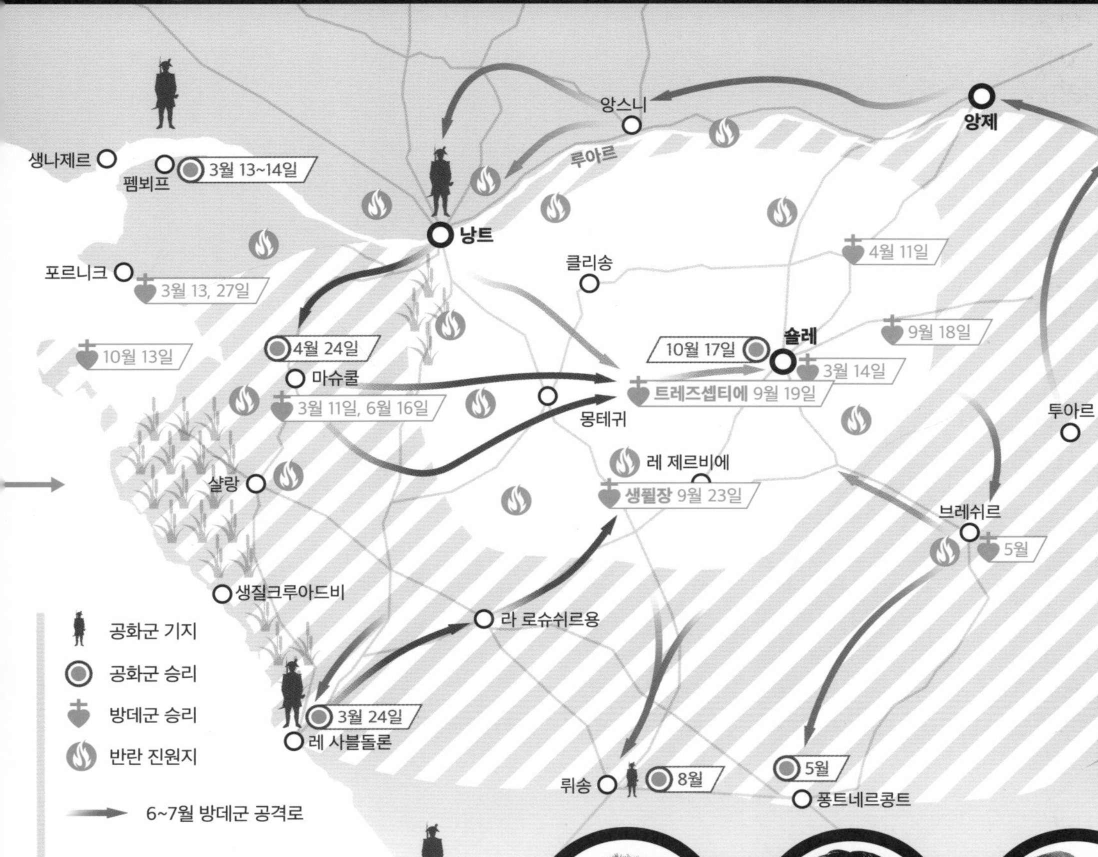

아르망 루이 드 공토 비롱
1747-1793
대귀족 총사령관으로서
혁명법원의 판결로 처형당한다.

장 바티스트 카미유 드 캉클로
1740-1817
경력을 쌓은 군인으로 낭트를
지키지만 귀족 출신이라는
이유로 신망을 잃는다.
왕정복고에 가담한 뒤 죽는다.

장 앙투안 로시뇰
1759-1802
평민 출신의
'바스티유 정복자'이며
반란코뮌/혁명코뮌에 가담한다.
장군으로 승진하고
캉클로의 후임으로 활약하다가
1802년에 유배지에서 죽는다.

자크 조제프 카틀리노
1759-1793
마부 출신으로 첫 번째
총사령관이 되어
5월부터 7월까지 방데군을
통솔하다 중상을 입고 사망한다.

모리스 델베
1752-1794
왕립군대 장교 출신으로
두 번째 총사령관이 되어
7월부터 10월까지 방데군을 통솔한다.
1794년에 총살당한다.

앙리 드 라 로슈자클랭
1772-1794
왕립군대 장교 출신으로
세 번째 총사령관이 되어
10월부터 12월까지 방데군을 통솔한다.
1794년 전사한다.

이러한 상황을 이용해서 방데인들은 총사령부의 권위 아래 하나로 뭉쳐서 투아르·소뮈르·앙제·퐁트네르콩트 가운데 한 지역을 공략했지만, 한곳에 머무르지는 못했다. 그 대신 낭트와 뤼송의 공략은 실패했고, 펨뵈프부터 레 사블돌론까지 대서양 연안을 장악하지 못했다. 그래서 방데 반란자는 자기 영역을 확정하지 못했다. 진정한 의미로 (르제, 생플로랑르비에에, 르 팽앙모주, 레 제르비에 같은) 반혁명 핵심 지역을 중심으로 수만 명이 전투를 벌이면서 경계선이 계속 바뀌었기 때문이다. 공화군은 냉혹하게 전쟁을 수행했고, 반혁명 지역은 이렇게 단 몇 달만 존재했다. 지롱드파는 제거되었고, 공작이었던 비롱 장군처럼 처형당하는 사람도 있었다. 몽타뉴파는 대규모 전투가 벌어질 때 상퀼로트의 지원을 받지 못했고 지휘권을 잃었기 때문에 패배했다. 9월부터 전쟁부를 장악한 친구들의 도움을 받아 오직 상퀼로트 군대만 살아남았다. 공화군이 숄레를 공격하고 승리한 결과 전환점을 맞이했다. 방데군은 루아르 강북으로 향했지만 '라 비레 드 갈레른la Virée de Galerne'[북서풍 맞이 여행]으로 망했다. 1793년 10월부터 방데 전쟁의 속도가 달라졌다. 그것은 대대적인 전투가 아니라 짧고 강력한 충격을 주는 전쟁이 되었다.

방데에서 싸운 공화군 병력

전투와 탄압, 1793-1794

10월 이후 방데의 가톨릭교도 군대는 숲과 요충지를 중심으로 조직을 가다듬었다. 농촌에서 튀로 장군은 '방데의 도적떼'를 토벌하기 위해 '방화부대'를 투입했다. 국민공회는 모호한 태도를 취하면서 그를 지원했고, 일부 장성들은 정확한 계획도 없이 효율성도 없는 작전을 펼쳐 병력이 가는 곳마다 범죄를 저지르고 황폐하게 만들었다. 모주와 방데의 관목 숲은 가장 큰 영향을 받는 지대가 되었다. 1794년 2월 이후 샤레트 또는 스토플레가 지휘하는 병력 수백 명이 공화군의 작전을 실패하게 만들었다. 4월 이후 국민공회는 사면을 마무리하기 위해 튀로의 전술을 포기했다. 몇 달 동안 유격대가 휩쓴 지역은 심한 상처를 입었다. 수백여 마을이 불에 타고 파괴되었으며, (숄레·브레쉬르·샤티용 같은) 도시는 승패가 불확실한 전투를 겪으면서 피폐해졌다. 피해 정도를 정확히 파악하지 못한 상태이긴 해도 극적으로 높은 수치일 것은 확실하다.

인명 손실을 둘러싼 **대논쟁**

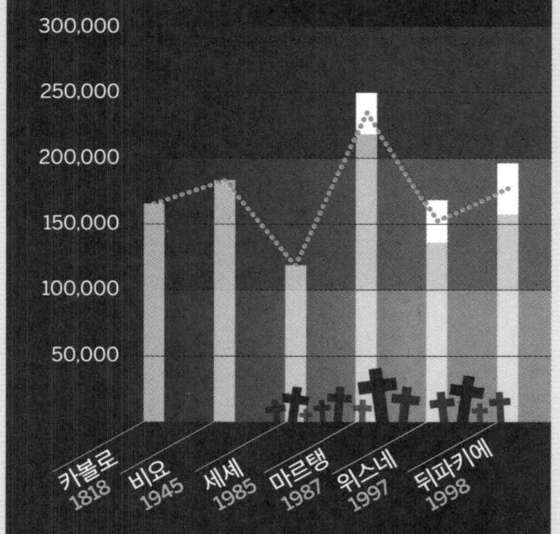

1970년 이후, 대학인들은 공화국이 방데에서 자행한 탄압을 '대량학살génocide'로 규정했다. 나와 일부 역사가는 다음과 같은 이유 때문에 그 말을 쓰는 데 반대한다. '방데의 도적떼'를 콕 집어서 '절멸'시키라고 요구한 결과이기 때문에, 또는 '방데의 난민'이 다수 발생했기 때문에, 또는 '대량학살'의 확실한 계획이란 없었기 때문이다.

루이 마리 튀로 드 리니에르
1756-1816
국민방위군에 자원입대한 후 장군으로 진급했으며 모든 면에서 혁명의 덕을 보았다. 서부군 사령관이 된 후 1794년 (지옥의) 방화부대를 투입하기로 결정한다. 지휘권을 빼앗긴 뒤 잠시 갇혔다가 풀려나 나폴레옹 제국에서 경력을 쌓았다.

프랑수아 아타나즈 샤레트 드 라 콩트리
1763-1796
하위 귀족 출신의 해군장교로 복무한 뒤 1794년 이후 왕당파 군대의 주요 장성이 된다. 1796년에 낭트에서 총살당한다.

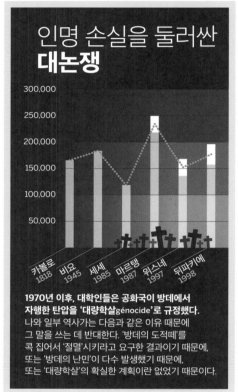

장 니콜라 스토플레
1753-1796
부사관이며 탁월한 조직자로서 1794년부터 모주를 장악한다. 1796년에 앙제에서 총살당한다.

라 비레 **드 갈레른**

숄레 전투 후에 수만 명의 부대가 영국군의 도움을 받기 위해 그랑빌을 향해 몰려갔다. 잇단 살육전을 치른 뒤 방데로 되돌아가다가 르 망에서 그리고 끝으로 사브네에서 막대한 병력을 잃었지만, (낭트와 앙제 같은) 대도시에서는 수천 명의 수형자를 처형했다.

1788 1789 1790 1791 1792 1793

피난민

1793년 3월부터 공화국 지지자들과 가족들은 집을 버리고 특히 낭트·앙제·니오르 같은 '청색'[공화파] **도시로 떠났다.** 심지어 투르나 푸아티에까지 가는 사람도 있었다. 그들의 수를 정확히 알기는 어렵지만 1795년까지 2만~4만 명이 재정 지원을 받았다. 이들은 1795~1796년 이후 조금씩 방데 지방으로 되돌아갔다.

전투, 처형, 인명손실
대
중
소

방데를 **떠난 난민**

난민을 **받아준 도시**
+ 푸아티에와 니오르

1795 1796 1797 1798 1799

방데의 기억
끝날 줄 모르는 전쟁

21세기에도 방데의 전쟁을 둘러싼 논쟁은 그칠 줄 모른다.
자료의 신빙성 문제와 함께 증거도 불충분하기 때문에 사실을 올바로 파악하지 못하는 실정이다. 1793년 3월부터 공화국은 방데의 위협과 공화파의 승리를 과장해서 선전했고, 1795년 이후에는 로베스피에르와 상퀼로트에게 모든 탄압의 책임을 씌웠다. 게다가 당시에도 방데는 유럽 전역에서 유명해졌고, 정치가·소설가·예술가에게 영감을 불어넣었다. 1815년 이후 왕정복고와 함께 왕당파는 수많은 기념건축물·그림·책·소책자는 물론 종교행사·기념식·스테인드글라스를 이용해서 방데의 희생을 선전하기 바빴다. 더욱이 공화파와 왕당파 저자들은 연구와 사회운동의 성격을 동시에 표현하는 저작을 수만 쪽 이상 발간했다. 방데는 다른 모습의 프랑스 역사를 구현했다. 20세기에 방데를 옹호하는 역사가 경쟁상대를 대체했다. '퓌 뒤 푸Puy du Fou'[역사공원]의 성공과 혁명 200주년의 논쟁으로 항상 프랑스 국민성의 핵심에 남아 있는, 결코 잊지 못하는 기억을 둘러싼 적대감이 고조되었다.

1793~1795년
방데 전쟁은 당대의 관심사가 된다! 다비드가 〈마라의 죽음〉을 그린다.

1800년
나폴레옹은 처음 나오기 시작한 방데의 전쟁사를 검열한다.

1820년대
수많은 회고록이 나오기 시작한다.

1826년
봉샹 동상을 세우다. 그것을 조각한 앙제의 다비드는 나중에 급진 공화주의자가 된다.

1847년 이후
공화주의 역사가들은 쥘 미슐레를 본받아 방데 전쟁을 얘기한다.

1795년 이후
유럽은 희생자 방데에 열광한다.

1815년
『라 로슈자클렝 후작부인의 회고록』이 인기작품이 된다.

1817년 이후
왕이 방데 전쟁 주요 인물의 초상화를 주문한다.

1832년
베리 공작부인의 봉기가 방데를 전 세계에 알린다.

로맨티즘 그림은 방데와 슈앙파를 혼동한 주제뿐이다.

1860년대
방데인들이 교황령 국가와 나폴리 왕국을 지킨다.

1790 1800 1810 1820 1830 1840 1850 1860

수많은

청색[공화파] 역사의 관점에서 볼 때, 모든 방데인은 반혁명 분자이며 공화국에 반란을 일으킨 자들이다. 흰색[왕당파] 역사의 관점에서 볼 때, 모든 공화파와 혁명가들은 비난받을 이념의 이름으로 저지른 참사의 책임자다. 여기에 제시한 그림은 각 진영이 특히 좋아하는 것이다.

최근까지 청색 역사는 방데 전쟁 이야기에 탄압의 사례를 포함시키지 않았다.
19세기에 공화파 역사가들은 [방데 전쟁을] 상퀼로트·카리에·튀로·로베스피에르의 책임으로 돌렸다. 오늘날에도 그들의 역할을 문제 삼으면서도 거의 토론을 하지 않는다. 방데 전쟁은 특히 귀족과 종교인이 무지한 농민 대중을이용하면서 벌인 일을 벌하는 기회였다는 것이다.
대대적인 분열을 강조하는 해석에서 1793년에 공화국을 수호하던 측인 지롱드파는 일부 지방을 제외하고 양단간에 하나로 분류할 수 없는 캉클로나 트라보 장군처럼 조금도 인정받지 못했다.
매우 가혹한 정책을 망설이지 않고 따르던 오슈나 마르소는 아주 젊을 때 목숨을 잃었던 만큼 그들이 거둔 승리의 영광에 휩싸여 있다. 이론의 여지 없이 진정한 영웅은 '북치기' 바라 한 사람뿐이다. 그런데 그에 대해 가장 확실한 사실 한 가지는 그가 1793년 12월에 방데인에게 죽었다는 것이다. 나중에 로베스피에르와 바레르는 그 이야기를 되살렸을 뿐이다.

사형집행인인가, **영웅인가**

1788 1789 1790 1791 1792 1793

1889년 이후
공화파 역사가들은 방데 전쟁 연구를 다수 발간한다. 특히 샤를 루이 샤생은 11권이나 쓴다.

1880년 이후
프랑수아 플라망이나 장 조제프 위르츠 같은 화가들은 공화파 선전주제로 방데를 전적으로 다룬다.

위고의 마지막 소설 『1793년』은
내전을 고찰한다.

1921년
지극한 공화파 조르주 클레망소는 방데의 심장부인 생트에르민에 자신의 동상을 세운다.

1914~1918년
방데 지방(퐁트네 르 콩트, 숄레)의 병사들이 세계대전의 주요 전투에 참가한다.

1989년
혁명 200주년은 방데를 중요한 관심사로 부각시킨다.

1880년 이후
왕당파 화가들은 쥘리엥 르 블랑의 대형 초상화에서 보듯이 방데 전쟁의 기억을 옹호한다.

1936년 이후
방데는 프랑스 농촌을 대표한다. 이처럼 정부는 방데를 재평가하면서도 하나의 지방으로 인정하지 않는다.

1977년
필리프 드 빌리에는 퓌 뒤 푸 역사공원을 설립한다.

방데 지방의 다수 교회에서 과거의 영광을 기리는 스테인드글라스를 설치하는 전성기가 온다.

1950년 이후
다수의 기념사업회가 방데를 기억하는 표지판과 기념물을 여기저기 세운다.

1984년
바티칸 교황청은 방데 전쟁의 희생자 99명을 시복한다.

년 이후
역사가들은 방데 전쟁 역사를 풍부하게
다. 드니오 신부와 성당참사회원 위쥐로는 수천 개의 기사를 쓴다.

1890 1900 1910 1920 1930 1940 1950 1960 1970 1980 1990 2000 2010

갈등의 기억

역적인가, **희생자인가**

흰색[왕당파] 역사의 관점에서 팡테옹에는 성인과 순교자가 가득하다. 지옥에는 수쉬 같은 아주 극소수의 배신자만 간다고 말해보자. 그는 레스 지방의 작은 무리를 이끌면서 마슈쿨에서 공화파를 만나는 족족 학살하라고 명령했을 것이다. 그와는 달리 통솔력을 발휘해서 총사령관이 된 뒤 21세에 죽은 앙리 드 라 로슈자클렝, 마부 출신으로 가톨릭교도 왕당파의 초대 사령관이 된 뒤 부상을 입고 죽은 자크 카틀리노 같은 사람들의 행적에 대해서는 이론의 여지가 없다. 앙주와 푸아투의 거물급 사령관들은 훌륭한 투사이며 훌륭한 기독교도로서 모든 사람이 인정하는 삼인방이다. [카틀리노와 함께 삼인방에 속하는] 샤레트는 해군장교로서 완고한 성격에 훌륭한 전략가이며, 사람들의 마음을 계속 사로잡는 모험가의 분위기를 풍겼다. 그리고 수렵관리인 출신으로 1794년 이후 사령관이 된 스토플레는 여전히 잔인한 성격으로 손해를 본다.

르네 프랑수아 수쉬

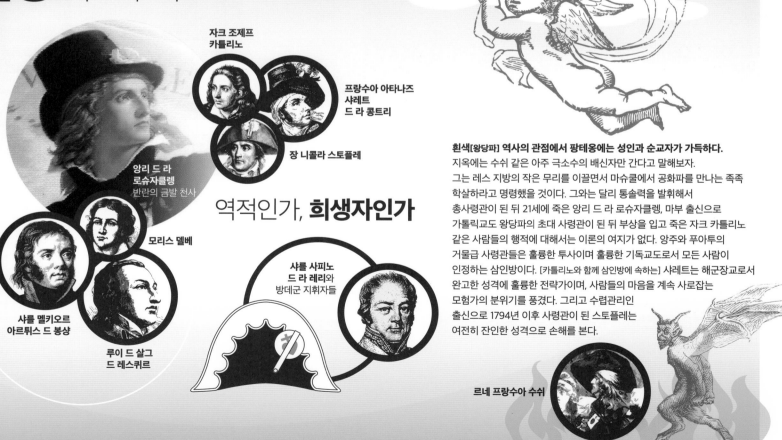

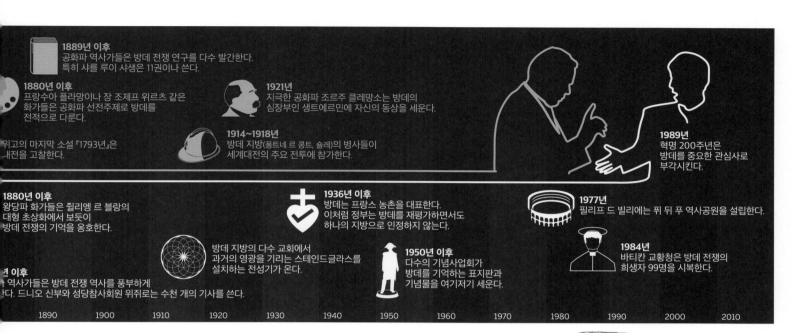

반란, 투사들과 도적떼

군주정·특권층·불평등에 대한 반란에서 혁명이 태어났다는 사실을 누가 의심하겠는가?
반란자가 혁명가가 되었다는 사실은 자연스러운 과정인 것 같다.
그럼에도 작가 알베르 카뮈는 좋은 의도가 궤도를 이탈했다고 비난했다.
확실히 간단한 문제는 하나도 없다.

민중 반란의 **증가**

혁명은 마른하늘에 날벼락처럼 일어나지 않았다. 1750년 이후 흉년의 두려움, 고물가로 생긴 불만, 자유로운 상거래의 거부감, 정치적 요구와 사회적 적대감이 복잡하게 뒤엉키면서 폭동이 잇따라 일어났다.
1788년과 1789년의 봉기는 아주 격렬했지만 1789년 7월 14일로 이어진 사건들과 직접 관련은 없었다.
나중에 권력을 잡은 사람들은 그러한 사건들을 제지하고 탄압하려고 노력한다. '애국자들'(1789년 7월의 정복자들)은 사실상 대부분 민중 반란을 '도적떼'가 일으킨 일로 보고 적개심을 품었다. 특히 대공포 시기에 '도적떼'라는 말을 자주 썼다.
그러나 그들은 생존권과 반란권을 인정하는 한편 사유재산권도 인정해야 했다.

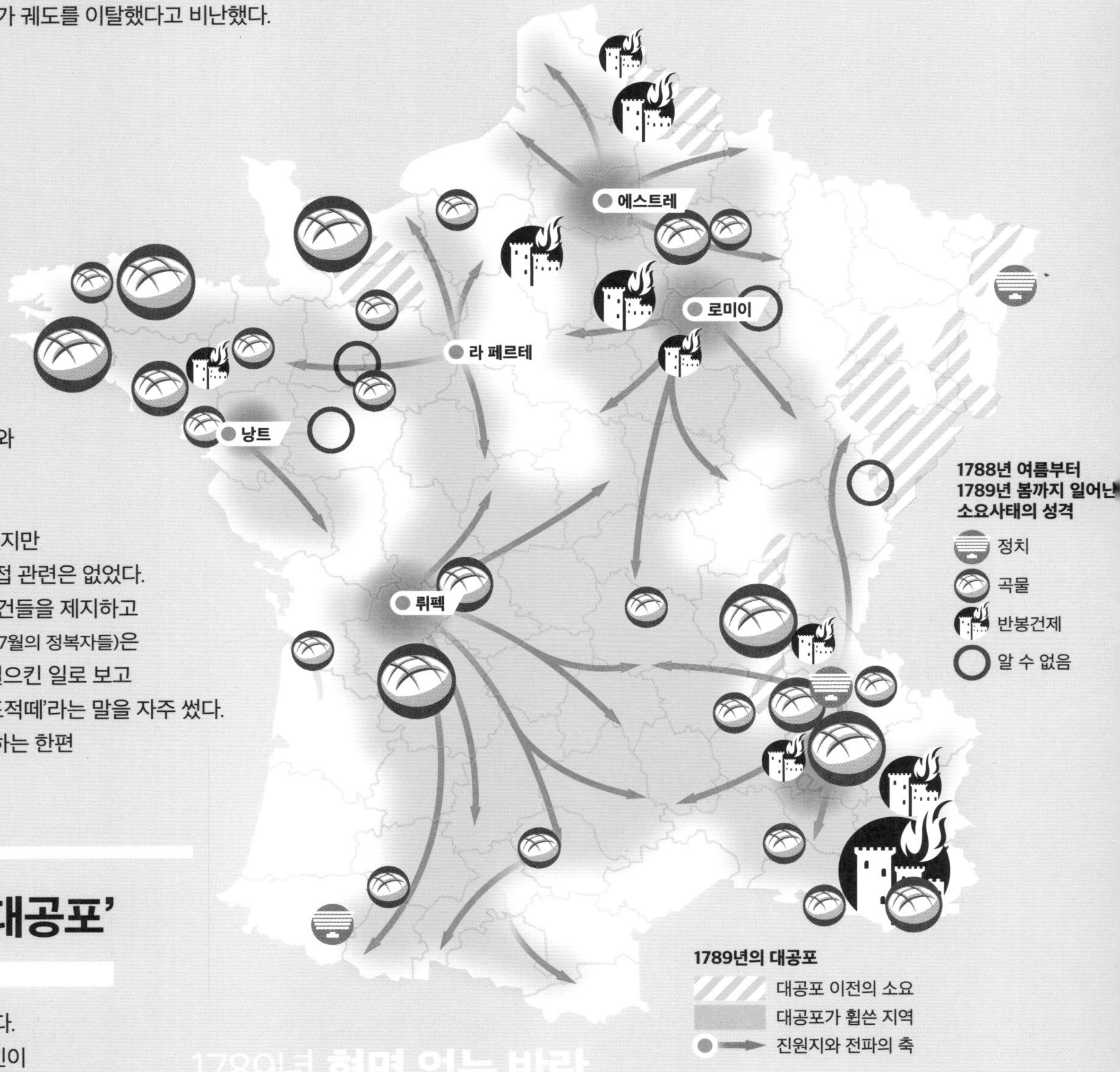

1789년 여름의 **'대공포'**

프랑스의 대부분이 공포에 휩싸였다.
농촌 마을은 도적떼, 약탈자, 외국인이 온다는 소식에 겁을 먹었다.
주민들은 자구책을 마련하는 동시에 영주가 부담을 많이 지운다고 항의하러 갔다.
그들은 도처에서 성관을 약탈하고 불을 질렀다.
파리도 영향을 받았고, 국민의회 의원들은 8월 4일 밤을 유명하게 만든 결정을 내렸다.
농촌에 평화를 되찾아주려고 특권을 폐지해서 희망을 부풀려놓았지만, 금세 실망으로 바뀌었다.

1789년 **혁명 없는 반란**

1월 27일, 렌
이른바 '멜빵 사건'에서 젊은 '애국자들'은 짐꾼들의 도움을 받은 '귀족주의자들'과 브르타뉴 지방의 특권을 유지하는 문제를 놓고 대립하고, 그 결과 세 명이 사망했다.●

4월 27~28일, 파리
앙리오와 레베이용 같은 제조업자의 공장이 폭동으로 황폐해졌다. 레베이용은 임금을 깎으려 했다는 비난을 받았다. 진압과정에서 최소 150명이 죽었다.
그러나 아무도 이 폭동을 혁명의 전 단계로 생각하지 않는다.

7월, 손에루아르 지방의 뤼니
'도적떼', 사실은 농민 무리들이 몽트르벨 백작의 성관에 속한 재산을 약탈한다. 투르뉘·마콩·클뤼니에서 부르주아 민병대가 출동해 수십 명을 죽이고 진압한 뒤 28명을 목매달았다. 모두 200명의 '도적떼'가 죽은 것으로 추정한다.

1788 | 1789 | 1790 | 1791 | 1792 | 1793

- 브르타뉴 지방의 귀족들은 짐꾼 같은 하층민을 부추겨서 기득권을 지키려고 사건을 일으켰다. 그래서 짐꾼을 상징하는 '멜빵'이 사건의 이름으로 등장했다.

반란의 **유산**

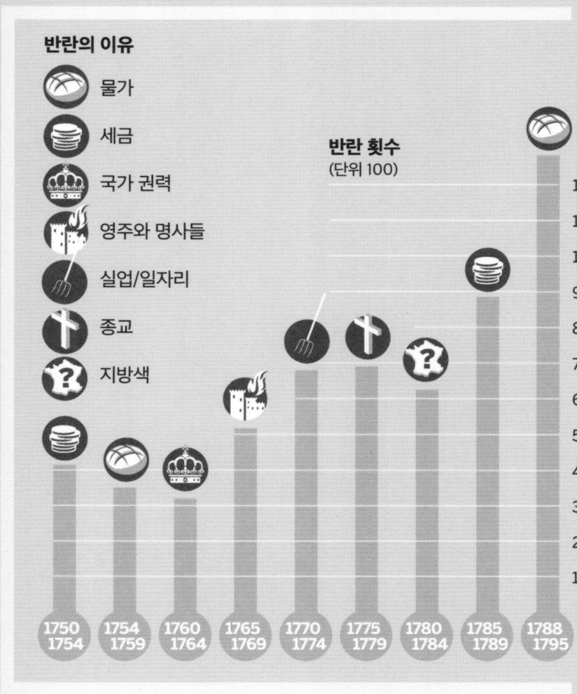

지역사회의 투쟁과 **종교적** 대립

남동부 지역과 론 강 유역에서 지역사회는 갈등을 빚고 싸웠다. (마르세유와 엑스 같은) 도시 사이, (리옹·아를·툴롱 같은) 도시 내 구역 사이의 적대관계는 투쟁을 불러왔고, (가톨릭교도와 개신교도 사이의) 종교적 대립도 한몫했다.

1792년 3월 3일, 에탕프

촌장 시모노가 물가를 통제하지 않는다는 이유로 폭도의 손에 **죽었다.** 자코뱅파는 분열했다. (그레구아르 주교와 지롱드파처럼) 법을 집행해야 한다는 측과 (몽타뉴파와 로베스피에르처럼) 폭도를 지켜줘야 한다는 측이 대립했다.

1791~1792년, 아비뇽

극단주의 혁명 세력인 아비뇽 애국자들은 교황령을 프랑스에 합병하라고 요구하면서, 자신들을 도적떼로 취급하는 카르팡트라 주민과 아비뇽의 온건파와 대립했다.

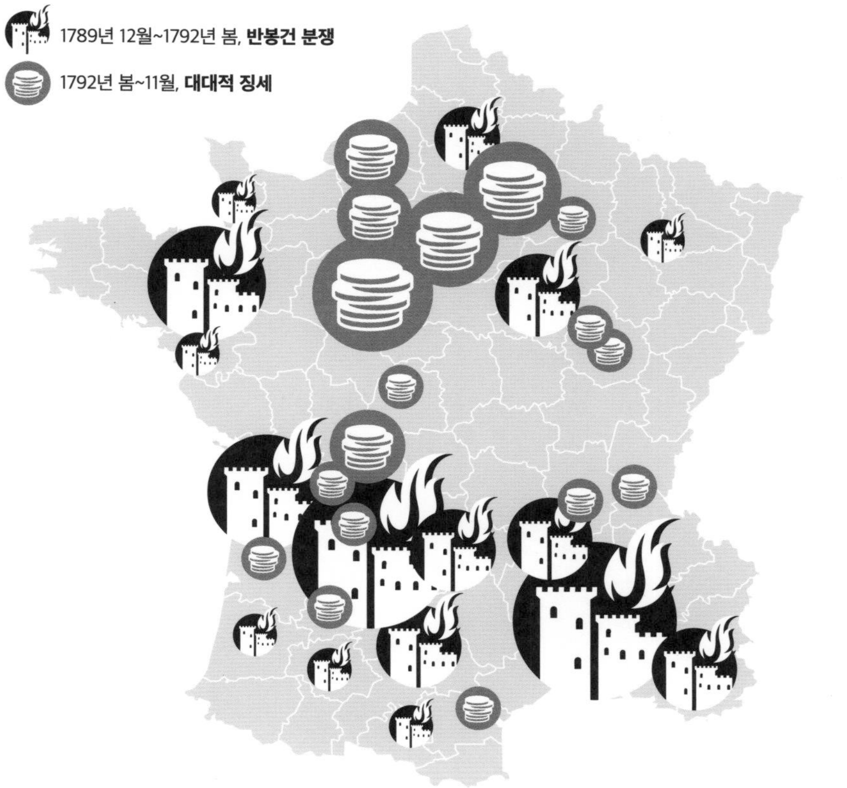

혁명에 대한 반란 **'농민반란'**과 **'공정가격 요구의 난'**

역사가 시작된 이래, 가장 부유한 사람은 가장 가난한 사람을 보호할 의무를 이행해야 한다는 믿음이 존재했다. 또 필요한 경우 정부가 빵값을 정하는 것도 관습이었다. 그러나 1789년에는 규칙이 바뀌었다. 모든 요구가 정치적 의미를 띠게 되었다. 국가는 국민의 통일성을 유지하고 모든 구성원의 다양한 권리를 존중해야 하는 한편 극빈자를 확실히 도와줘야 했다.

1793년 봄까지 프랑스는 수많은 폭동을 겪었다. 상황별로 정도의 차이는 있지만 폭도들은 진압당했다. 전반적으로 봐서 대외전쟁이 시작되기 전, 종교투쟁이 격화하기 전까지 폭도는 '도적떼'에 포함되지 않았다. 그러나 모든 폭동은 인명을 앗아가는 폭력과 법적 탄압을 동반했다.

1790년부터 1792년까지 프랑스 남서부에는 적어도 600회의 분쟁이 일어났다. 그것은 새로운 당국이 농촌사회의 불만에 제대로 대처하지 못할 때 허를 찌르고 발생한 진정한 의미의 전통적 농민반란[자크리 난]이었다.

난을 일으킨 농민들은 비관론자였을까, 아니면 '봉건제'와 싸웠다는 의미에서 진보주의자였을까? 북부의 갈등은 임금투쟁의 성격이 짙었다. 대규모 농장 지대에 사는 농민들은 물가고를 직접 겪었고, 대지주 때문에 혼란스럽게 된 지역사회의 균형을 되찾으려면 곡식의 공정가격제를 실시해야 한다고 주장했다. 새로 집권한 사람들은 대체로 재산권을 옹호했고, 자코뱅파와 미래 몽타뉴파 인사들은 소수파였음에도 '공정가격제'를 실시하라는 측이었다. 공업 노동자들은 별로 시위를 벌이지 않았다. 다수의 도시에서 폭동을 예방하기 위해 공공일터를 조직했기 때문이다.

상퀼로트, 바뵈프주의자, 반도들의 패배?

1790년 가을
상퀼로트는 가난한 사람을 지칭하며, 노골적으로 멸시하는 의도를 드러낸 말이다.

1792년
지주들과 대립하는 집단을 지칭하는 말이 된다.

1793년
국민공회와 맞서는 혁명가 집단들을 지칭한다.

1793년 9월
파리 구민들이 국민공회에 공포정을 정식으로 실시하라고 요구하지만 실패한다. 국민공회는 그들을 감시한다. 상퀼로트를 방데로 파견해서 전투에 참여하게 한다.

12~1월
리옹과 낭트 등지에서 상퀼로트를 기소한다.

1794년 3월
국민공회가 주요 지도자들을 처형하라고 명령한다.

1794년 테르미도르
로베스피에르 일파가 더는 지지를 받지 못한 채 몰락한다.

1794년 9~10월
상퀼로트와 로베스피에르 일파를 구별하지 않고 한꺼번에 비난한다.

1795년 봄
파리의 상퀼로트가 두 번 폭동을 일으켰지만, 번번이 진압당한다.

1795년 9월
정부가 왕당파 봉기에 대처하기 위해 상퀼로트를 소집한다.

1796년
바뵈프가 '평등파 음모'를 꾸민다.

상퀼로트는 반란의 상징이며, 한때 혁명의 정점에 섰다가 몰락한다. 우리는 그들을 타협할 줄 모르는 혁명가나 거친 짐승처럼 생각하는데, 역사적 현실에서 실제 그들의 모습을 정확히 파악하기는 어렵다.

모리스 뒤플레
1736-1820
대목大木으로 버는 돈 외에 로베스피에르의 집세로 1년에 1만~1만 2,000리브르를 벌었다. 그의 딸은 그가 노동자와 절대로 겸상을 하지 않았다고 말했다. 뒤플레는 상퀼로트 지도자 라조브스키와 인쇄소를 차렸다.

상퀼로트는 어떤 존재인가?
세 가지 상반된 의견

언제나 걸어다니고, 모두가 갖고 싶어 하는 돈도, 성관도, 시중 들어줄 수행하인도 없으며, 아내와 자식을 데리고 아주 소박하게 사는 존재다. 그에게 거처가 있다면 5층이나 6층 꼭대기일 뿐이다. 그는 쓸모 있고, 공화국을 구하기 위해 마지막 한 방울까지 피를 쏟을 자다.

무릎 위까지 긴 양말을 신고 반바지를 입는 자와 달리, 수공업자·노동자·공예가들이 입는 삼색 줄의 긴바지(또는 치마)에 헐렁한 웃옷과 조끼, 또는 큰 단추를 단 짧은 상의(카르마뇰)를 입고 나막신을 신고 붉은색 헝겊 모자, 이른바 프리기아 모자를 쓴다.

거의 40세가량의 남성, 키는 석 자 두 촌, 강인한 체력, 침울한 모습, 음흉한 눈, 검고 딱 달라붙은 머리칼, 코밑수염, 붉은 헝겊 모자, 검은색 바지, 더러운 셔츠를 풀어헤쳐 배까지 무성한 털을 보여주며, 공손한 말을 쓴다.

그는 ~가 아니다

- 귀족
- 독점가
- 금리생활자
- 극빈자
- 주변인
- 실업자
- 떠돌이

그는 어떠한 사회적 직업의 범주에 명확히 분류할 수 없는 존재다.

그는 ~이다

- 특히 '소부르주아'에 속한다
- 주거 구역에 뿌리를 둔다
- 가족·직업·이웃의 관계에 속한다
- 외국인을 두려워하는 성향
- 대체로 여성혐오자
  과격파 앙라제는 제외다

가장 부유한 사람은 평민이기 때문에 상퀼로트가 되고, 가장 가난한 사람은 정치적으로 그렇게 된다.

파리의 상퀼로트는 누구인가?

파리 민간혁명위원회의 임원과 투사

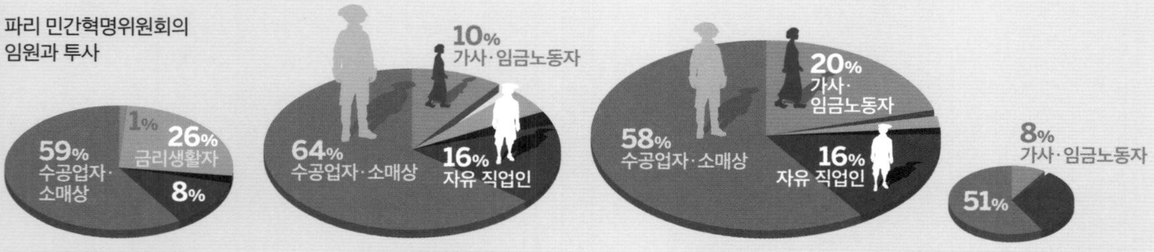

민간위원회 위원
1792~1795년
343

민간인 혁명위원
1793~1794년
454

혁명위원회의 투사
514

테르미도르 12일에 처형된 **로베스피에르 추종자**
88

주요 정치 클럽

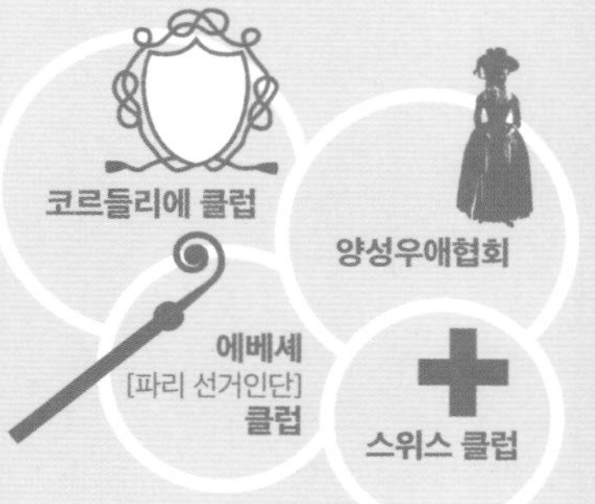

1788 | 1789 | 1790 | 1791 | 1792 | 1793

● 곡식이 귀하고 빵값이 폭등하는 이유가 귀족과 부자들이 폭리를 취하려고 음모를 꾸미고 담합을 하기 때문이라는 음모론은 1775년 4월 말에서 5월 초까지 파리 인근을 휩쓴 폭동 '밀가루 전쟁'의 이유이며, 계속해서 민중의 피해의식을 지배한다.

반란권은 상퀼로트와 국민공회 사이의 의견조정으로 나온 것이지만 허망한 권리다.

"정부가 인민의 권리를 침해할 경우, 반항은 인민과 인민의 모든 부분을 위해 가장 신성한 권리인 동시에 가장 필요한 의무다."
헌법의 『인간과 시민의 권리선언』 35조

상퀼로트의 **종말**

1795년, 로베스피에르가 없는 상태에서 상퀼로트가 혁명의 새 지도자들에게 저항하면서 1793년 헌법을 시행하라고 요구하며 봉기할 때, 정부는 그들을 진압하기 전에 왕당파가 '백색 공포'라 부르게 될 박해행위를 자행하도록 내버려둔다.

1795년 4월 1일(공화력 3년 제르미날 12일), 상퀼로트가 국민공회에 난입한다. 그들은 (반혁명파 젊은이인) '뮈스카댕'이 합세한 치안경찰대에게 과격하게 쫓겨난다.

1795년 5월 20일(공화력 3년 프레리알 1일), 국민공회에 다시금 "빵을 달라, 93년 헌법을 실시하라!"는 구호가 울려 퍼진다. 의원 페로가 살해당한 뒤 머리를 잘린다. 저녁때, 의원들은 다시 몽타뉴파의 꼭대기 자리에 모인다. 이 몽타뉴파 잔당을 '크레투아'[산꼭대기]라 부른다. 나흘 동안 폭동이 계속된 후, 탈리엥·프레롱·바라스는 자코뱅파 5,000명을 체포하라고 명령한다. 몽타뉴파 의원 62명을 기소하고, 크레투아 6명에게 사형 판결을 내린다. 자코뱅 클럽 건물을 헐고(6월 4일), '혁명가'라는 말을 금지한다(6월 12일). 아르덴의 '공포주의자' 일곱 명을 1795년 6월 16일에, 마른의 '9월 학살자' 두 명을 1795년 8월 18일에, 끝으로 로베스피에르의 친구인 르 봉 의원을 10월 16일에 처형한다.

상퀼로트와 **로베스피에르파**의 대결

테르미도르 9일, 상퀼로트는 로베스피에르를 버린다. 파리 동쪽 주민은 전통적으로 '급진적' 구민이고, 서쪽 주민은 '온건파'다. 수도의 중심 구민은 파리 코뮌과 로베스피에르를 조금도 도와주지 않는다. 그들은 1794년 3월의 처형, 자크 루가 이끄는 앙라제에게 반대한 로베스피에르를 용서하지 않는다.

공화력 2년 테르미도르 9일, **힘의 관계**

국민공회에 충성하는 구의 병력

코뮌에 병력을 보낸 구

지휘관과 포병부대

프랑수아 노엘 바뵈프
1760-1797

1795년 상퀼로트 폭동이 실패한 후 정치적 음모에 뛰어든다. 치안장관이 된 후 그가 조작한 모험은 음모 가담자들과 바뵈프를 처형하면서 끝난다. '민중' 반란은 완전히 막을 내린다.
바뵈프의 사례는 1828년 그의 동료인 부오나로티가 이른바 바뵈프의 평등파 음모를 책으로 쓰면서 유명해진다.
그는 '공산주의'의 선구자가 된다.
그는 살아 있을 때부터 '공동체정신communautisme'을 표방한다.

1789년
파리에서 농지측량사로 일하면서 신문을 발행한다. '귀족의 음모'와 '기근 협정'을 고발한다.●

1790년 5월
감옥에 갇힌다.

1793년
파리 코뮌에서 일자리를 찾는다.

1794년 3월
상퀼로트로서 감옥에 갇힌다.

1794년 7월
푸셰의 도움으로 석방된 후 신문을 발행한다.

1794년 10월
로베스피에르를 고발하는 한편 『인구감소의 체계 또는 카리에의 생애와 범죄』를 발간한다. 이름을 그라쿠스로 바꾸고, 방데의 무산층을 옹호한다.

1794년 10~12월
다시 감옥에 갇힌다. 테르미도르 반동파와 푸셰와 대립한다.

1795년 2~10월
감옥에서 봉기를 준비한다.

1795년 12월
비밀활동을 하면서 1793년 헌법과 농지법을 시행하라고 주장한다.

1796년 5월 10일
음모에 가담한 자의 배신으로 바뵈프와 여러 명이 붙잡힌다.

1797년 2~5월
바뵈프 재판이 방돔에서 열린다.

5월 27일
사형 판결을 받고 자살을 기도한 뒤 단두대에서 처형된다.

백색 공포

나중에 생긴 말이다. 1795년에 프랑스인은 '반동'이라고 말한다. 1795년 봄과 여름에 최소 3,000명(어떤 이는 3만 명까지 말한다)의 남녀와 아동이 옛날 공포주의자들·가족·친지에 대한 복수극의 희생자가 된다.

1795 | 1796 | 1797 | 1798 | 1799

도적떼를 마주한 **국가**

안개 속의 사회정책 또는 탄압정책

1792년부터 '도적떼'와 '방데', 이 두 낱말은 함께, 게다가 뚜렷이 뒤섞여 진화한다. 1794년, 특히 12월에 카리에를 재판하는 동안 도적떼·방데·로베스피에르 일당은 여론에서 한꺼번에 버림받는다. 1794년 이후 '도적떼'는 불평꾼, 폭도, 가난한 사람, 약탈자의 집단을 지칭하게 되었으며, 지방의 반혁명 분자나 슈앙파와 뒤섞여 쓰이게 된다. 수년 동안 지배자들은 생필품 폭동이 일어나지 않게 생존권을 중시하거나, 반란을 진압해야 하는 위험을 무릅쓰고 상거래를 자유화하는 쪽으로 사회정책을 수정했다.

먼저 슈앙파, 그리고 방데인
크게 망설임
그리 로베스피에
반란자 대공포
선량한 도적떼와 나쁜 도적떼
'곡식 창고'를 설치하고, 투기꾼 사형법은 실제로 적용하지 않는다.
곡식의 '최고가격제'를 최초로 실시한다.
1월 21일 이전에 생필품 관련해서 저지른 죄를 모두 사면한다.
샬롱쉬르손은 곡식을 '국가 재산'으로 고려하라고 제안한다.
곡식거래법과 관련한 모든 죄를 사면한다.
센앵 카니 파리 [140 이렇 "굶
1789 1790 1791 1792 1793
파리로 생필품이 자유롭게 들어가지 못하게 하는 사람에게 사형을 내린다.
지롱드파가 지배하는 국민공회는 자유거래 정책을 재정비하고, 특히 파리에 생필품 공급을 방해하는 자를 사형시키겠다고 위협한다.
(부동산을 재분배하는 농지법 지지자들을 사형으로 다스린다
로베스피에르는 1793년 2월 설탕값을 낮추라고 요구하는 시위를 '사탕'이나 요구하는 행위로 간주하면서 반대한다.

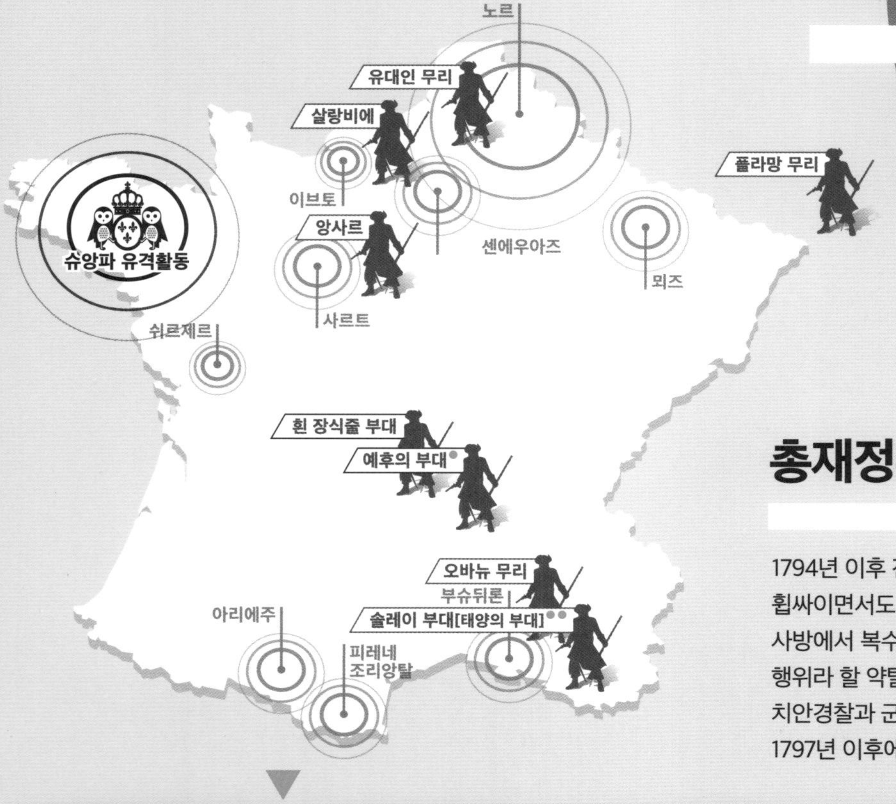

노르
유대인 무리
살랑비에
이브토
앙사르
센에우아즈
사르트
플라망 무리
뫼즈
슈앙파 유격활동
쉬르제르
흰 장식줄 부대
예후의 부대
오바뉴 무리
부슈뒤론
솔레이 부대[태양의 부대]
아리에주
피레네 조리앙탈

총재정부와 강탈행위

1794년 이후 전국이 식량위기를 겪을 때, 국가적으로 최고 수준의 갈등에 휩싸이면서도 확실한 정책도 없고 행정조직도 무너지면서 온갖 불만이 터졌고, 사방에서 복수와 약탈을 볼 수 있었다. 관습법과 반혁명의 폭력이 뒤섞인 행위라 할 약탈은 1799~1800년에 최고조에 이르고 나서 거의 사라진다. 치안경찰과 군대는 국민방위군의 도움을 받으면서 진압했고, 1797년 이후에는 민간법원보다 더 완강한 군사법원이 재판한다.

- 'Compagnies de Jésus'로 부르기도 한다. 예후Jéhu는 구약성서에 나오는 이스라엘 왕인데 바알 신을 믿는 이세벨을 죽였다. 「열왕기」 참조. 리옹에서 활동한다.
- •• 백색 공포 시기 반자코뱅파 무장 세력의 이름이다.
- ••• 독일의 무법자 요하네스 뷔클러Johannes Bückler(c.1778-1803)의 별명을 땄다.

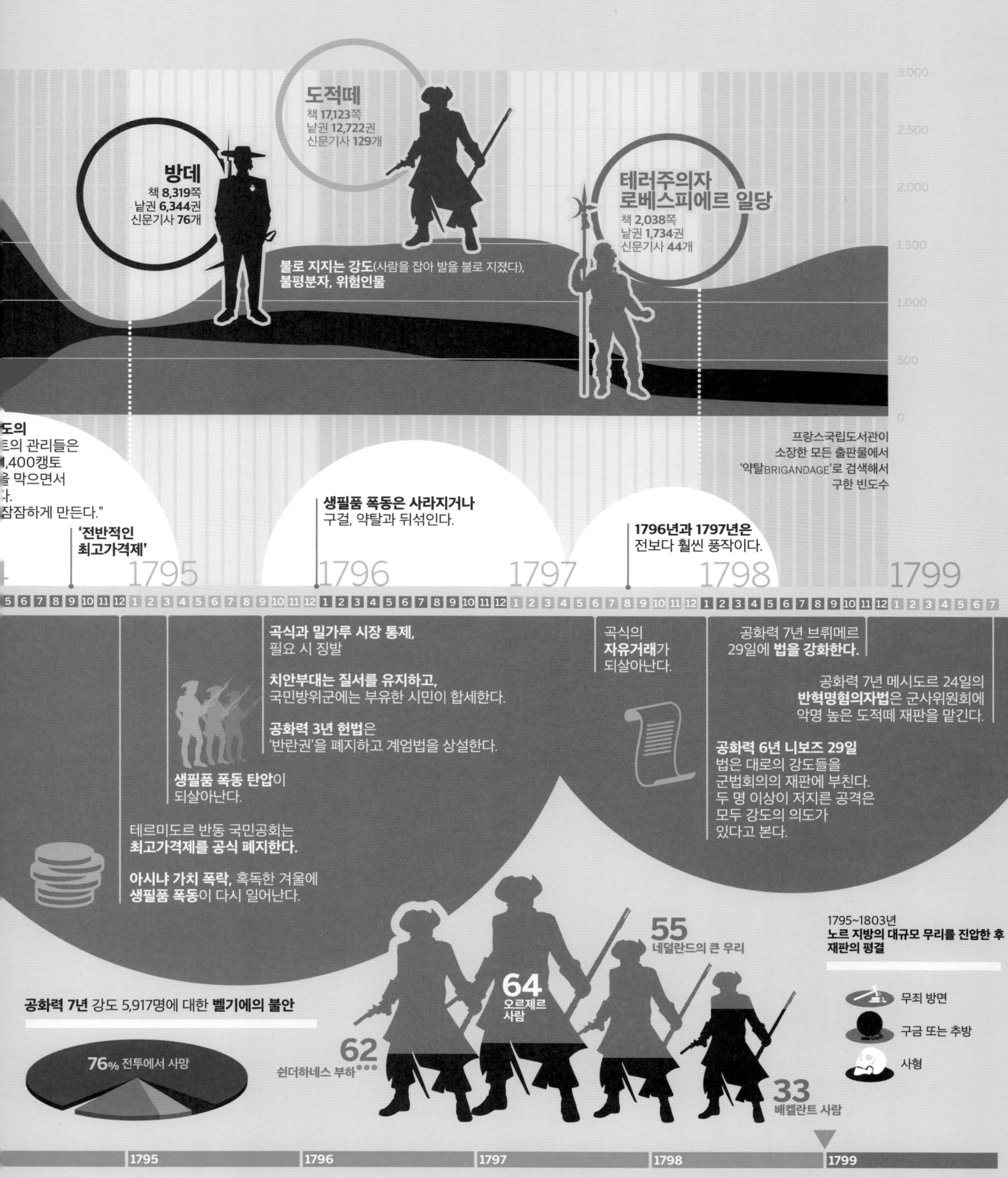

3,000
2,500
2,000
1,500
1,000
500
0
도적떼
책 17,123쪽
낱권 12,722권
신문기사 129개
방데
책 8,319쪽
낱권 6,344권
신문기사 76개
테러주의자 로베스피에르 일당
책 2,038쪽
낱권 1,734권
신문기사 44개
불로 지지는 강도(사람을 잡아 발을 불로 지졌다), 불평분자, 위험인물
프랑스국립도서관이 소장한 모든 출판물에서 '약탈BRIGANDAGE'로 검색해서 구한 빈도수
도의
트의 관리들은
,400캥토
을 막으면서
다.
잠잠하게 만든다."
'전반적인 최고가격제'
생필품 폭동은 사라지거나 구걸, 약탈과 뒤섞인다.
1796년과 1797년은 전보다 훨씬 풍작이다.
1795
1796
1797
1798
1799
곡식과 밀가루 시장 통제, 필요 시 징발
치안부대는 질서를 유지하고, 국민방위군에는 부유한 시민이 합세한다.
공화력 3년 헌법은 '반란권'을 폐지하고 계엄법을 상설한다.
생필품 폭동 탄압이 되살아난다.
테르미도르 반동 국민공회는 최고가격제를 공식 폐지한다.
아시냐 가치 폭락, 혹독한 겨울에 생필품 폭동이 다시 일어난다.
곡식의 자유거래가 되살아난다.
공화력 7년 브뤼메르 29일에 법을 강화한다.
공화력 7년 메시도르 24일의 반혁명혐의자법은 군사위원회에 악명 높은 도적떼 재판을 맡긴다.
공화력 6년 니보즈 29일 법은 대로의 강도들을 군법회의의 재판에 부친다. 두 명 이상이 저지른 공격은 모두 강도의 의도가 있다고 본다.
공화력 7년 강도 5,917명에 대한 벨기에의 불안
76% 전투에서 사망
62 쉰더하네스 부하•••
64 오르제르 사람
55 네덜란드의 큰 무리
33 배켈란트 사람
1795~1803년 노르 지방의 대규모 무리를 진압한 후 재판의 평결
무죄 방면
구금 또는 추방
사형
1795
1796
1797
1798
1799

반혁명

혁명기 10년의 역사에서 반혁명의 자리는 작기만 하다. 1799년 보나파르트가 혁명을 슬쩍하기 전까지 혁명에 반대하는 시도는 사실상 실패했다. 1814년에 반혁명이 승리했다 해도 1830년경에 사라질 때까지 언제 뒤집힐지 몰랐다.

그것은 1788년부터 중요한 역할을 했다. '특권층'이 모든 개혁을 막고 왕에게 전국신분회 선거에서 제3신분과 하위직 종교인에게 유리한 방향으로 결정하도록 이끌면서 1789년 봄의 위기를 불렀기 때문이다. 1790년 말, '반혁명가'라는 말이 '혁명가'라는 말보다 먼저 생겼다. 물론 정확한 뜻을 갖지는 못했지만, 궤도를 이탈해서 혁명가들의 정치투쟁에도 등장했다.

그것은 상징인가? 1789년부터 청색·백색·적색은 '혁명'을 나타냈고, 혁명의 적들은 반혁명을 절대군주정의 백색이나 아르투아 백작의 녹색뿐 아니라 흑색과도 연결지었다. 망명객들의 활동, 반혁명의 불확실한 성격, 투쟁의 패배는 우리가 추적해야 할 세 가지 중요한 단계다.

반혁명 **탄압**

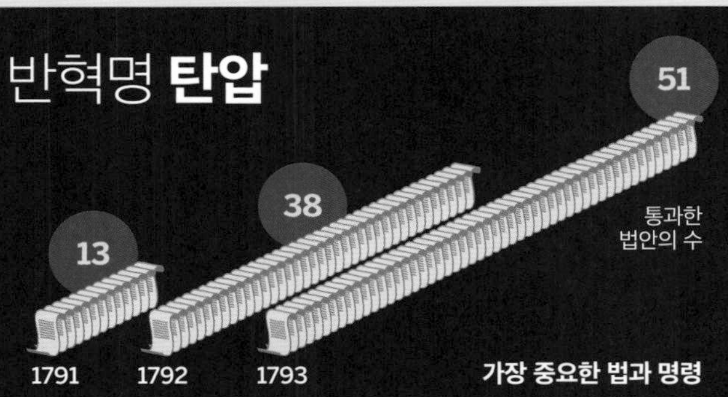

가장 중요한 법과 명령

1791년 11월 9일
연말까지 프랑스로 되돌아오지 않는 망명객은 사형이다.
왕은 거부권을 행사한다.

1792년 4월 8일
1789년 7월 이후 나라 안에 없는 사람의 재산을 몰수한다.

1792년 9월 12일
망명객과 공모한 친인척은 유죄다.

1793년 3월 28일
망명자에 대한 일반 형법

1793년 4월 5일
방데군에서 싸우는 사람에게도 망명자 개념 적용

1793년 7월 23일
리옹·마르세유·툴롱에도 적용

1800년 10월 20일(공화력 9년 방데미에르)
망명자 목록에서 농민·노동자·여성·어린이 이름을 자동 삭제한다.

1802년 4월 26일(공화력 10년 플로레알 6일)
보나파르트는 맹세한 망명객을 사면한다.

1825년
망명자 보상법, 유명한 '망명자 10억 프랑 배상법'으로 그들의 재산을 국유재산으로 매각하지 않고 돌려준다.

1788년
재무총감 칼론이 런던으로 망명한다.

1789년
3~4월
고등법원 인사들은 폭동이 겁나서 프랑스를 떠난다.

7월
왕의 작은동생 아르투아 백작을 포함한 왕족이 나라를 뜬다. 거물급 귀족들도 절대군주정을 훼손하는 행위에 항의하고, 이제 시작한 혁명에 맞서기 위해 유럽 차원의 십자군 운동을 일으키려고 잇따라 나라를 뜬다.

1790년
귀족 지주들은 폭동을 피해 도주하고, 그들의 성관은 불탄다.

1791년
7월 이후 절대군주정을 지지하는 의원들이 망명한다.

1789년부터 1794년까지
150,000
명의 **프랑스인**이 나라를 뜬다.

1792년
8~9월까지
귀족 출신의 장교 수천 명이 떠나고, 종교인들과 부르주아는 그들보다 적은 수가 떠났다. 이 단계의 망명은 정치적 반대의 표현이거나 저항의 의지, 또는 위협을 느껴서 내린 개인적 결정의 결과였다.

9월 이후
망명자의 수가 급증한다. 이들의 사회적 면모와 망명의 동기는 바뀐다.

1794년 이후
혁명이 승리하면서 망명자는 유럽 전역으로 도망쳐야 했지만, 군사적·정치적인 면에서 별 소용이 없었다. 그러나 그들은 언제나 연락망을 활발히 유지했다.

망명자의 **사회적 성격**

7%의 성분을 알 수 없으나 주로 프랑스 변경 지역 출신이다. 바랭은 망명자의 비율이 가장 높은 도다.

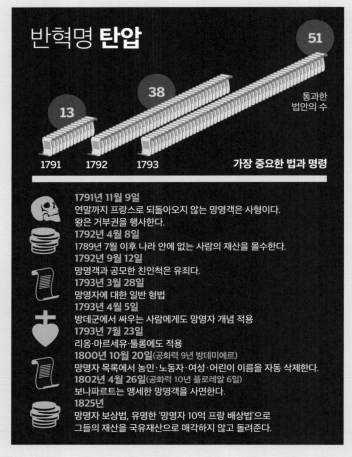

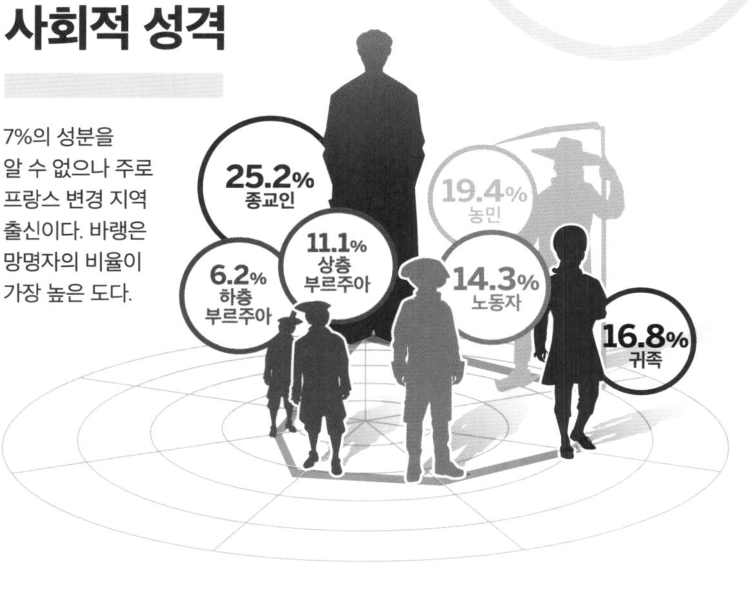

위태로운 상태

거의 모든 곳에서 망명자를 용인했다. 예외 없이 그들은 망명국의 재정 지원을 받지 못했고, 대학에도 입학할 수 없었다. 외국인의 입대를 허락하는 프로이센 군대만 예외였다. 1792년부터 프로이센에서는 망명자가 유랑민과 비슷한 지위를 얻었다. 그래서 어떤 사람은 특별 교수직을 얻어 어학을 가르치거나 궁중에서 검술, 무용, 승마 같은 기술을 가르쳤다. 프랑스의 직물노동자는 고용시장에서 일자리를 쉽게 구했다.

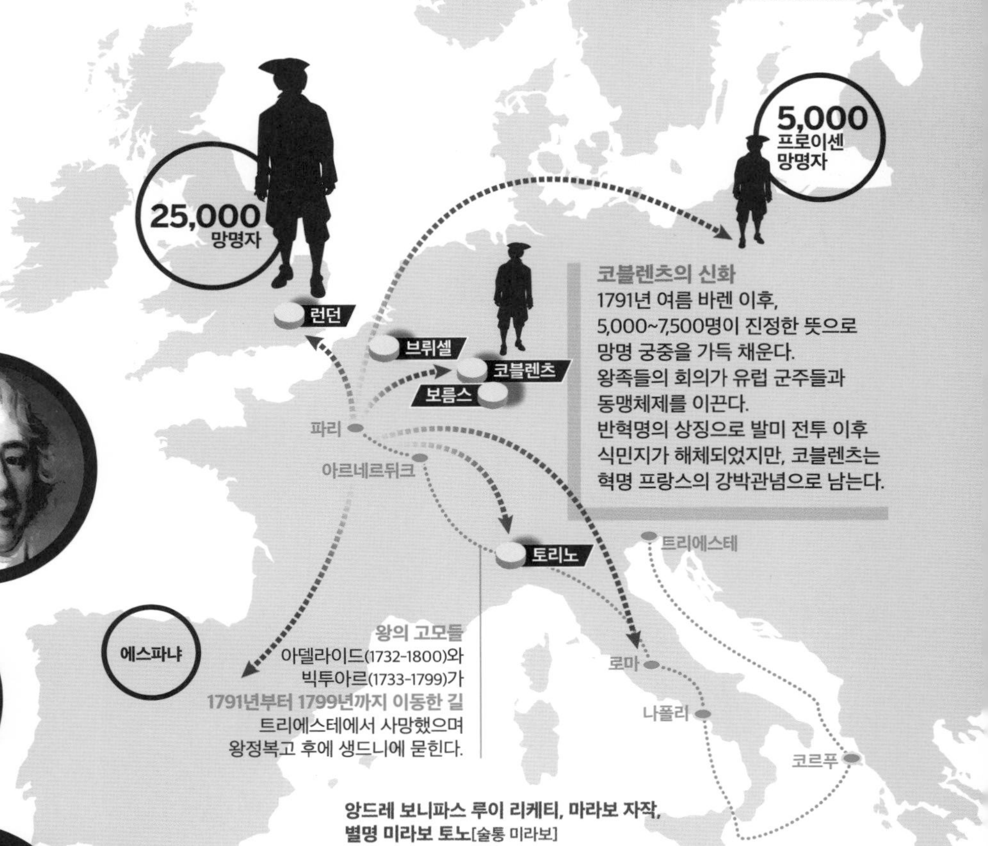

코블렌츠의 신화
1791년 여름 바렌 이후,
5,000~7,500명이 진정한 뜻으로
망명 궁중을 가득 채운다.
왕족들의 회의가 유럽 군주들과
동맹체제를 이끈다.
반혁명의 상징으로 발미 전투 이후
식민지가 해체되었지만, 코블렌츠는
혁명 프랑스의 강박관념으로 남는다.

왕의 고모들
아델라이드(1732-1800)와
빅투아르(1733-1799)가
1791년부터 1799년까지 이동한 길
트리에스테에서 사망했으며
왕정복고 후에 생드니에 묻힌다.

잡다한 집단

샤를 필리프, 아르투아 백작, 장래 샤를 10세
1757-1836
1788년부터 루이 16세의 개혁정치를 싫어한다. 네케르를 해임할 때 중요한 역할을 했으며 1789년에 프랑스를 떠난다. 정치적 자질이 부족한 그는 유럽 전역에 공화국 군대가 진격하자 도망치다가 결국 영국으로 피신한다. 제국이 몰락하자 프랑스로 돌아간다. 1830년에 다시 망명하고 오스트리아에서 사망한다.

루이 스타니슬라스, 프로방스 백작, 장래 루이 18세
1755-1824
1791년 6월 21일, 망명길에 올라 동생 아르투아에게 갔으나 기대한 만큼 환대를 받지 못한다. 그는 루이 17세가 탕플에서 죽은 뒤 루이 18세가 된다. 그는 엄격한 반혁명 노선을 옹호하면서 어떠한 타협도 금지한다. 프랑스의 왕당파가 실패하는 이유다.

샤를 알렉상드르 드 칼론
1734-1802
1783년 11월부터 1787년 4월까지 재무총감이다가 1787년 폭동으로 쫓겨난 그는 프랑스의 첫 망명자라 할 수 있다. 반혁명 자금을 구하려고 끊임없이 노력하다가 끝내 보나파르트 편에 선다.

앙드레 보니파스 루이 리케티, 마라보 자작, 별명 미라보 토노[술통 미라보]
1754-1792
애국파 의원 오노레 가브리엘[미라보 백작]의 동생으로서 반혁명가로 맹렬히 활동하고, 술에 절고 방탕했지만 용감한 군인이었다. 1790년에 망명길에 올라 병력 1,800명의 강력한 부대를 이끈다. 이들은 검은 제복을 입고 훌륭히 무장했지만 전과를 올리지 못했다. 규율을 어기면서 콩데 공에게 대립하다가, 반혁명에 이바지하려던 희망을 이루지 못한 채 쓸쓸히 죽는다. 그는 당시에 저명한 가문들 내부에서 분열하던 모습을 보여준다.

앙투안 리바롤
1753-1801
반혁명 신문기자로 유럽에 이름을 날렸으며 「사도행전」을 발간하는 동료들과 함께 『혁명의 위대한 인물의 작은 사전』을 발간함으로써 풍자문으로 혁명가들을 고발해서 반혁명 세력의 웃음거리로 만든다. 1791년에 망명한 뒤에는 정치적으로 이렇다 할 역할을 하지 못한다.

샤를 모리스 드 탈레랑 페리고르
1754-1838
합헌주교, 제헌의원, 파리 도 행정관을 지내다가 1792년에 사임한 후 런던에서 임무를 수행하려고 은밀히 출발한다. 그는 망명자처럼 여겨지지 않도록 노력했으나, 실제로 망명자였다. 2년 동안 미합중국에서 살면서 토지에 투기하다가 1796년에 망명자 명단에서 이름을 지운 뒤 프랑스로 돌아온다. 이후 예외적으로 장관 경력을 쌓으면서 당대에 가장 중요한 인물에 속하게 된다.

장 피에르, 바스 남작
1754-1822
가장 신비로운 반혁명가, 대령이며 남작, 금융인 클라비에르와 페레르와 연결된 투기꾼, 전국신분회 대표, 그는 1793년 1월 21일 [형장으로 가는] 왕을 구출하고, 마리 앙투아네트를 탈옥시키려 했다는 혐의로 기소된다. 바스는 동·서인도회사를 청산할 때 국민공회 의원들과 함께 부정을 저지른다. 총재정부 시기에 지칠 줄 모르고 음모를 꾸미면서 콩데군의 야전사령관이 된다.

망명자 **군대**

24,000
1792년 8월
이론상 병력

13,000~14,000
코블렌츠 부대

4,000
육군장교

750
해군장교

1795 | 1796 | 1797 | 1798 | 1799

모두 반혁명가인가? 1795년의 전환점

확정하기 어려운 말의 뜻

불확실한 말, 반혁명

상퀼로트·앙라제·로베스피에르까지 포함해서 모든 혁명가 집단은 때에 따라 반혁명[콩트르 레볼뤼시옹] 집단으로 불리고, 그렇게 해서 사지로 몰렸다.
1790년부터 반혁명이라는 말이 생기고, '앙티 레볼뤼시옹anti-révolution'과 함께 쓰였다.
곧이어 반혁명은 혁명에 저항하거나 반대하는 사람들을 지칭하게 되었다.
'앙티 레볼뤼시옹'은 1985년경부터 역사학에서 불만을 품고 봉기하는 정치운동을 구별하기 위해 등장한 용어인데, 혁명에 저항한다는 뜻으로 마조릭C. Mazauric, 루카스C. Lucas 같은 학자들이 쓰기 시작했다.
반혁명을 지칭하는 일은 결코 간단치 않다. 1789년부터 망명한 사람들은 1790년과 1791년에 프랑스에서 나온 모든 조치를 인정했다는 이유로 프로방스 백작처럼 1791년 여름의 바렌 사건 이후에 도착한 망명자들을 환대하지 않았다.

1792년부터 1794년까지 '반혁명'은 프랑스의 모든 정치집단이 적의 평판을 떨어뜨리려고 쓰는 수단이 되었다.
오늘날에도 지롱드파를 가면을 쓴 반혁명 집단으로 생각하는 측과 온건한 혁명가로 생각하는 측이 있다.
그러나 양측 모두 지롱드파가 1789년부터 1792년까지 자코뱅파였다는 사실을 잊은 듯하다!

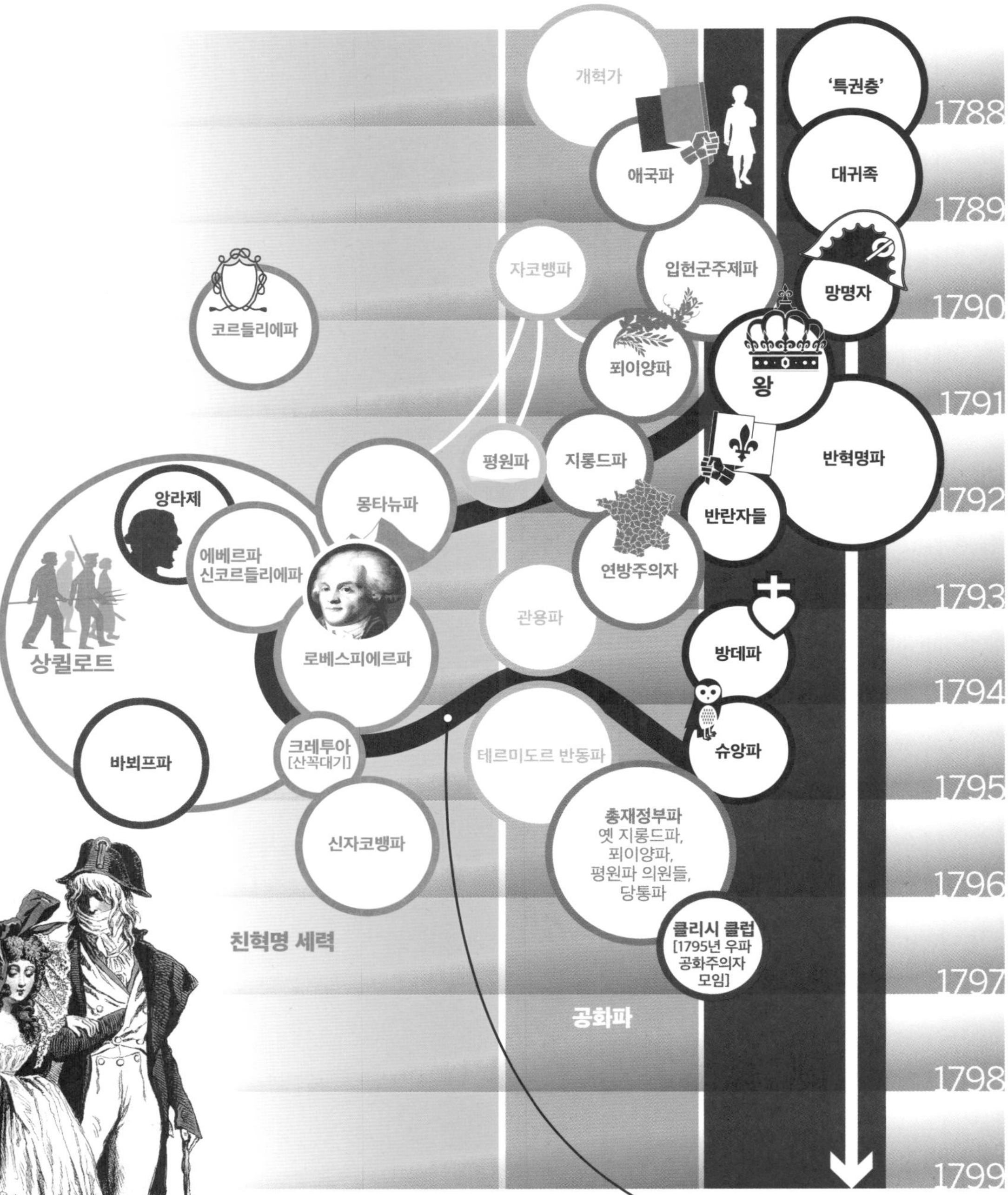

왕정을 옹호하는 운동
파리, 르 아브르, 보르도, 낭트, 툴루즈에서 '메르베예즈'와 '뮈스카댕' 집단들은 유별난 옷차림과 머리를 하고 다녔다. '희생자식式'의 머리는 뒷목 위에서 격조 있게 자르고, 루이 17세를 추모하는 뜻으로 단추 열일곱 개를 단 옷을 입었다.
사람들은 그들의 행동을 '반동'으로 규정했다.●

• '뮈스카댕'은 멋쟁이 왕당파를 뜻하고, '희생자식'이란 기요틴 처형 직전에 칼날을 잘 받도록 머리와 옷깃을 잘라낸 데서 나온 말이다.

1795년 이후 정치투쟁은 근본적으로 바뀌었다. 권력을 잡는다면 자신에게 감사하고 재산 증식과 승진의 기회를 마련해준 체제를 보호하기 위한 사회적 기반을 이용할 수 있기 때문에 권력을 둘러싸고 언제나 거칠고 격렬한 투쟁이 일어났다.
반혁명가들은 불평등한 군주정으로 돌아가기를 바라는 자, 혁명가들은 국가의 통제력을 복원하고 '공포정'을 회복하고자 하는 자로 여겨졌다.
1795년 말, 총재정부는 혁명가와 반혁명가를 모두 거부하는 새 체제를 출범시켰다.

경제위기를 바탕으로 한 **왕당파의 선동**

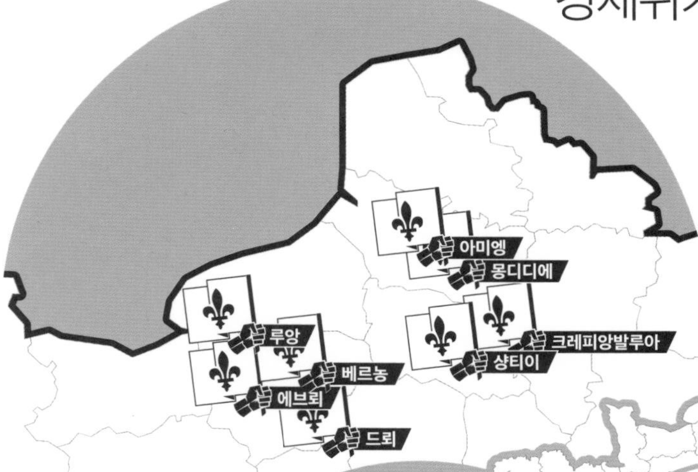

공화력 3년, 문제점의 해명

1795년

프뤽티도르 27일(9월 13일)
국민공회가 동원한 '신성한 부대BATAILLON SACRÉ'가 파리의 폭동구區를 진압한다.

방데미에르 12일(10월 4일)
바라스가 보나파르트를 장군으로 임명한다. 튈르리 궁을 보호하는 대포가 소규모 왕당파 병력을 향해 불을 뿜는다. 밤 10시, 모든 상황이 끝나고 보니 200~300명의 사상자가 났다. 파리를 점령하고 폭동을 진압했다. 주모자들을 붙잡아 단 두 명만 처형했다.

방데와 슈앙파의 **패배**

퐁드뷔의 화약공장 점령
슈앙파 유격대 200명은 130킬로미터를 걸어가 화약공장을 점령한다. 화약의 4분의 3을 강물에 버리지만, 바리크[200리터 통] 여덟 개를 빼앗는다. 지역의 무리들과 모르비앙 부대가 전리품을 나눈다. 키브롱 상륙작전 8일 전의 일이다.

키브롱 상륙
1795년 6월 25~27일에 영국 함대는 키브롱 요새가 있는 브르타뉴의 카르나크 만에 닻을 내렸다. 거의 1만 8,000명이 무기·탄약·제복·생필품을 가지고 요새를 지키고 있었다. (입헌군주제파) 퓌제와 (절대군주제파) 에르비이가 1,500명을 데리고 두 번째 함대를 지휘했다. 오슈 장군은 키브롱의 반도에 왕당파를 가두고 7월 21~22일 사이 밤에 완전히 무찔렀다.

12월에 섬에 상륙한 아르투아 백작은 전쟁을 거부한다.

진압

키브롱 원정의 진압은 각별히 탈리엥에게 맡겼다.

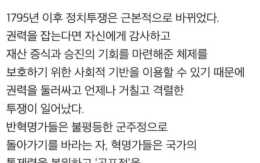

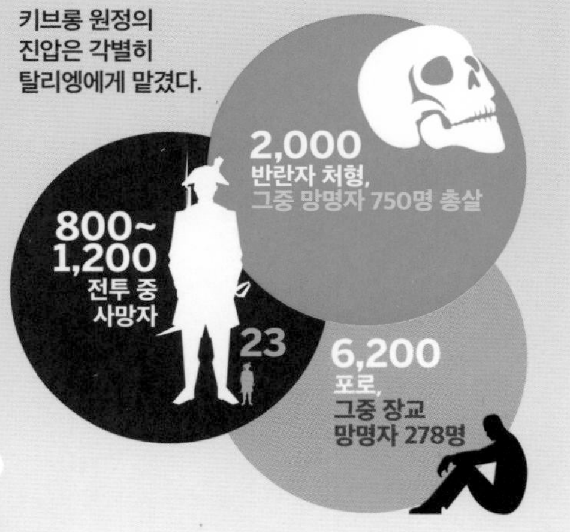

슈앙파 무리는 늘 위험한 처지였다. 카두달이 이끄는 무리는 농촌을 장악하고 도시를 위협했지만, 더는 공화국을 위협하게 만들 만한 세력은 아니었다. 한편 샤레트와 스토플레는 차례로 1796년에 죽을 때까지 방데의 전투를 이어갔다.

1795 | 1796 | 1797 | 1798 | 1799

● 프로방스 백작의 지휘 아래 1790년부터 반혁명 운동을 이끌고 교육하는 기관으로 '코미테 파리'[파리위원회]라는 이름도 가진 비밀조직이다.

●● '통령정부'로 옮기는 사례가 있지만, 역사성을 고려해야 한다. 프랑스 혁명 전부터 고대 로마공화국의 시민정신과 덕성을 찬양하는 풍조가 있었다. 루이 다비드는 혁명 이전에 〈호라티우스 형제들의 맹세〉(1786), 〈브루투스에게 아들들의 시신을 가져오는 관리들〉(1789)을 그렸다. 구국위원회의 어원도 키케로에서 나왔고, 그림에 자주 나오는 회초리 다발faisceau도 로마공화국의 유산이다.

1799년의 대공세

반혁명의 **조직들**

클리시 클럽(1794-1797)
테르미도르 반동 이후 파리 북쪽의 클리시 길 아래쪽에 있는 이 클럽에 우파 의원과 신문기자들이 모였다. 카르노도 있었다. 클럽은 1797년에 전성기를 맞아, 하원 500인회와 원로원의 의원 300~750명까지 회원으로 활동했다. 온건한 공화파와 화해하려는 측과 무력을 써서라도 부르봉 가문의 왕정복고를 원하는 측으로 나뉘었다. 1797년에 이 클럽은 총재정부에 바르텔르미를 당선시켰지만, 공화력 5년 프뤽티도르 18일(1797년 9월 4일)의 정변에 희생당한다. 수많은 지도자가 체포되고 의원 다수가 500인회에서 쫓겨났다.

예후의 동료들
1795년에 리옹은 자코뱅파 수형자를 학살하는 현장이었다. 학살극은 예후의 동료들 또는 예수의 동료들이라는 복수자들의 신비집단이 벌인 일이다. 이 집단은 1798년까지 리옹 지역에서 세를 떨쳤다. 예후의 동료들이 실제로 존재했다면 반혁명적 투쟁 정신, 개인적 복수심, 저속한 취향이 기묘하게 얽힌 집단이었다. 1857년에 알렉상드르 뒤마는 『예후의 동료들』에서 젊은 귀족들을 왕에게 충성하는 무리로 등장시켰다.

AA[친구들의 모임]
여전히 정확한 뜻을 파악하기 어려운 이 이름은 위험에 처한 주교구의 사제들이 은밀히 조직한 '모임'인데, 이 비밀협회는 1789년 이후 특히 툴루즈에서 되살아나고 다른 주교구에도 퍼지면서 정치적 조직이 되었다. 이들은 1792년 이후 프랑스에 남아 있던 비선서 사제의 지원을 위한 정보망을 형성했다.

박애교단(1796-1800)
파리왕당파본부 L'AGENCE ROYALISTE DE PARIS● 에서 1796년에 처음 구상하고 혁명에 반대하는 '질서의 친구들'을 모집했다. 지도위원회만이 왕족들과 관계를 유지했다. 주동자들은 1797년 선거에 영향을 끼쳤고 총재정부에게 탄압받았다. 박해를 견딘 사람들은 1799년에 남서부에서 봉기를 조직했다. 이 교단은 집정관정부●● 초기에 사라진다.

살아 있고, 분열하고, 패배한 반혁명

종종 무시당하는 사건이 있었다.
1799년 망명자와 국내의 왕당파, 유럽 열강이 힘을 합쳐 총재정부가 이끄는 프랑스에 공세를 취한 사건이다. 프랑스에서 정변이 성공하고 이집트 원정이 실패한 순간을 잘 골랐다. 루이 16세의 딸 마리 테레즈 샤를로트가 사촌오빠, 아르투아 백작의 아들 앙굴렘 공작과 결혼할 때 공세를 취해서 [루이 16세의 큰동생] 루이 18세의 정통성을 뒷받침해주었다. '대공세'가 실제로 그들을 도와주고 즉각적인 성공을 거두었지만, 이탈리아나 프랑스 서부에서는 실패했다. 그러나 반혁명의 허약함이 드러나는 동시에 제1집정관이 된 보나파르트가 강력하게 반혁명을 진압하고 예배의 자유를 허용하면서 능숙한 솜씨를 뽐내는 기회였다.

에드먼드 버크
1729-1797
아일랜드 태생의 유명한 작가, 영국에서 영향력을 행사한 정치인으로서 아메리카 반란자들을 지지하지만, 1789년 11월 1일 런던에서 『프랑스 혁명의 고찰』을 발간해 전통과 자유주의의 이름으로 혁명을 고발했다. 특히 1789년 10월 6일 베르사유에서 여성이 자행한 폭력을 고발하고 '공포정'을 예언했다는 평을 들었다. 그의 책은 즉시 주목을 받고 유럽 전역에 번역되어 가장 많이 팔렸다. 그러나 피트의 영국 정부는 그가 추천한 군사행동을 거부했다.

오귀스탱 드 바뤼엘
1741-1820
예수회 출신의 독설가로서 1792년에 런던으로 망명하고 『자코뱅주의의 역사를 위한 회고록』(함부르크, 1797-1799)을 발간해 프리메이슨과 천계론자들이 혁명을 일으켰다고 비난했다. 그의 음모론은 대대적인 성공을 거두었으며 오늘날까지도 인정받는다.

혁명기 사람들이 고대 로마를 생각하면서 'Consul'이라는 말을 썼으리라는 점을 유추하기란 어렵지 않다. 우리나라에서 이미 집정관으로 옮기는 관례를 좇아서 집정관정부로 옮기는 편이 낫다고 생각했다.

●●● 귀얀에서 탈출한 아메데 윌로Amédée Willot 장군, 1793년 리옹의 반혁명 지도자 루이 프랑수아 드 프레시Louis François Perrin de Précy, 원로원 의원이던 앙투안 발타자르 조아킴 당드레Antoine Balthazar Joachim Dandré와 자크 앵베르 콜로메가 루이 16세의 큰동생 프로방스 백작을 위해 슈바벤에 모여 1797년 9월 4일(공화력 5년 프뤽티도르 18일) 정변으로 쫓겨난 국내 왕당파에게 지령을 내린다.

저명한 **반혁명 인사들**

루이 에마뉘엘 앙리 드 로네, 앙트레그 백작
1753-1812
왕당파 요원, 정치 모험가, 반혁명가로서 비밀요원 가운데 가장 신비한 인물이다. 1789년에 국민의회 의원이 되었고 1790년 2월에 망명했다. 유럽 전역에 프로방스 백작과 영국 정부를 위한 첩보망을 운영했다. 그러나 그가 제공하는 정보의 질은 의심스럽고, 그가 적당히 타협했음을 부인하기 어렵다. 그의 암살로 정체의 신비함만 더했다.

장 샤를 피슈그뤼
1761-1804
영광에 휩싸인 공화파 장성, 북부 국경의 군사령관이었다가 왕당파 진영으로 넘어갔다. 1797년 [3~4월 선거에서 의원이 되고 5월 20일부터] 500인회 의장으로 활동하다 공화력 5년 프뤽티도르 18일(1797년 9월 4일) 정변 이후 붙잡혀 귀얀의 카옌에 유배되었다. 거기서 탈주한 뒤 영국과 공모했다가 다시 붙잡혀 옥사했다.

조제프 마리, 메스트르 백작
1753-1821
사부아 출신의 판사로 1792년 망명길에 올라 사르데냐 왕의 신하가 되어 1803~1817년 러시아 궁중에서 피에몬테 사르데냐 대사로 활동했다. 그는 『프랑스에 대한 고찰』(뇌샤텔, 1797)에서 프랑스 혁명을 신비주의 정치적 관점으로 해석했다. 그의 저서는 유럽 반혁명의 지침서가 되었다.

앙투안 발타자르 조제프 당드레
1759-1825
1789년 프로방스 귀족의 전국신분회 대표이자 자유주의자로서 1791년 7월 푀이양 클럽 창립회원이 되었다. 1792년에 스위스로 망명하고 1795년 이후 영국대사 윌리엄 위컴의 도움을 받아 반혁명 활동에서 한몫한다. 1797년에 프랑스로 돌아가 선거운동을 주도한다. 이 선거에서 반혁명가들이 승리하여 공화력 5년 프뤽티도르 18일의 정변이 일어날 때까지 [다섯 달 동안] 권력을 잡는다. 이후 다시 스위스로 가서 입헌군주정을 복원하려고 끊임없이 음모를 꾸민다.

구스타브 3세 1746-1792
예카테리나 2세 1729-1796
프리드리히 빌헬름 2세 1744-1797
러시아
영국
[1799년] 9월 19일 베르겐
함부르크
1797년 스위스의 프랑스 침공 이후, 이 도시 국가와 이웃 알토나는 베른보다 더 활발한 첩보활동의 온상이 되었다.
조지 3세 1738-1820
오스트리아
저지 섬과 건지 섬
영국 첩자들이 이 두 곳에서 프랑스의 첩보망을 구축했다. 필리프 도베르뉴는 저지 섬의 몽토르궤이 성에 참모본부를 설치하고 민병대 4,000명과 군인 2,000명을 지휘한다. 그는 포함 네 척, 작은 범선 네 척, 수송선 한 척의 소형 선단을 가지고 있었다.
왕당파 동맹
서부연락망
슈바벤 대리점●●●
3월 25일 슈토카흐
6월 6일 취리히
레오폴트 2세 1747-1792
프란츠 2세 1768-1835
리옹
프리부르[프라이부르크]와 뇌샤텔
전자는 가톨릭교도 반혁명의 중심지이고, 후자는 반혁명 출판물을 찍어내고 서적상 포슈 보렐이 운영하는 몽가이야르 연락망으로 은밀히 유통시킨다.
빅토르 아메데/비토리오 아메데오 3세 1726-1796
툴루즈
바스크 지방
4월 27일 카사노
코르시카
파올리를 배출한 섬은 1793년에 혁명에 반대하는 입장으로 돌아선 뒤 1794년부터 1796년까지 영국령 코르시카 왕국이 된다.
오스만 제국
7월 25일 아부키르
반혁명 작전 기지
(서부 너머) 반혁명의 주요 거점
혁명에 적대적인 군주
첩보망
프랑스와 전쟁 중인 국가
대불 동맹국의 승리
프랑스 승리
연합군 상륙
1795
1796
1797
1798
1799

유럽의 반혁명

3월 25일, 다뉴브 프랑스군에 슈토카흐에서 거둔 승리는 '대공세'의 시작이었다. 8월까지 연합군은 특히 이탈리아에서 활약한 오스트리아군 덕택에 공격에 성공했다.
5월에 토스카나 농민이 이른바 '비바 마리아'[성모 만세] 무리를 지어 봉기할 때, 칼라브리아와 풀리아의 농민은 프랑스의 자매 공화국인 나폴리를 공격했다.
스위스에서 러시아군은 오스트리아 병력의 용기를 북돋웠다.

총재정부,
혁명의 마지막 불꽃

1795년에 새 체제인 총재정부가 들어섰다. 그것은 혁명의 첫 주기와 거의 같은 5년간 존속하면서도 새로운 면이나 빛나는 업적은 말할 것도 없고 아무런 유산도 남기지 못했다. 총재정부는 언젠가 맞이할 프랑스 사회의 기초를 놓았음이 분명하지만, 권력을 잡은 소수파가 얻은 이득을 안정화해야 할 운명이었고, 잇단 정치투쟁과 정변을 거치고 마지막에 1799년 11월 보나파르트가 일으킨 정변으로 사라졌다.

새 체제의 발명

총재정부는 제1공화국과 관계를 끊고 집단지도체제, 상호보완적인 양원제를 실시하며, 납세자 선거권제로 되돌아갔다. 혁명의 급진화로 되돌아가는 일을 막으려는 속셈이었다. 그러나 현실은 체제를 약하게 만드는 정치투쟁의 수렁에 빠진다.

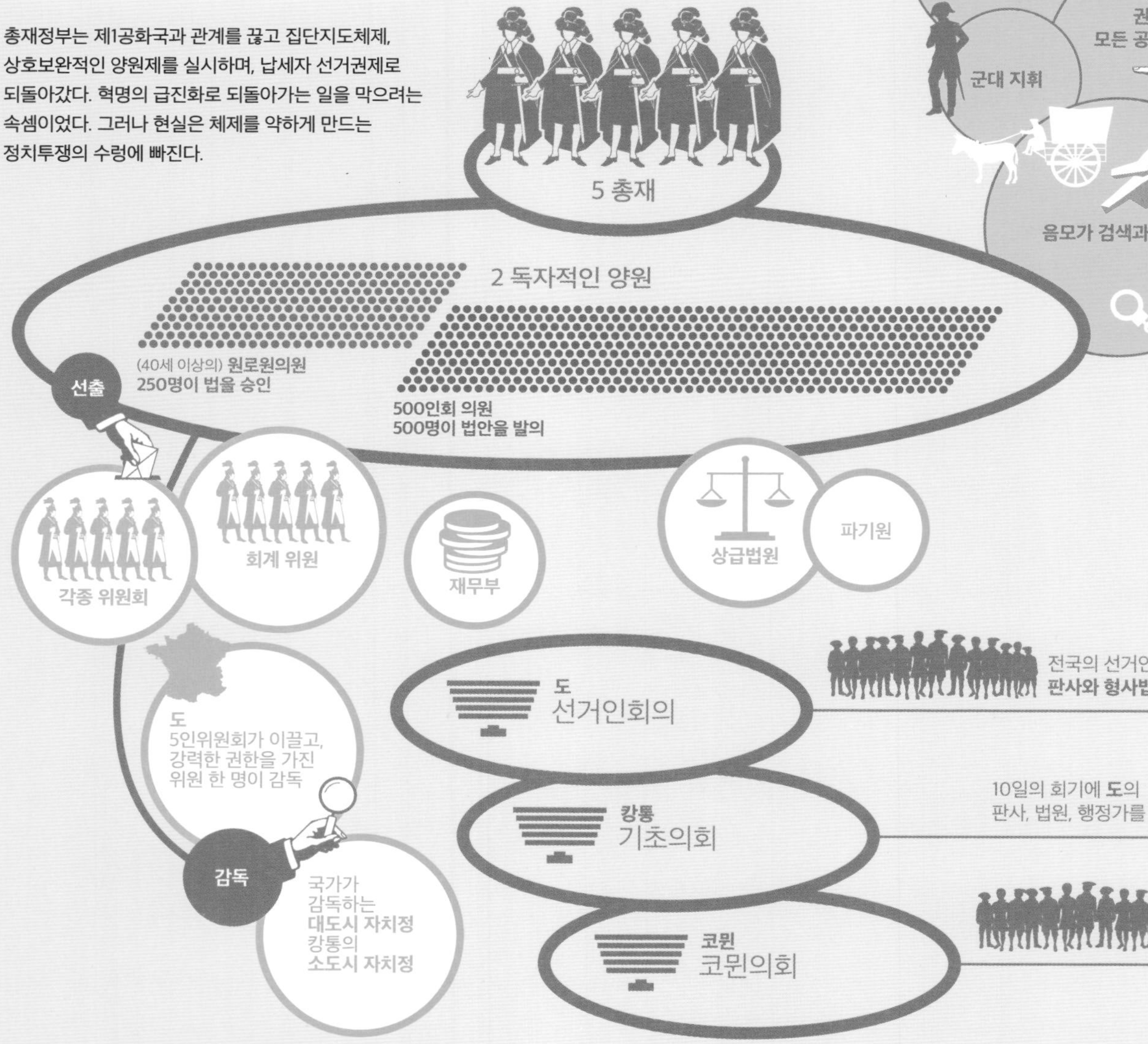

1788 1789 1790 1791 1792 1793

주요 **총재들**

폴, 바라스 자작
1755-1829
프로방스 지방의 소귀족 출신이다. 1792년에 의원이 된 열렬한 혁명가로 로베스피에르를 싫어했다. 1795년부터 1799년까지 총재를 역임했는데, 총재정부의 강인한 인물인 동시에 때로는 지나치게 소심하거나 거침없이 행동해서 가장 논란의 여지가 있는 명사였다.

에티엔 프랑수아 르 투르뇌르
1751-1817
군인 출신으로 1791년 이래 의원, 1795~1797년까지 총재를 역임했다.

장 프랑수아 뢰벨 또는 뢰프벨
1747-1807
1789년부터 의원이었고 1795년부터 1799년 6월까지 총재였다. 자코뱅파는 물론 왕당파와도 대립한 그는 영토확장론자였다.

루이 마리 드 라 레벨리에르 레포
1753-1824
1789년부터 의원이며 뢰벨과 함께 총재가 된다. 반교권적이고 반혁명에 적대적인 그는 지롱드파였고 그 때문에 박해를 받았다. 경신박애교를 선전하면서 혁명에 임하는 속인의 영적 측면을 대표했다.

잇따른 **정변**

매년 총재 한 명과 의원 3분의 1을 새로 뽑았다. 의원 3분의 1만 뽑는 선거는 열띤 경쟁을 불렀고, 한편으로는 특히 로마 가톨릭교 수호자로서 의회군주정으로 되돌아가고자 하는 사람들, 다른 한편으로는 1793년 헌법을 고수하는 공화파에 유리했다. 공화파의 경우, 당시 반대자들은 '외골수exclusifs', 최근 역사가들은 '신자코뱅파'라 부른다. 선거를 치를 때마다 지역의 충돌이 일어났지만, 선거가 끝나고서도 정변이 일어나 당선을 무효화하고, 의원들을 쫓아내고 유배까지 보냈다. 최악의 사태는 1797년 선거와 정변으로 아주 과격한 탄압을 수반했다.

20,000
오주로를 중심으로 동원

330
카옌에 유배

1793년 헌법 지지자나 왕정 지지자를 **즉시 사형**

공화력 5년 프뤽티도르 18일
(1797년 9월 4일)
바라스는 다른 총재 두 명, 바르텔르미와 카르노를 몰아내기 위해 정변을 일으킨다.

선거 무효
의원 140명이 의석을 잃고 177명이 제명된다.

공화력 6년 플로레알 22일
(1798년 5월 11일)
선거인회의에서 뽑은 선거인의 30%는 무효다.

선거 무효
106명 제명,
53석 무효

공화력 7년 프레리알 30일
(1799년 6월 18일)
군의 지지를 받아 신자코뱅파가 총재 세 명을 배출한다.

왕당파 우파의 승리
테르미도르 반동파 63석
클리시 클럽 회원 54석
극단적 왕당파 33석

공화국 중심으로 모임
클리시 클럽 회원 105석
독립파 44석
테르미도르 반동파 28석

좌측으로 기울기
몽타뉴파 106석
테르미도르 반동파 44석

확실한 극단파들
몽타뉴파 106석
극좌파 30석
클리시 클럽 회원 150석
초강경 왕당파 80석

7 8 9 10 11 12 | 1 2 3 4 5 6 7 8 9 10 11 12 | 1 2 3 4 5 6 7 8 9 10 11 12 | 1 2 3 4 5 6 7 8 9 10 11 12 | 1 2 3 4 5 6

1795 1796 1797 1798 1799

에마뉘엘 조제프 시에예스
1748-1836
정치 소책자 『제3신분이란 무엇인가?』로 유명한 신부이며 1789년에 제3신분 대표로 의원이 되지만, 1794년 말까지 정치생활을 점점 멀리했다. 1795년에 총재로 뽑혔으나 헌법을 개정할 권한이 없어서 사임한다. 1799년에 다시 총재로 뽑힌 후 보나파르트에게 유리한 정변을 준비한다. [정변이 성공한 후] 고위직을 맡는다.

라자르 카르노
1753-1823
공병대위, 1791년에 의원이 되고 1793년에 구국위원회 소속으로 공화국 군대 조직을 맡는다. 생쥐스트와 로베스피에르에 반대하고, 1795~1797년에 총재로 일하다가 온건주의 왕당파를 몰아내는 정변이 일어난 뒤 망명한다. 1799년에 보나파르트 편에 서고 계속해서 정치경력을 쌓는다.

장 샤를 피슈그뤼의 증언
병사 출신으로 1793년 북부군의 사령관이 되어 무훈을 세운다. 이후 1795년 왕당파의 재정 지원을 받은 뒤 500인회[하원] 의원으로 뽑히고, 우파 가톨릭교도에게 유리한 방향으로 500인회를 이끈다. 정변으로 붙잡히고 귀얀으로 유배당했다가 탈주한 뒤 캉두달이 보나파르트를 제거하려고 꾸민 음모에 가담한다.

"화난 병사들이 양편으로 늘어서서 욕설과 위협을 하고 있는데, 우리는 주눅이 든 채로 그들 사이를 지나 마당을 가로질러 마차 앞에 도착했다. 오, 하느님! 이런 마차를 타라니! 우리를 기다리던 것은 대포운송차에 맹수를 운반하는 우리를 얹은 짐승수송차였다. 앞쪽과 뒤쪽에 큰 철창을 설치했기 때문에 호기심 많은 사람은 거기에 갇힌 수형자를 쉽게 들여다볼 수 있었다. 판자 두 쪽을 설치해서 앉을 수 있게 해주었다. 70대 노인, 몸이 성치 못하거나 아픈 사람들은 이 살인적인 운송수단을 타고 100리외[400킬로미터] 이상을 가야 했다."

1795 1796 1797 1798 1799

총재정부의 **빛과 그림자**

불완전한 안정성

총재정부의 실패는 잘 알려진 사실이다.
잇따라 정변이 일어나고, 화폐제도가 무너지고,
종교생활을 평화롭게 유지하지 못하고,
반혁명 세력의 반대와 번성하는 도적떼가 정부의
앞길을 방해했기 때문이다. 그러나 몇몇 분야가 안정의
기미를 보이기 시작했다. 행정을 정착시키고, 교육을
개혁해서 사회지도층을 기르고, 농업과 산업을 발전시킨
덕택이었다. 집정관정부와 제국은 이 분야에서 일하는
인재가 대부분 그대로 남아서 하던 일을 계속하게
만들었기 때문에 이러한 기조를 쉽게 연장할 수 있었다.
그러나 변화의 혜택은 국민에게 골고루 돌아가지 않았다.
상업·농업·산업의 전통분야는 여전히 뒤처졌고,
자유경제를 지향하면서 사회적 불평등의 골이 더 깊어졌다.

총재정부는 정치적 불확실성과 상관없이
경제를 되살리기 위해 자유주의 정책을 일관되게
밀고 나갔다. 정부는 중요한 분야를 지지하고
사회지도층 인사를 기르기 좋은
사회·지식의 환경을 창조하는 데 전념했다.
즉각적인 성과를 내지는 못했지만,
국민이 느낄 수 있을 만큼 나라를 복구했고,
그 혜택은 집정관정부가 입게 된다.

행정 기구/조직

그 시대에는 국민공회가 경제와 사회를
경영하는 데 활용하기 위해 조사방법을
발명했다. 총재정부는 그것을 달리 적용한다.
개혁을 하기 위해 통제하기보다는
진상파악을 더 중시했기 때문이다.
이처럼 경제적 자유주의를 중시하는 체제는
정치적 선택에 과학을 이용했다.

미터법과 십진법
공화력 3년 제르미날 18일
(1795년 4월 7일)의 '무게와 길이'에 관한
미터법과 십진법을 제정해서 다른 단위를
폐지하고 더는 사용하지 못하게 했다. 공화력
8년 프리메르 19일(1799년 12월 10일)에는
백금으로 만든 1미터 표준자를 기준으로
만든 자를 널리 보급하는 법을 통과시켰다.
백금 표준자는 오늘날까지
국립기록보관소Archives nationales의
'금고'에 보관한다.

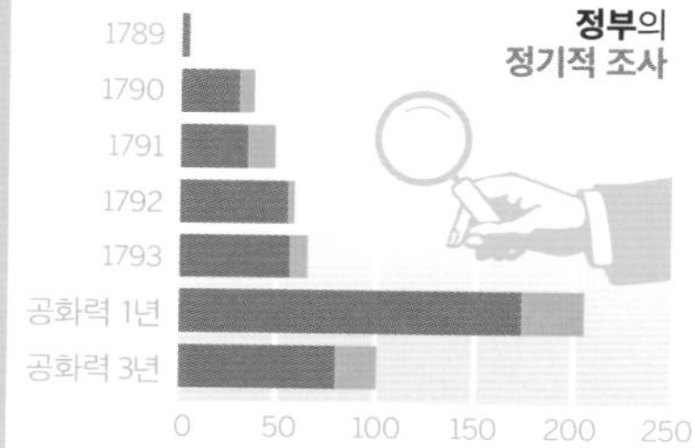

세무 행정
징세제도를 혁파하는 사업은 1917년까지
한 세기 동안 지속했다. 1797년, 모든 도는
자체적으로 재정관리제도를 조직했다.

캉통의 지방자치단체와
토지등기/지적부 창설

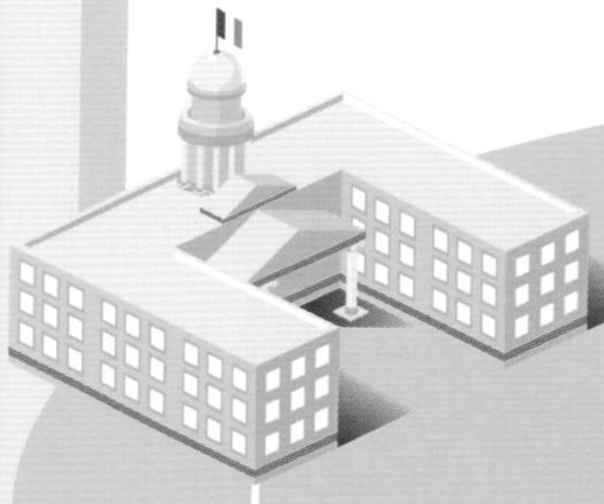

교육의 쟁점

총재정부는 1794년부터 시작한 학제 개편 운동을
확대했다. 새로운 제도를 도입하는 대신 초등교육,
특히 소녀의 초등교육을 희생시켰다.

- **국립공예학교** 1794년 9월 29일
- **파리이공과대학** 1794~1795년
- **에콜 상트랄**[거점중심학교] 1795년 2월 25일
- **앵스티튀 드 프랑스**[프랑스 학사원] 1795년
- **동양언어학교** 1795년 3월 30일

자연사박물관
1793년 설립, 거의 170명의 학자가
참여한 이집트 원정으로 소장품 증가.

루브르박물관
1793년 설립, 공화력 6년 테르미도르 9일(1798년 7월 27일),
'예술과 자유의 공동승리'를 축하하는 장엄한 행사를 연다.

인구 통계

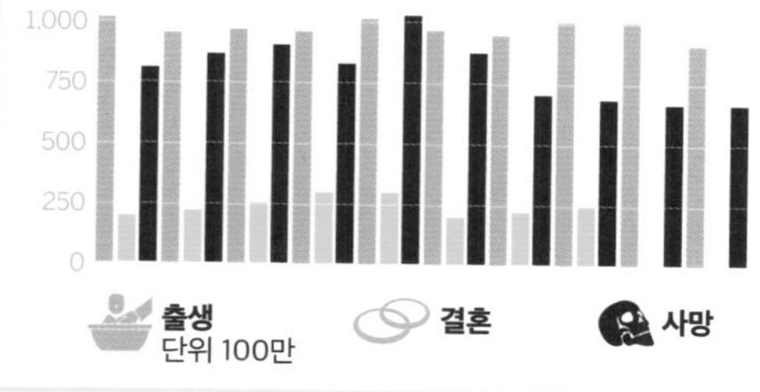

되살아나는 **경제**

전쟁은 산업생산의 합리화를 가져오고 생산의
모든 관습을 바꿔놓았다. 전쟁으로 이웃 나라들을
복속시키면서 패배의 위협에서 벗어난 정부는
기업을 장려했다. 식민지와 삼각무역이 거의 사라지고,
영국과 전쟁을 수행하면서 해안을 끼고 발달한 산업을
내부 쪽으로 옮기게 되었다.

면사
제조업 회복

제철산업 발전
대형용광로
1,513개
1799년

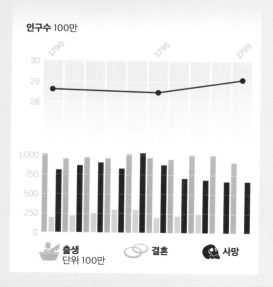

대외무역의
위기

- 18세기에 적도부터 북극까지 거리의 1,000만분의 1을 1미터로 정했지만, 수많은 과정을 거쳐 1983년부터 진공의 공간에서 빛이 일정 시간 이동하는 거리를 기준으로 계산한다.
- •• 해외원정에서 징발하는 물자를 군사위원들과 짜고 횡령하는 회사는 플라샤 회사Compagnie Flachat말고도 디종 회사Compagnie Dijon, 엘레르 회사Compagnie Heller 따위가 있었다.

국가의 무대 뒤편에서

화폐의 신뢰도를 되살리지 못하고 상업과 은행의 관계를 올바로 조직하지 못한 것을 총재정부의 가장 심각한 실패로 꼽을 수 있다. 은행가·투기꾼·군납업자·정치가들은 전 유럽을 상대로 전쟁하는 국가에 반드시 필요한 막대한 돈을 자기 이익으로 빼돌리고 있었음에도, 총재정부는 그들에게 휘둘렸다. 정부는 위급한 상황에서, 또 의심스러운 재정적 관행을 통하지 않고서는 국채를 상환할 수 없는 상황에서 아주 중요한 계약을 성사시켰다. 여기에 개입한 모든 사람은 부를 과시하면서 남들에게 부당하다는 감정을 안겨주었을 뿐 아니라 횡령으로 체제를 약화하고 붕괴시켰다.

가브리엘 쥘리엥 우브라르
1770-1846
열아홉 살부터 제지업에 투기하고, 낭트와 보르도의 무역업자와 동업해서 1793년에는 백만장자가 되었다. 이후 의용군으로 참전하고 1795년에 다시 '사업'에 뛰어들었다. 1798년에는 해군 군납업자들을 위해서, 그 뒤에는 에스파냐 함대와 이탈리아군의 물자공급을 위해서 차례차례 입찰했다. 1799년에 막대한 자산가가 되었고, '마담 탈리엥'인 테레자 카바뤼스와 살았다. 그 후의 모든 체제에서 재정 지원을 하며 영욕을 교대로 맛보았다.

부패

바라스

플라샤 회사

뢰벨

납품업체

플라샤 회사••

1796년
[나폴레옹의] **이탈리아군에 밀을 공급하고**
300만 리브르의 담보
(동산과 다이아몬드)를 받는다.
모든 나라의 돈을 금괴로 만들어 받는다.

공화력 7년에 기소와 **무죄 판결**

디종 회사

토지환어음을 폐지할 때
총재정부에 자금
(지폐 1억 리브르)**을 대주고**
투기했다.
물의를 빚었지만 투기를
멈추지 않았다.

1,400,000
1799년 북부군 병력은 50만~60만 명뿐인데 군납업자는 140만 명의 고기값을 청구한다.

피정복국 약탈

'예술 축전', 이탈리아에서
제3호송대가 가져온 물품 목록

6 마차
광물, 베로나 화석, 이국의 식물 씨앗, 사자와 낙타를 마차 6대에 싣고 왔다.
이처럼 진기한 물건 가운데 일부는 이탈리아산이 아니라 스위스나 아프리카산이다.

6 짐수레
짐수레 6대에 실은 상자에는 책·수서본·기념패·악보·동양어 활자를 담았다.
과학과 예술은 자유를 지지하고 아름답게 꾸민다.

전쟁, 불가능한 자금 조달

공화력 4년
(1796년)의 **전쟁 비용**
(단위 100만 리브르)

항목	금액
전쟁부	256
해군부	41
병사 봉급	37
민간부문 지출	
총액	457

피정복국이 공화력 4~8년까지 **낸 부담금**
(단위 100만 리브르)

국가	금액
스위스	16
나폴리	30
시잘핀 공화국	40
로마	72
총액	158

공화력 4년
국유재산 매각
총액
124

알제리 섭정 대부금
200,000
피에스터

네덜란드의 부채를 독일 도시국가에 매각
1798
12

예산
1796
지출 **726**
수입 **476**

베네치아의 말 탈취

1797년 12월 13일, 베네치아에서 뱃길로 앙코나로 옮긴 뒤 다시 군함에 싣고 1798년 4월 6일 툴롱에 도착했다. 내륙에서 론 강, 손 강, 중부 운하, 루아르 강, 브리아르 운하, 루앵 운하를 거쳐 마침내 센 강으로 7월 17일 파리에 도착했다. 베네치아는 1815년에 말을 돌려받는다.

1795 | 1796 | 1797 | 1798 | 1799

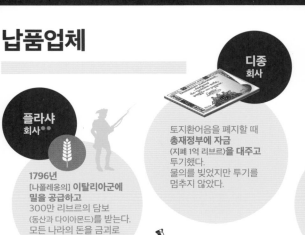

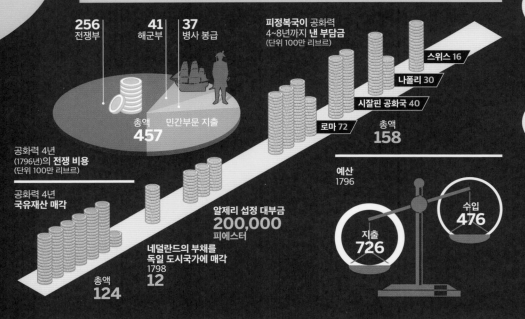

혁명은 **끝났다**

총재정부는 공화력 8년 브뤼메르 18~19일, 그러니까 1799년 11월 9~10일에 급격히 무너졌다. 그날 보나파르트 장군은 총재정부를 해체하고 집정관정부를 세워 이끌었다. 그 역사는 알려진 대로다. 몇 달 동안 음모를 꾸미던 보나파르트는 500인회 의원 중 일부가 예상치 않게 반대하자 마지막에 주저했지만 다행히 원로원 의원들의 지지를 받아 정변을 성공시켰다. 사람들은 보나파르트가 신경질을 내면서 몸을 긁는 모습을 떠올린다.
그러나 정치적 현실은 더 복잡했다. 정치가·은행가·장군들의 소수 핵심이 막대한 재정수단을 이용해서 정변을 일으켰다. 두 번째 무리는 피로감을 느끼거나 정치적 계산에 따라, 그리고 갈등에서 벗어나고 싶은 욕망으로 모인 사람들이었다. 세 번째 무리는 모든 저항을 포기한 사람들이었다. 좌파건 우파건 가장 반항적인 사람들은 가장자리로 내몰려 감시당하고 심지어 기소되기도 했다. 각 지방에서 여론을 조성할 임무를 수행할 대표를 파견하고 지방을 감독할 수 있게 된 뒤에야 정변에 성공했다. 보나파르트의 권력은 1800년 이탈리아 원정에서 승리하고 1802년 영국과 아미엥 평화조약을 체결한 뒤부터 진정한 뜻의 정통성을 갖게 되었다.

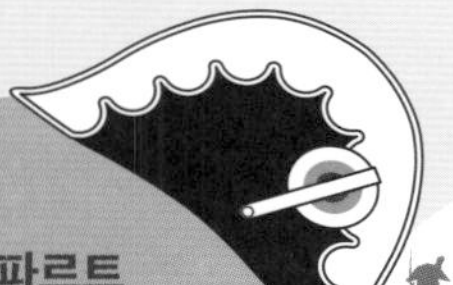

보나파르트
사단장이 되어 파리를 방어하고 늘 임박한 자코뱅파의 위협에서 국회를 보호하는 임무를 수행했다.
수도에 머물던 장성의 대다수와 병사들이 그의 편에 뭉쳤다.

7,000
파리 거리를 지키는 병사

총재 고이에·물랭, 그리고 완강히 버티는 장관들을 모두 쫓아내다.

채권자들은 안심한다.

자코뱅 반대파가 깨어난다.
500인회가 "폭군을 죽이자"라고 외치면서 저항하지만, 원로원 의원들은 총재정부를 해체하는 데 순응한다.
보나파르트는 호위를 받으면서 국회를 떠난다.
뤼시엥은 의장직을 사임하면서 보나파르트를 무법자로 만들 투표를 막는다.

군인들이 총재들의 해임과 권력의 공백을 지지하기 위해 의원들을 모이지 못하게 쫓아낸다.

시에예스·뒤코·보나파르트가 '집정관정부위원회'를 구성하고 질서를 회복할 임무를 맡는다.

입법부는 새 제도를 합법화하기 위해 25인으로 구성하는 위원회 두 개만 남기고 해산한다.

의원 61명을 숙청하고 유배하거나 가택 연금시킨다.
그러나 자코뱅파 숙청보다는 덜 엄격하다.

브뤼메르 **정변**

브뤼메르 18일

'대공세'와 '자코뱅파 음모'에 맞서 '조국이 위험하다'

17

8월

15 집권할 것으로 예상하던 **주베르 장군**이 전투 중 사망한다.

20 **왕당파 군대가** 몽트레조에서 **궤멸한다.** 오스트리아-스위스 연합군은 도주하다가 마세나에게 진다.

22 **보나파르트가 이집트를 떠난다.**

9월

19 **네덜란드의 베르겐에서** 브륀은 영국-러시아 연합군을 무찌른다.

10월

9 **보나파르트가 프레쥐에 상륙한다.** 아부키르의 승리 소식이 전국에 퍼진다.

15 파리에서 **정변을 계획한다.**

22 **러시아와 평화조약 체결**

11월

200만 리브르를 받은 것이 분명한 **바라스가 물러난다.**

7 **시에예스가** 헌법 개정의 근거를 마련하는 **법안을 기초한다.**

9 **원로원 소집,** 반대파는 빠지고 이튿날 생클루 성에 모인다.

11 **집정관들이** '인민주권과 공화국에 신성한 충성'을 **맹세한다.** 지방으로 파견하는 대표 24명은 여론을 이끌고, 필요한 경우 공무원을 교체하고, 정치 클럽을 폐쇄하는 임무를 수행한다. 화해가 시급했지만 공화국을 지키느냐, 아니면 질서를 회복하느냐를 강조하면서 상대방을 압박했다.

정변의 **주역들**

시에예스, 정치적 모범
그는 "신뢰는 아래로부터, 권위는 위로부터 와야 한다", "전제주의를 막기 위해 나눠야 한다"라고 쓰고, 1795년 이후 헌법 개정을 요구한다. 그의 목표는 혁명을 끝내고, 권위를 강화해서 특정 집단의 지배를 막으며, 여론을 대표하는 집단들을 통제해야 한다는 것이다. 그의 원칙은 사회에 대한 국가의 통치권을 제한하는 것이다. 그의 철학은 모든 프랑스인이 접근할 수 있는 자유주의다.

탈레랑, 그림자 같은 사람
1797년부터 보나파르트에게 조언한다.

뤼시엥 보나파르트, 선동가
유능하지만 세심하지 못한 사업가이며, 500인회 의장이다. 그는 신자코뱅파와 연결된다.

장 바르텔르미 르 쿠퇴 드 캉틀뢰, 금융인
혁명을 관통했고 동료들의 정보를 이용해 자기 금고를 만든 인물로 음모가들에게 200만 리브르를 제공했음이 분명하다. 1800년 1월 6일, 프랑스국립은행 설립에 참여한다.

보나파르트의 **난제**

총재직에 뽑힐 수 있을까	?	아직 40이 안 됐는데…
신자코뱅파에 의존해볼까	?	주르당과 베르나도트가 거기 있는데…
군주정을 회복시켜야 하나	?	그건 꿈도 꾸지 않는 바라스와 합의해야 하는데…
시에예스를 이용해	?	꼭 필요해서 항상 곁에 둘 만한 '칼'이 될 거야…

보나파르트 나폴레옹
1769-1821
프랑스에 합병되기를 찬성하는 코르시카의 소귀족 가문 출신으로 브리엔의 군사학교에 들어가고, 나중에 파리의 고등군사학교에 입학해 1789년에 졸업하면서 포병 소위로 임관한다. 1793년 툴롱 공략에 성공한 후 장군으로 진급한다. 오귀스탱 로베스피에르의 친구가 된 후 1795년 왕당파 반란을 진압하고, 1796~1797년에 이탈리아군을 지휘했으며, 1797년에 프랑스학사원 회원이 된다. 1798년에 이집트 원정을 이끌고 이듬해에는 제1집정관이 된다.

"시민들이여, 혁명은 그것을 시작했던 원리에 고정되었습니다. 혁명은 끝났습니다."
보나파르트, 1799년 12월 24일

브뤼메르 **체제**

음모가들

- 푸셰
- 모로와 군대의 일부
- 시에예스
- 뤼시앵 보나파르트
- 캉바세레스
- 탈레랑
- 베르티에
- 금융인 집단
- 뢰데레

지지자들

- **보르도**는 왕당파 젊은이와 도매상인들에게 열광하지 않으면서도 호의적으로 받아들인다. 도적떼의 통치는 끝났다.
- 공화주의 지식인 공상가들
- 원로원
- 500인회 다수파
- **그레퓔 가문 같은 은행가들,** 돌아올 날을 기다리고 망명한다.

나뉜 사람들

- 공화국 군대 아니 반교권주의 군대
- 바레르와 자코뱅파
- 경기회복을 기다리는 **노동자들**
- 체념한 **공화파 명사들**
- **프랑슈 콩테** 반대에 직면하고 진압당한 공화주의 소수파
- 입헌파 가톨릭교도
- 기회주의적 **가톨릭 의견**
- 번영기가 되돌아오기를 기다리는 **사업주들**

버림받은 사람들

- **남서부 농민** 국유재산 구입자들
- 브뤼메르 **화해**는 프뤽티도르 이후의 '깊은 골'을 메워준다. 행정기관마다 다수파가 모인다.
- 전쟁 중의 서부에서 **슈앙파 지도자들**
- 로마 가톨릭교도
- **센 에 우아즈와 파리에서 옛 바뵈프주의자들**은 군사적 실패를 기다린다.
- 총재들

- 흩어졌지만 완전히 사라지지 않은 **신자코뱅파 또는 무정부주의자들**은 의회민주주의로 넘어간 '헌법 동인들'의 회원, 신문기사를 작성하거나 지역 행정기관에서 활동
- **브뤼메르 19일을 구국의 행위로 받아들인다.** 나라가 피곤하다는 의식으로, 화해와 평화가 필요하다.
- **취소된 공화파 병사와 장군들**은 특히 방데같이 자신들이 성공한 곳에서 합당한 대우를 받지 못한다.

좌파 우파

28 **집정관들은 서부의 예배의 자유를 선포한다.**

25 **헌법**이 발효되다.

14 인권선언과 전문을 넣지 않고 **헌법**을 인쇄한다.

24 1800년 12월 24일
생니케즈 길에서 보나파르트 공격
130명의 '외골수' 또는 '바뵈프주의자들'이 붙잡혀 유배된다.
1801년 1월과 2월 사이에 1,200명을 체포하고, 그들 가운데 250명을 사형에 처한다.

1795 1796 1797 1798 1799

우리의 **유산**

1789년부터 1799년까지 혁명은 프랑스를 뒤흔들었고 근대 혁명의 모범이 되었다. 수십 년 전부터 세계를 변화시킨 일련의 혁명에 뒤이어 일어난 프랑스 혁명은 1789년, 특히 1792년 이후 보편적인 원리를 앞세우고 전에 본 적이 없는 폭력을 휘두르면서 새로운 길을 열었다. 이렇게 인류 보편의 원리와 폭력을 결합한 데서 참신한 성격이 나왔지만, 그 때문에 해석하기가 여간 조심스럽지 않다.

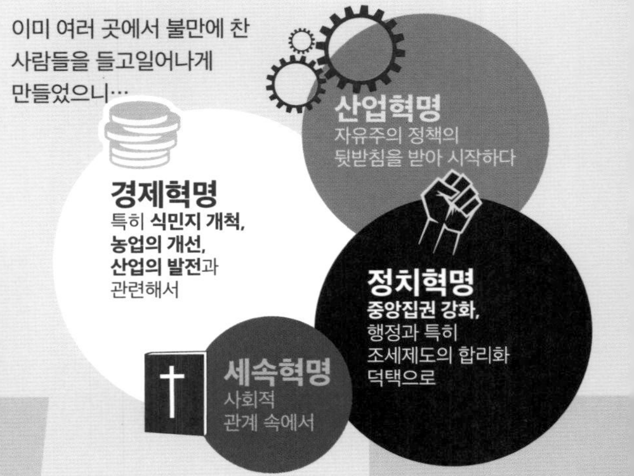

프랑스 혁명은 **세계사**에 혁명을 일으켰다

프랑스 혁명은 세계사에서 논란의 여지 없이 중요하다. 1789년부터 1799년까지 일어난 사건이 유럽과 남북 아메리카의 대서양 연안을 뒤흔든 정치·경제·사회의 대변동에 통합되는지 밝히는 것이 좋겠다.

1789년 이전에도 혁명은…

이미 여러 곳에서 불만에 찬 사람들을 들고일어나게 만들었으니…

산업혁명
자유주의 정책의 뒷받침을 받아 시작하다

경제혁명
특히 **식민지 개척, 농업의 개선, 산업의 발전**과 관련해서

정치혁명
중앙집권 강화, 행정과 특히 조세제도의 합리화 덕택으로

세속혁명
사회적 관계 속에서

벨기에 1786
네덜란드 1780
프랑스 1771-1774
덴마크 1770
아일랜드 1782
스웨덴 1788
영국 식민지
1 **영국**의 혁명 이후 혁명이 북유럽에 잇따른다.
오스트리아 1785
5
아메리카 식민지 1770-1775
폴란드 1787
2 **유럽** 모국의 과도한 요구로 일어난 반란과 혁명
제네바 1782
6
멕시코 1770
아이티 1791
마그레브 국가들
오스만 제국
4 안틸레스 제도에서 **혁명의 폭발**
아프리카
안데스 1778
페루 1780

18세기 말 혁명의 확대
1 2 3 4

혁명운동의 영향을 받지 않은 지역
5 6 7

(캐나다 식민지, 오스만 제국 같은) 지역은 혁명에 반대했다. (조약과 식민지화에 복종한 아프리카 같은) 지역은 영향을 받거나 전혀 관련되지 않았다.

1789년 이후 '자코뱅파'의 연락망
다른 나라 군주들이 그것을 고발해 프랑스를 고립시킨다.

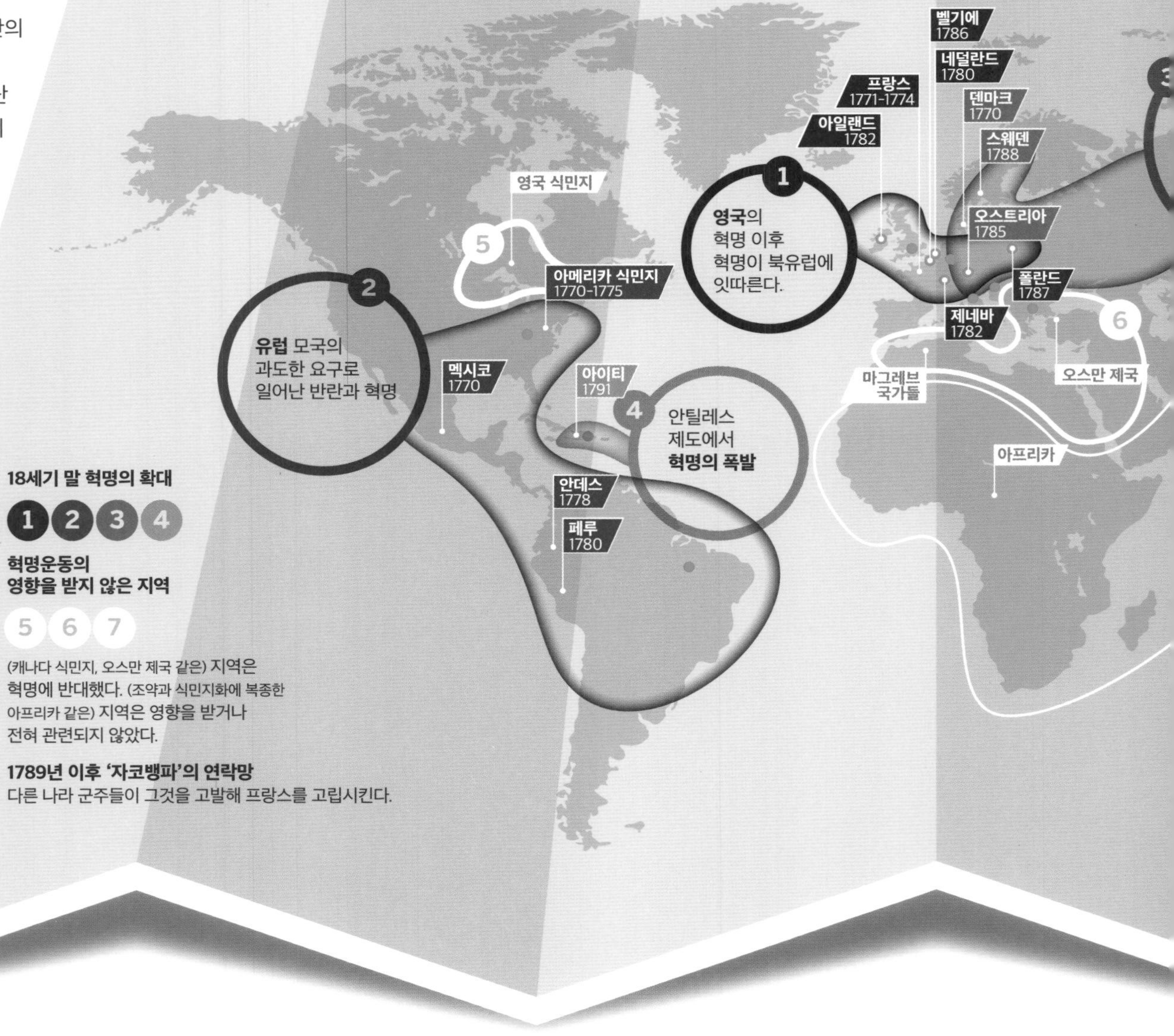

1788 | 1789 | 1790 | 1791 | 1792 | 1793

• 헤겔은 역사에서 세계정신이 구현되는 과정과 이성의 간계를 강조했는데,
마르크스는 하부구조인 물질생활에서 상부구조인 철학이 발달한다고 말했다.

3부 | **적대관계와 경쟁관계**

프랑스의 격변

벨기에 — 자매공화국 또는 피정복국

19세기와 20세기의 언저리에서 프랑스를 본받아 일어난 혁명의 물결

1789년에 프랑스는 자유·평등·정의를 중심으로 보편적 원리에 따라 사회를 창조하려고 노력하면서 모든 전통에 도전했다. 정치적 혁신이 세계에 자국을 남기고 다음 세기까지 수많은 혁명에 영감을 불어 넣었다. 그와 동시에 정치투쟁은 (1792년 9월의 학살이나 1793년의 왕의 처형같이) 수많은 폭력을 일으켜 외국의 관찰자 가운데 프랑스에 가장 우호적인 사람들까지 충격에 휩싸이게 만들었다.

1792년 이후의 **변화**

혁명은 세계를 변화시키는 모범이며 진보의 원천으로 여겨진다.
특히 카를 마르크스는 프랑스 혁명을 연구하고 비판했다.

1789년 바스티유 요새 정복을 기뻐한 독일의 사상가 두 명의 반응은 유명하다. 먼저 헤겔의 말이다. 프랑스 혁명과 함께 "인간은 머리로 걷는다." 혁명은 사상을 맨 앞에 두었기 때문이다. 그러나 마르크스는 거꾸로 말했다.• 그리고 헤겔은 '공포정'을 세계사에 필수적인 '부정성négativité'으로 이해했다. 횔덜린은 혁명을 마치 별들이 두 개의 중심을 도는 타원궤도를 회전하는 것과 같다고 보았다. 두 중심은 반드시 필요하고 떼어놓을 수 없다. 하나는 부정négation이며, 다른 하나도 똑같은 모습이기 때문이다. 이 둘은 시간에 따라 번갈아 중심 노릇을 한다.

불안정한 균형

자유, 평등, 우애

세계인은 공화주의 신조信條를 잘 알고 있으며,
어김없이 프랑스 혁명의 속성으로 생각한다.
그것을 처음 언급한 것은 1848년의 일이며
1880년까지 잊고 있다가, 마침내 1958년 10월 4일
프랑스 헌법 2조에 넣어 반포했다.
"자유, 평등, 우애는 프랑스 공화국의 신조다."
그러나 그 역사는 복잡하다.
세 가지 개념은 안정적으로 결합하지 못하기 때문에
재산권의 존중을 추가해서 결합해야 한다.

1791년, 1793년, 1795년 헌법의 신성한 권리

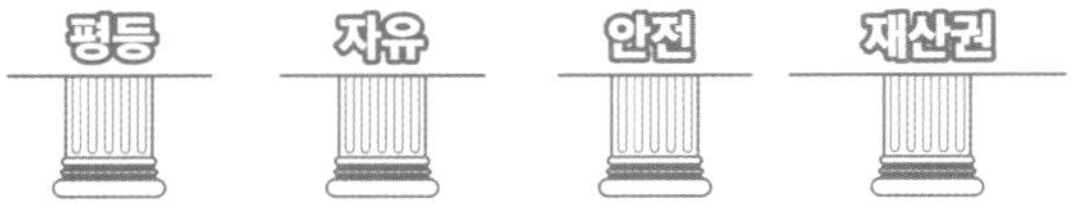

『인간과 시민의 권리선언』 1조는
"인간은 자유롭게 태어나고 평등한 권리를 누리면서
살아간다. 공공의 이익만이 사회적 차별의 근거가
될 수 있다"고 명기한다.

1793년의 『인간과 시민의 권리선언』은
모든 인간이 "자연적으로도 또 법 앞에서도 평등하다. […] 자유는 다른 사람의
권리를 해치지 않는 것이라면 뭐든 할 수 있는 능력이다. 그것의 원리는 자연이고,
규칙은 정의이며, 보호자는 법이다. 그것의 윤리적 한계는 '타인이 그대에게 하지 말기를
바라는 일을 타인에게 하지 말라'라는 격언에 담겨 있다"고 명기했다.

어떻게 균형을 이룰 것인가?
지난 200년 동안 늘 균형에 대해 토론했다. 18세기의 여성은
권리를 누릴 수 있는 당사자 취급도 받지 못했음을 지적하고 넘어가자.

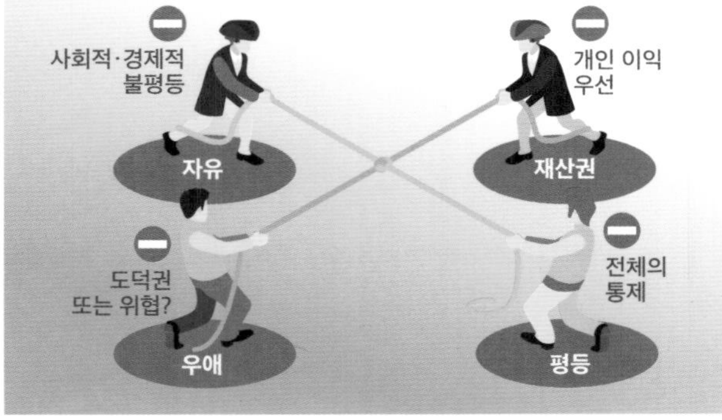

세 원칙의 어려운 **결합**

인간=시민이라는 등식은 고대 세계부터 르네상스 시대까지 문제를 낳았다.
사람들은 저마다 지위가 달랐기 때문이다.
근대 세계와 혁명과 함께 '보편적' 시민성과 '사회적' 시민성이
조화를 이루며 결합하게 된다.
포스트모더니즘 시대에는 '소수자들'의
시민성을 다르게 인정하고 있다.

1780

매사추세츠 헌법은
"모든 사람은 자유롭고
평등하게 태어난다"고 선언한다.

1785

자유
정치적 순간

에탕프 촌장 시모노를
기리기 위해 **1792년 6월 3일에
거행한 법의 제전에서**
'자유, 평등, 재산권'을 내걸었다.

**1793년 6월 21일,
파리 코뮌**은
시청과 시내 모든
공공건물의 벽면에
다음과 같은 신조를
적으라고 명령했다.
"공화국은 하나이며
나눌 수 없다. 자유, 평등,
우애가 아니면 죽음이다."

1790

평등
사회적 순간

우애
거론하다

한계
자유와 평등의 한계

1795

1795년 『인간과 시민의 권리선언』:
"타인이 당신에게 하지 말기 바라는 것을 타인에게 하지 말라."
"평등이란 법이 만인을 보호하거나 벌할 때 똑같이 적용하는 것을 뜻한다.
평등은 태생의 차별이나 권력의 유산을 전혀 인정하지 않는다."
바뵈프는 대중을 탄압하면서 소수의 행복을 추구하는 일에 반대했다.

1800

- 1789년 10월 6일에 파리 아낙네들이 루이 16세를 베르사유에서 파리로 데려간 뒤, 왕과 국회는 함께 움직여야 한다는 원칙에 따라 국회는 의사당 장소를 찾다가 튈르리 정원에 붙어 있던 왕실 승마연습장Manége을 고쳐서 썼다. 국민공회는 1793년 5월 10일부터 무대장치 때문에 '살 데 마신Salle des Machines'이라고 부른 극장을 개조해서 회의실로 썼다.

좌파와 우파의 발명

1789년 가을에 전국신분회 의원들은 정치적 성향으로 무리를 짓기 시작했다. '애국자들'은 국회 의장의 왼쪽, '귀족주의자'나 '검은 자들'은 오른쪽에 앉기를 좋아했다. 이렇게 나눠 앉는 습관은 오늘날 정치활동의 기초구조를 형성하는 결과를 낳았다. 국회를 구성할 때마다 그 나름의 균형을 찾는다고 할지라도, 거물급 인사의 위치를 도식화해서 왼쪽과 오른쪽을 차별하는 주요한 분열은 혁명기에 생겼다는 사실을 분명히 말할 수 있다.

분열적 질문들… | **…그리고 공개 질문들**

분열적 질문들…	…그리고 공개 질문들
생산과 거래의 경제적 자유인가, 아니면 가격과 임금 통제인가?	종교, 세속성, 교회와 분리
로마 가톨릭교회 관용	국가의 개입
집행권에 적합성	'부르주아' 혁명을 위해 원칙 포기
상퀼로트와 왕당파의 극단적 흐름과 관계	여성의 배제에 의견 일치

반원형 회의실의 탄생

1789년 11월 9일부터 1793년 5월 9일까지 마네주에서 토론하던 국회는 이제 튈르리 궁의 살 데 마신으로 옮겼다.* 네모난 건물의 네 면에 계단식 좌석을 배치해서 더욱 활발히 의사를 교환할 수 있게 만든 반원형 회의실이 처음 등장했다.

정치적 성향의 발명
권위에 의존하거나 사회적 평등을 요구하는 성향이 좌우를 분명히 갈랐다. 종교적 자유와 경제적 자유 문제에서 양측의 차이는 미묘했다.

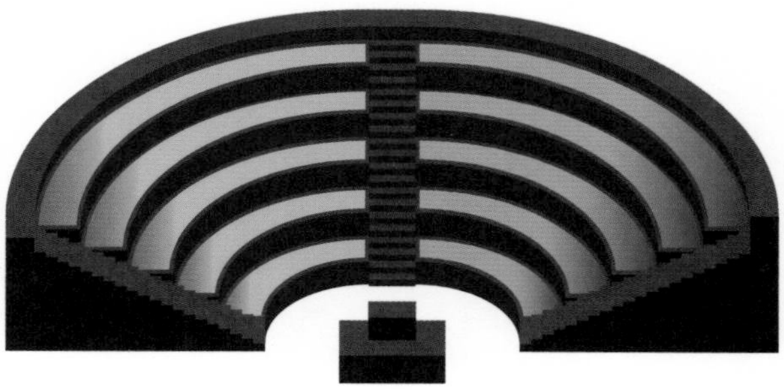

1848년 2월 27일에
혁명의 신조가 최초로 나타난다. 1848

1795 1796 1797 1798 1799

인민, 국민, 봉기, 조국… 문제의 낱말들

1958년 10월 4일, 제5공화국 헌법이 '인민의, 인민에 의한, 인민을 위한 정부'를 수립했다는 사실을 충분히 알고 있을까? 그 헌법이 그만큼 혁명적이라는 사실은 확실하지 않다. 혁명기 10년 동안 나온 헌법과 인권(그리고 의무)선언을 읽기만 해도, 입법가들은 '인민'과 '국민'에서 무슨 말을 골라 쓸까 망설였음을 알 수 있다. 그럼에도 1795년 헌법(총재정부를 설립하는 공화력 3년 헌법)에서 '국민'이라는 낱말을 피하고 인색하게 '인민'을 사용했다. 따라서 여기서는 가장 잘 알고 있는 정치적 개념의 용법이 어떻게 변화하는지 알아보고자 한다. 국민la Nation은 발미 전투에서 병사들이 인민이나 조국을 거론하지 않고 외치는 소리에서 태어난 말인가?

국민의회 / 국민

인민과 국민
두 가지 뜻을 분명히 정의하지 못하다

"국민의회를 구성한 프랑스 인민의 대표들"
1789년 『인간과 시민의 권리선언』

"주권은 하나이며, 나눌 수 없고, 영도할 수도 없는 절대적 권리다. 그것은 국민에게 속한다."
1791년 『인간과 시민의 권리선언』 1조

프랑스 인민

"국민공회는 인민이 받아들이는 헌법만 가질 수 있으며, 모든 신체와 재산은 국민의 보호를 받는다고 선언한다."
1792년 9월 21일(1793년에 다시 채택)

"프랑스 인민은 최고존재 앞에서 다음과 같이 인간과 시민의 권리와 의무를 선포한다."
1795년

프랑스 공화국

"왕국은 하나이며 나눌 수 없다."
1791년

"국민공회는 프랑스 공화국이 하나이며 나눌 수 없다고 선언한다."
1792년 9월 25일

"프랑스 공화국은 하나이며 나눌 수 없다."
1795년

일체성과 불가분성
목적이 바뀐다. 일체성의 망령이 살아남는다.

자유 안전

"정치적 연합의 목적은 자연적이고 절대적인 인간의 권리를 보전하는 데 있다. 이러한 권리는 자유, 재산, 안전, 그리고 박해에 저항할 권리다."
1789년, 2조

"이러한 권리[자연적이고 절대적인 권리]는 평등, 자유, 안전, 재산이다."
1793년, 2조

"법은 통치자의 압제에서 공공과 개인의 자유를 지켜줘야 한다."
1793년, 9조

"사회에서 인권은 자유, 평등, 안전, 재산이다."
1795년, 1조

인권
재산이 자유를 허용하던 때가 있었음을 잊고 본다면 당시의 관점이 놀랍도록 일치한다.

평등 재산 / 전체 인민 / 시민

"모든 시민은 조국을 위해, 또 자유·평등·재산을 유지하기 위해 힘써야 한다. 모든 경우 법은 그것들을 수호하라고 시민에게 요구한다."
1791년

"공화국 전체의 힘은 전체 인민으로 구성된다."
"모든 프랑스인은 병사다."
1793년

"외부의 적들로부터 국가를 수호하고, 안으로는 질서를 유지하고 법을 집행하기 위해 군대를 창설한다."
1795년

조국과 군대
인민은 조국을 위해 죽음을 수락하면서 주권을 확인한다.

보편성

"주권은 하나이며, 나눌 수 없고, 양도할 수도 없는 절대적 권리다. 그것은 국민에게 속한다. 인민의 어떤 부분, 어떤 개인도 마음대로 행사할 수 없다."
1791년

"인민주권은 프랑스 시민들의 보편성이다."
1793년

"프랑스 시민의 보편성은 주권자다."
1795년

주권자 인민

주권
인민
시민들

봉기

압제에 저항하는 것은 인간의 자연적이고 절대적인 네 가지 권리 중 하나다.
1789년

"정부가 인민의 권리를 침해할 때, 인민과 인민의 각 부분을 위해 봉기는 가장 신성한 권리이자 가장 필요한 의무다."
1793년, 35조

'저항', '압제', '봉기'는 하나도 언급하지 않음.
1795년

압제에 대한 저항
당혹스러운, 그래서 조심스럽게 적용하지 못할 권리

1788 | 1789 | 1790 | 1791 | 1792 | 1793

• 은 1마르크는 244그램이며, 돈으로 51일치 임금에 해당한다. 당시 노동자 임금은 하루 1리브르, 파리에서는 2리브르로 계산했다. 그래서 3일치 임금에 해당하는 세금을 내는 사람이 선거권을 얻을 수 있었고, 지방에서는 3리브르, 파리에서는 6리브르 납세자가 선거인이 되었다. 피선거권은 51일치 세금을 내야 얻을 수 있으므로 51리브르 납세자가 전국신분회 대표로 입후보할 수 있었다.

법적 배제, 국민 특성 존중

세 가지 혁명에서
프랑스 시민권의
상실 조건을 정한다:

- 외국에 귀화

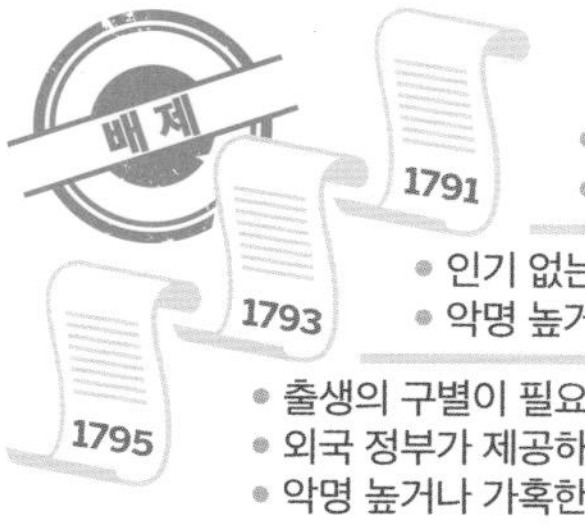

1791
- 타락한 시민
- 태생이나 종교적 신념의 구별을 바탕으로 외국 기사단에 가입한 자

1793
- 인기 없는 정부에서 공직을 맡거나 호의를 받아들이는 자
- 악명 높거나 가혹한 형벌을 받은 자, 복권할 때까지

1795
- 출생의 구별이 필요하거나 종교적 신앙을 강요하는 외국 단체에 가입하는 자
- 외국 정부가 제공하는 공직이나 연금을 받아들이는 자
- 악명 높거나 가혹한 형벌을 받은 자, 복권할 때까지

국민에서 **배제된 사람들,** 찾을 수 없는 인민

시민의 자격은 자동으로 얻을 수 없다. 법의 저촉을 받을 때 상실하며, 다른 나라의 헌법에서도 거의 같은 내용을 채택한다. 그러나 경우에 따라 정치적 시민권은 국민 안에서 활동할 수 있는 인민의 전체 집단을 제외하고 매우 다양하다. 특히 그것은 혁명을 수행하는 국민의 가치에 달려 있다. 루소가 주장한 대로, 사회계약을 거부하는 자들은 인민이나 국민에 포함할 수 없으며, 그들은 추방이나 죽음을 선택해야 한다. 시간이 지나면서 법적·사실적 배제는 더욱더 시민권과 인민의 범위를 좁게 한정하고 '인민의 적'이라는 아주 불명확한 낙인까지 찍는다. 결국 인민의 정의는 정치와 도덕의 기준에 달려 있으며, 이 기준을 적용해서 사회적·정치적으로 중요한 지도자 집단을 선택하고 개인들을 분리한다. 1799년 이후 정치적 시민권은 남성의 전유물로 남았고, 국가에 반대하는 행위는 이제 국민에 대한 배신보다는 법을 어기는 범죄로 생각하게 되었다. 인민은 찾을 수 없는 존재가 되었나?

시에예스는
제3신분이 곧 국민이라고 하면서
프랑코니아에서
온 귀족을 배제한다.

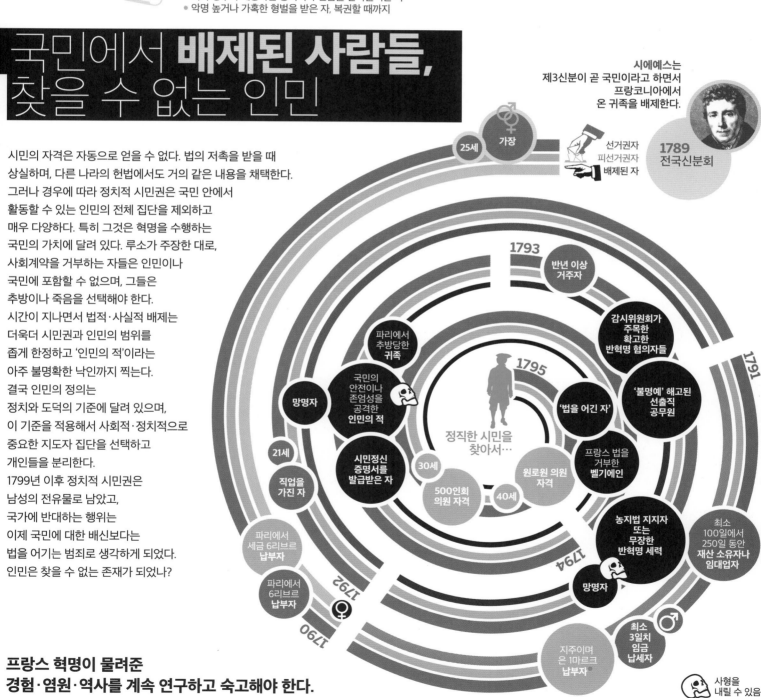

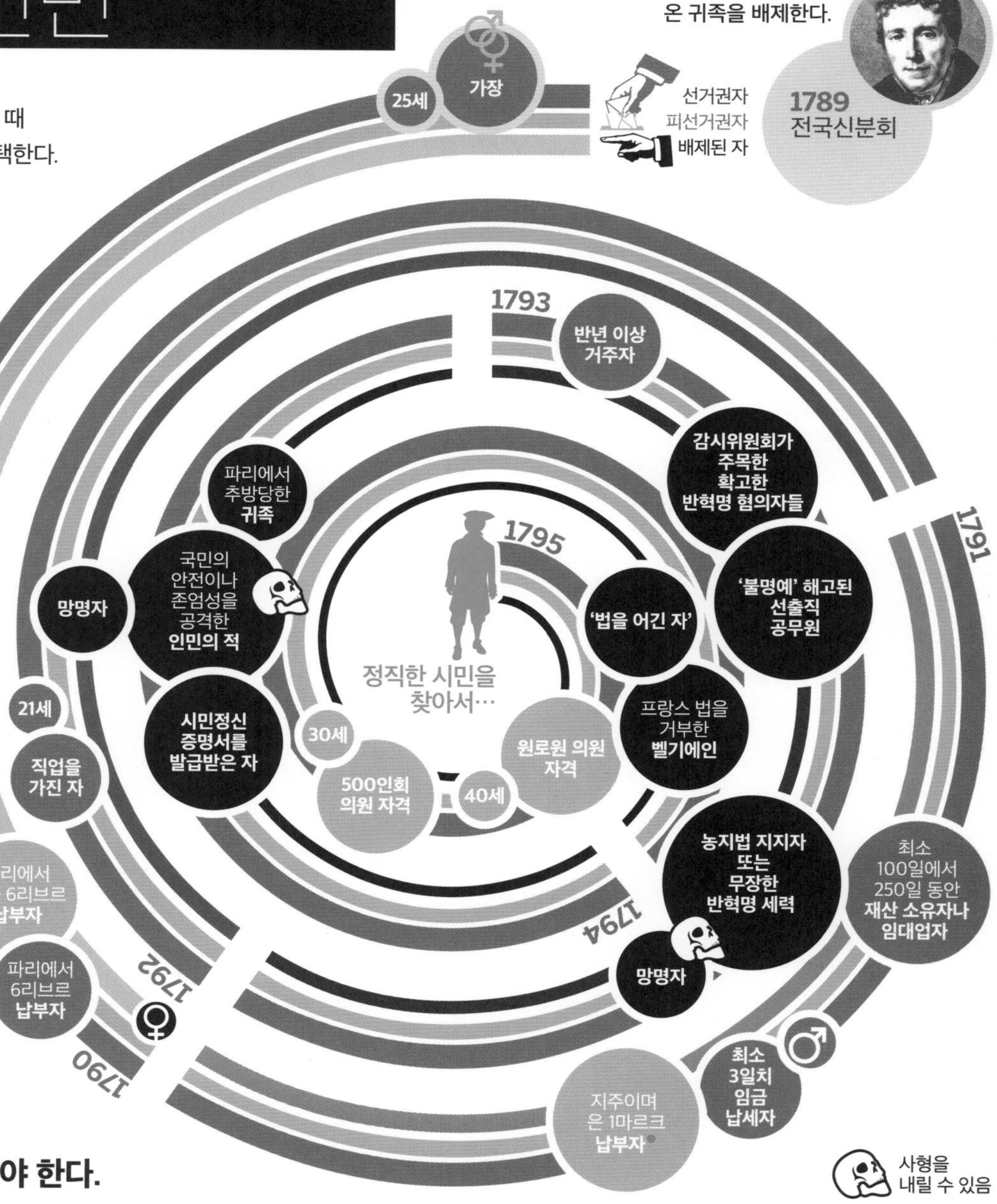

프랑스 혁명이 물려준
경험·염원·역사를 계속 연구하고 숙고해야 한다.

1795 1796 1797 1798 1799

참고문헌

약어
AHRF: Annales historiques de la Révolution française.

프랑스 혁명사의 일반 주제

BÉLISSA Marc et COTTRET Bernard (dir.), *Cosmopolitismes, patriotismes. Europe et Amériques, 1773-1802*, Rennes, Les Perséides, 2005.
CAMUS Albert, *L'Homme révolté,* Paris, Gallimard, 1951.
CHARTIER Roger, *Les Origines culturelles de la Révolution française,* Paris, Seuil, 1990.
DARNTON Robert, *La Fin des Lumières. Le mesmérisme et la Révolution,* Paris, Perrin, 1984.
DZIEMBOWSKI Edmond, *Le Siècle des révolutions, 1660-1789,* Paris, Perrin, 2019.
HAHN Roger, *Le Système du monde. Pierre Simon Laplace. Un itinéraire dans la science,* Paris, Gallimard, 2004.
JOURDAN Annie, *La Révolution, une exception française?,* Paris, Flammarion, 2004.
—, *La Révolution batave entre la France et l'Amérique (1795-1806),* Rennes, Presses universitaires de Rennes, 2008.
MARTIN Jean-Clément, *Nouvelle histoire de la Révolution française,* Paris, Perrin, 2012.
REY Alain, *« Révolution ». Histoire d'un mot,* Paris, Gallimard, 198

국민국가의 탄생

LEMAY Edna H., *La Vie quotidienne des députés aux États généraux, 1789,* Paris, Hachette, 1987.
LEMAY Edna H. et PATRICK Alison, *Revolutionaries at Work,* Oxford, Voltaire Foundation, 1996.
NICOLAS Jean, *La Rébellion française,* Paris, Seuil, 2002.
TACKETT Timothy, *Par la volonté du peuple,* Paris, Albin Michel, 1997.

바스티유 요새 정복

BOCHER Héloïse, *Démolir la Bastille,* Paris, Vendémiaire, 2012.
La Déclaration des droits de l'homme et du citoyen, présentation S. Rials, Paris, Hachette, 1989.
GODECHOT Jacques, *La Prise de la Bastille,* Paris, Gallimard, 1965.
LÜSEBRINK Hans-Jürgen et REICHARDT Rolf, *The Bastille: A History of a Symbol of Despotism and Freedom,* Durham, Duke University Press, 1997.
MARKOVIC Momcilo, *Paris brûle! L'incendie des barrières de l'octroi en juillet 1789,* Paris, L'Harmattan, 2019.

바렌, 왕의 도주

COUDART Laurence, *La « Gazette de Paris ». Un journal royaliste pendant la Révolution,* Paris, L'Harmattan, 1995.
GIRAULT DE COURSAC Paul et GIRAULT DE COURSAC Pierrette, *Sur la route de Varennes,* Paris, La Table ronde, 1984.
HUSSENET Jacques, *Louis XVI, le prisonnier de Varennes,* Varennes-en-Argonne, Éditions Terre d'Argonne 2018.
LENOTRE G., *Le Drame de Varennes, juin 1791,* Paris, Perrin, 1905.
REINHARD Marcel, *La Chute de la royauté,* Paris, Gallimard, 1969.

1792년 8월 10일, 제2의 혁명

« Les Massacres de septembre 1792 », *Revue de l'Institut catholique de Paris,* 44, 1992.
BERGÈS Louis, *Valmy, le mythe de la République,* Toulouse, Privat, 2001.
BERTAUD Jean-Paul (éd.), *Valmy,* Paris, Julliard, 1970.
BLANNING T. C. W., *The French Revolutionary Wars, 1787-1802,* Londres, Arnold, 1996.
BLUCHE Frédéric, *Septembre 1792. Logiques d'un massacre,* Paris, Robert Laffont, 1986.
CZOUZ-TORNARE Alain-Jacques, *10 août 1792. Les Tuileries,* Lausanne, Presses polytechniques et universitaires romandes, 2012.
—, « Les Suisses dans la guerre de Vendée », *Annales de Bretagne et des pays de l'Ouest,* vol. 101, nº 4, 1994, pp. 37~57.
DELPONT Hubert, *La Victoire des croquants,* Nérac, Amis du Vieux Nérac, 2002.
DUPUY Roger, *De la Révolution à la chouannerie,* Paris, Flammarion, 1988.
GUILHAUMOU Jacques, *Marseille républicaine (1791-1793)*, Paris, Presses de la Fondation nationale des sciences politiques, 1992.
HUBLOT Emmanuel, *Valmy ou la défense de la nation par les armes,* Paris, Fondation pour les études de défense nationale, 1987.
MARTIN Jean-Clément, *L'Exécution du roi, 21 janvier 1793*, Paris, Perrin, 2021.
REINHARD Marcel, *La Chute de la royauté,* Paris, Gallimard, 1969.
SOTTOCASA Valérie, *Mémoires affrontées,* Rennes, Presses universi taires de Rennes, 2004.

왕과 왕비 그리고 혁명

BECQUET Hélène, *Marie-Thérèse de France. L'orpheline du Temple,* Paris, Perrin, 2012.
—, *Louis XVII. L'enfant roi,* Paris, Perrin, 2017.

COUDART Laurence, *La « Gazette de Paris ». Un journal royaliste pendant la Révolution,* Paris, L'Harmattan, 1995.
DUPRAT Annie, *Le Roi décapité,* Paris, Cerf, 1992.
—, *Les Rois de papier,* Paris, Belin, 2002.
MARTIN Jean-Clément, *L'Exécution du roi, 21 janvier 1793,* Paris, Perrin, 2021.
STAËL Madame de, *Réflexions sur le procès de la reine,* présenté et annoté par M. Cottret, Paris, Les Éd. de Paris, 2006.

1789년 10월, 여성의 돌발 출현

ABERDAM Serge, « Deux occasions de participation féminine en 1793: le vote sur la Constitution et le partage des biens communaux », *AHRF,* 339, 2005, pp. 17~34.
BLANC Olivier, *Marie-Olympe de Gouges, une humaniste à la fin du XVIIIe siècle,* Belaye, René Viénet, 2003.
BRIVE Marie-France (éd.), *Les Femmes et la Révolution française,* Toulouse, Presses universitaires du Mirail, 1991.
FAURÉ Christine, « Doléances, déclarations et pétitions, trois formes de la parole publique des femmes sous la Révolution », *AHRF,* 344, 2006, pp. 5~25.
GODINEAU Dominique, *Citoyennes tricoteuses. Les femmes du peuple à Paris pendant la Révolution française,* Aix-en-Provence, Alinéa, 1988.
GUILLON Claude, « Pauline Léon, une républicaine révolutionnaire », *AHRF,* 344, 2006, pp. 147~159.
—, *Robespierre, les femmes et la Révolution,* Paris, Éditions IMHO, 2021.
LANDES Joan B., *Women and the Public Sphere in the Age of the French Revolution,* Ithaca, Cornell University Press, 1988.
MABO Solenn, *Les citoyennes, les contre-révolutionnaires et les autres: participations, engagements et rapports de genre dans la Révolution française en Bretagne,* thèse, Rennes 2, 2019.
MARTIN Jean-Clément, *La Révolte brisée,* Paris, Armand Colin, 2008.

교회의 위기와 전국신분회

BLUMENKRANZ Bernhard et SOBOUL Albert (dir.), *Les Juifs et la Révolution française,* Paris, Commission française des archives juives, 1989.
CHOPELIN Paul, *Ville patriote et ville martyre. Lyon, l'Église et la Révolution (1788-1805)*, Paris, Letouzey & Ané, 2010.
CORBIN Alain, *Les Cloches de la terre,* Paris, Albin Michel, 1994.
COUSIN Bernard et al., *La Pique et la croix,* Paris, Centurion, 1989.
EDELMAN Nicole, *Voyantes, guérisseuses et visionnaires en France, 1785-1914,* Paris,Albin Michel, 1995.
LEFLON Jean, « Notre-Dame de Paris pendant la Révolution », *Revue d'histoire de l'Église de France,* 147, 1964, pp. 109~124.
MAIRE Catherine (éd.), *Jansénisme et Révolution,* Paris, Chroniques de Port-Royal, 1990.
MARÉCHAUX Xavier, *Noces révolutionnaires,* Paris, Vendémiaire, 2017.
PIERRE Constant, *Les Hymnes et chansons de la Révolution,* Paris, Imprimerie nationale, 1904.
PLONGERON Bernard, *Conscience religieuse en Révolution,* Paris, A. et J. Picard, 1969.
— (dir.), *Les Défis de la modernité (1750-1840). Histoire du christianisme, des origines à nos jours,* t. X, Paris, Desclée, 1997.
— (dir.), *Pratiques religieuses dans l'Europe révolutionnaire (1770-1820),* Turnhout, Brepols, 1988.
SOTTOCASA Valérie, *Mémoires affrontées,* Rennes, Presses universitaires de Rennes, 2004.
TACKETT Timothy, *La Révolution, l'Église, la France,* Paris, Cerf, 1986.

부동산 혁명

BODINIER Bernard et TEYSSIER Éric, *L'Événement le plus important de la Révolution. La vente des biens nationaux,* Paris, Société des études robespierristes/Éd. du CTHS, 2000.
État, finances et économie pendant la Révolution française, Paris, Comité pour l'histoire économique et financière de la France, 1991.
GODECHOT Jacques, *Les Institutions de la France sous la Révolution et l'Empire,* Paris, Presses universitaires de France, 1951.
HINCKER François, *La Révolution française et l'économie: décollage ou catastrophe?,* Paris, Nathan, 1989.
LEMARCHAND Guy, « La féodalité et la Révolution française: seigneurie et communauté paysanne (1780-1799) », *AHRF,* 242, 1980, pp. 536~558.
SPANG Rebecca L., *Stuff and Money in the Time of the French Revolution,* Cambridge, Harvard University Press, 2015.

식민지와 노예제 폐지

BENOT Yves, *La Révolution française et la fin des colonies,* Paris, La Découverte, 1988.
DORIGNY Marcel (dir.), *Esclavage, résistances et abolitions,* Paris, Éd. du CTHS, 1999.
— (dir.), *Haïti, première république noire,* Paris, Association pour l'étude de la colonisation européenne, 2007.
GAINOT Bernard, *Les Officiers de couleur dans les armées de la République et de l'Empire (1792-1815),* Paris, Karthala, 2007.
GASPAR David B. et GEGGUS David P.(dir.), *A Turbulent Time: The French Revolution and the Greater Caribbean,* Bloomington, Indiana University Press, 1997.
MARTIN Michel L. et YACOU Alain (dir.), *Mourir pour les Antilles,* Paris, Éd. Caribéennes, 1991.
PÉROTIN-DUMON Anne, *La Ville aux îles, la ville dans l'île. Basse-Terre et Pointe-à-Pitre, Guadeloupe, 1650-1820,* Paris, Karthala, 2000.
POPKIN Jeremy D., *Facing Racial Revolution,* Chicago, University of Chicago Press, 2007.
—, *You Are All Free: The Haitian Revolution and the Abolition of Slavery,* Cambridge, Cambridge University Press, 2010.
RÉGENT Frédéric, *La France et ses esclaves. De la colonisation aux abolitions,* Paris, Grasset, 2007.
WANQUET Claude, *La France et la première abolition de l'esclavage 1794-1802,* Paris, Karthala, 1998.

군대의 혁명

ALZAS Nathalie, *L'effort de guerre dans le département de l'Hérault pendant la Révolution française (vers 1789-1799),* thèse, Aix-Marseille 1, 2003.

BERTAUD Jean-Paul, *La Révolution armée,* Paris, Robert Laffont, 1979.

BLANNING T. C. W., *The French Revolutionary Wars, 1787-1802,* Londres, Arnold, 1996.

BRANDA Pierre, *Le Prix de la gloire,* Paris, Fayard, 2007.

COBB Richard, *Les Armées révolutionnaires, instrument de la Terreur dans les départements, avril 1793-floréal an II,* Paris/La Haye, Mouton et Cie, 1961-1963.

DRÉVILLON Hervé et WIEVIORKA Olivier (dir.), *Histoire militaire de la France,* Paris, Perrin, t. 1, 2018.

GODECHOT Jacques, *La Grande Nation,* Paris, Aubier Montaigne, 1983.

JARROUSSE Frédéric, *Auvergnats malgré eux,* Clermont-Ferrand, Institut d'études du Massif Central-Centre d'histoire des entreprises et des communautés, 1998.

MARCETTEAU-PAUL Agnès, *Volontaires nantais à l'armée des Pyrénées,* Laval, Siloë, 1993.

MARTIN Marc, « Journaux d'armées au temps de la Convention », *AHRF,* 210, 1972, pp. 567~605.

PALASTI Ladislas, « Soldats de la Révolution française en captivité à Szeged », *AHRF,* 261, 1985, pp. 353~364.

PARKER Geoffrey, *La Révolution militaire,* Paris, Gallimard, 1993.

SOBOUL Albert, « Sur la mission de Saint-Just à l'armée du Rhin (Brumaire an II) », *AHRF,* 136, 1954, pp. 193~231.

공포정이라고 말씀하셨나요?

ARASSE Daniel, *La Guillotine et l'imaginaire de la Terreur,* Paris, Flammarion, 1987.

BACZKO Bronislaw, *Comment sortir de la Terreur. Thermidor et la Révolution,* Paris, Gallimard, 1989.

BERGER Emmanuel, *La Justice pénale sous la Révolution. Les enjeux d'un modèle judiciaire libéral,* Rennes, Presses universitaires de Rennes, 2008.

BIARD Michel (dir.), *Les Politiques de la Terreur, 1793-1794,* Rennes, Presses universitaires de Rennes, 2008.

—, *Missionnaires de la République,* Paris, Vendémiaire, 2015.

BIARD Michel et LEUWERS Hervé (dir.), *Visages de la Terreur,* Paris, Armand Colin, 2014.

BINDMAN David, *The Shadow of the Guillotine,* Londres, British Museum Publications, 1989.

BRUNEL Françoise, *1794. Thermidor, la chute de Robespierre,* Bruxelles, Éd. Complexe, 1989.

FURET François (dir.), *The Terror,* Londres/New York, Pergamon Press, 1995.

GREER Donald, *The Incidence of the Terror during the French Revolution: A Statistical Interpretation,* Cambridge, Harvard University Press, 1935.

JOURDAN Annie, « Les discours de la terreur à l'époque révolutionnaire (1776-1789). Étude comparative sur une notion ambiguë », *French Historical Studies,* vol. 36, nº 1, 2013, pp. 51~81.

MARTIN Jean-Clément, *Robespierre. La fabrication d'un monstre,* Paris, Perrin, 2016.

—, *La Terreur,* Paris, Perrin, 2017.

—, *Les Échos de la Terreur. Vérités d'un mensonge d'État, 1794-2001,* Paris, Belin, 2018.

MICKELER Guillaume, « L'"abolition" de la peine capitale en Russie au XVIIIe siècle », *Revue historique de droit français et étranger,* vol. 87, nº 1, 2009, pp. 41~57.

MUCHEMBLED Robert, *Le Temps des supplices, Paris, Armand Colin, 1992.*

SÉDILLOT René, *Le Coût de la Révolution française,* Paris, Perrin, 1987.

예외적인 방데, 공공의 적 1호

BILLAUD Auguste, *La Guerre de Vendée,* Fontenay-le-Compte, 1967.

CAVOLEAU Jean-Alexandre, *Statistque de la Vendée,* Fontenay-le-Compte, 1844.

DUPÂQUIER Jacques, « La guerre de Vendée: combien de morts? Quelques hypothèses », *Société d'émulation de la Vendée,* 1998, pp. 411~423.

HUSSENET Jacques (dir.), *« Détruisez la Vendée! »,* La Roche-sur-Yon, Éd. du CVRH, 2007.

LAGRÉE Michel et ROCHE Jehanne, *Tombes de mémoire,* Rennes, Éd. Apogée, 1993.

LENNE Guy-Marie, *Les Réfugiés de la guerre de Vendée de 1793-1796,* La Crèche, Geste éditions, 2003.

MARTIN Jean-Clément, *La Guerre de Vendée,* Paris, Points, 2014.

—, *La Vendée de la mémoire, 1800-2018,* Paris, Perrin, 2019.

ROLLAND-BOULESTREAU Anne, *Les Colonnes infernales. Violences et guerre civile en Vendée militaire (1794-1795)*, Paris, Fayard, 2015.

—, *Guerre et paix en Vendée, 1794-1796,* Paris, Fayard, 2019.

SÉCHER Reynald, *Le Génocide franco-français. La Vendée-Vengé,* Paris, Presses universitaires de France, 1986.

반란, 투사들과 도적떼

ADO Anatoli, *Paysans en Révolution. Terre, pouvoir et jacquerie (1789-1794),* Paris, Société des études robespierristes, 1996.

BARLET Philippe, « Les sans-culottes aux champs: mentalités révolutionnaires dans les comités de surveillance du district de La Châtre (Indre) en l'an II », *111e Congrès national des sociétés savantes,* Paris, 1986, pp. 171~188.

BOUTIER Jean, *Campagnes en émoi,* Treignac, Les Monédières, 1987.

BOUTON Cynthia, « Les mouvements de subsistance et le problème de l'économie morale sous l'ancien régime et la Révolution française », *AHRF,* 319, 2000, pp. 71~100.

BRUNET Michel, *Le Roussillon. Une société contre l'État, 1780-1820,* Perpignan, Trabucaire, 1990.

BURSTIN Haim, *L'Invention du sans-culotte,* Paris, Odile Jacob, 2005.

CUBELLS Monique, « Les mouvements populaires du printemps 1789 en Provence », *Provence historique,* 145, 1986, pp. 309~323.

DELPONT Hubert, *La Victoire des croquants,* Nérac, Amis du Vieux Nérac, 2002.
GUILLON Claude, *Deux enragés de la Révolution: Leclerc de Lyon et Pauline Léon,* Quimperlé, Éditions La Digitale, 1993.
JESSENNE Jean-Pierre (dir.), *Du Directoire au Consulat, t. 3: Brumaire dans l'histoire du lien politique et de l'État-nation,* Villeneuve-d'Ascq, CRHEN-O, 2001.
MAGNIEN Émile, *Histoire de Mâcon et du Mâconnais,* Mâcon, Édition des Amis du Musée de Mâcon, 1971.
MAZAURIC Claude, *Gracchus Babeuf,* Montreuil, Le Temps des Cerises, 2020.
NICOLAS Jean, *La Rébellion française,* Paris, Seuil, 2002.
—, *La Révolution française et le monde rural,* Paris, Éd. du CTHS, 1989.
ROMANS Bruno, « Le brigandage dans les Bouches-du-Rhône sous le Directoire », mémoire de maîtrise, Université de Provence, 2003.
SOBOUL Albert, *Les Sans-Culottes parisiens en l'an II,* Paris, Librairie Clavreuil, 1958.
SOTTOCASA Valérie (dir.), *Les Brigands. Criminalité et protestation politique (1750-1850),* Rennes, Presses universitaires de Rennes, 2013.
—, *Les Brigands et la Révolution. Violences politiques et criminalité dans le Midi (1789-1802),* Seyssel, Champ Vallon, 2016.
TØNNESSON Kåre D., *La Défaite des sans-culottes: mouvement populaire et réaction bourgeoise en l'an III,* Oslo/Paris, Presses universitaires/R. Clavreuil, 1959.
ZYSBERG André, *L'Affaire d'Orgères (1790-1800),* Chartres, Société archéologique d'Eure-et-Loire, 1985.

반혁명

CARPENTER Kirsty et MANSEL Philip (dir.), *The French « émigrés » in Europe and the Struggle against Revolution, 1789-1814,* Basingstoke, MacMillan Press, 1999.
DI RIENZO Eugenio (dir.), *Nazione e Controrivoluzione nell'Europa contemporanea 1799-1848,* Milan, Guerini e associati, 2004.
DIESBACH Ghislain de, *Histoire de l'émigration: 1789-1814,* Paris, Grasset, 1975.
GODECHOT Jacques, *La Contre-révolution. Doctrine et action,* Paris, Presses universitaires de France, 1984.
LEBRUN François et DUPUY Roger (éd.), *Les Résistances à la Révolution,* Paris, Imago, 1987.
MARTIN Jean-Clément, *Contre-Révolution, Révolution et Nation en France, 1789-1799,* Paris, Seuil, 1998.
— (dir.), *Guerre et répression. La Vendée et le monde,* Nantes, Ouest éditions, 1993.
— (dir.), *Dictionnaire de la Contre-Révolution,* Paris, Perrin, 2011.
MIDDELL Matthias et al. (dir.), *Widerstände gegen Revolutionen, 1789-1989,* Leipzig, Leipziger Universitätsverlag, 1994.
WAGNER Michael, *Gegenrevolution und England,* Munich, R. Oldenbourg, 1994.

총재정부, 혁명의 마지막 불꽃

BOURDIN Philippe et GAINOT Bernard (éd.), *La République directoriale,* Clermont-Ferrand, Société des études robespierristes, 1997.
DHOMBRES Nicole et DHOMBRES Jean, *Naissance d'un nouveau pouvoir: sciences et savants en France, 1793-1824,* Paris, Payot, 1989.
—, *État, finances et économie pendant la Révolution française,* Paris, Comité pour l'histoire économique et financière de la France, 1991.
GAINOT Bernard, *1799, un nouveau Jacobinisme?,* Paris, Éd. du CTHS, 2001.
GUÉGAN Isabelle, *Inventaire des enquêtes administratives et statistiques, 1789-1795,* Paris, Éd. du CTHS, 1991.
JESSENNE Jean-Pierre et al. (dir.), *Du Directoire au Consulat,* Villeneuve-d'Ascq, CRHEN-O, 4 vol., 1998-2001.
LEFEBVRE Georges, *La France sous le Directoire, 1795-1799,* Paris, Éditions sociales, 1984.
LUBLINER-MATTATIA Sabine, « Monge et les objets d'art d'Italie », *Bulletin de la Sabix,* 41, 2007, pp. 92~110.
NORDMAN Daniel (dir.), *L'École normale de l'an III,* Paris, Dunod, 1994.
VOVELLE Michel (dir.), *Le Tournant de l'an III,* Paris, Éd. du CTHS, 1997.

우리의 유산

ASKANI Hans-Christoph, « Hölderlin et la théologie », *Revue de théologie et de philosophie,* vol. 141, nº 3, 2009, pp. 273~292.
BODEI Rémo, « Révolution française et philosophie allemande, de Kant à Hegel », dans François Furet (dir.), *L'Héritage de la Révolution française,* Paris, Hachette, 1989, pp. 113~142.
BOYER Charles, « À propos de "la proposition de l'égaliberté" d'Étienne Balibar », *Le Philosophoire,* vol. 37, nº 1, 2012, pp. 123~132.
KOICHI Yamazaki, « Modèle à éviter, modèle à suivre, objet de comparaison », *La Révolution française* [En ligne], 19, 2021, mis en ligne le 1er février 2021, consulté le 7 mars 2021. URL: http://journals.openedition.org/lrf/4385.
ROSANVALLON Pierre, *Le Peuple introuvable,* Paris, Gallimard, 2002.
SIMONIN Anne, *Le Déshonneur dans la République,* Paris, Grasset, 2008.

찾아**보기**